U0023811

迷宮‧雜耍 亂彈

楊小濱文學短論與文化隨筆

楊小濱 著

目次

文化政治

影像批判

文學／寫作

閱讀／書評

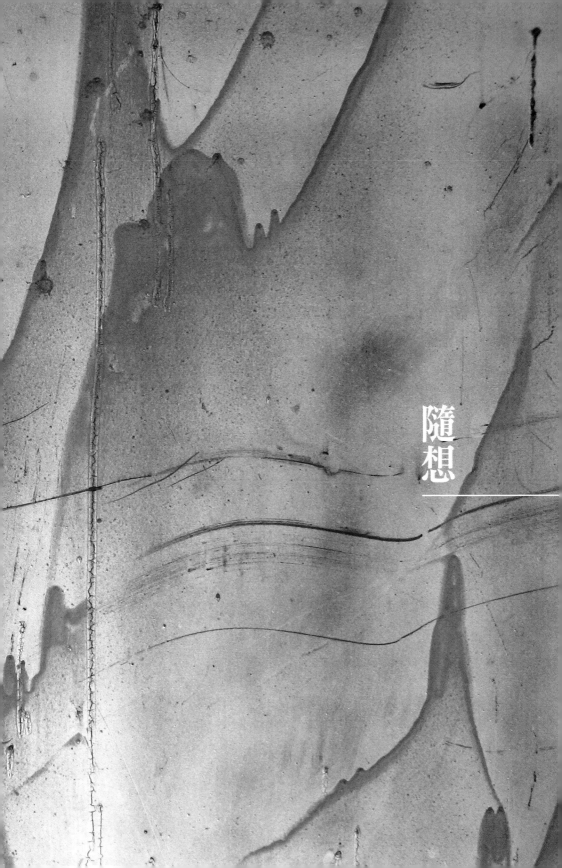

隨想

副詞：筆記十二則

又

不是第一次的目擊。曾經的遭遇，會使這一次變得陳腐、累贅嗎？但的確曾經有過嗎？記不起何時是第一次，似乎第一次尚未出現就被重複，被模擬。似乎是麻木的、無聊的再現，讓過去永遠空缺在那裡，不再提起。

但這意味著遺忘嗎？「又」省略了過去。「又」從當下的事實推斷過去，把過去包容在過去的缺席狀態中。是的，它已經沒有必要再度出現，它就是現在的幻象。在這遺忘的、緘默的瞬間，我們和過去重逢。那個不堪回首的或者珍藏一生的過去，在「又」中喚醒，令人顫慄。然而現在永遠不可能成為同樣的過去，另一個空洞的回聲罷了：這是將被「又」一次空出的事件，從未來的某一陳述中篩漏出來。

也

無限的摹本，令人生厭的伴侶。「也」沒有真實的時間跨度：僅僅只是一個或更多個在同一空間裡的影子，無法逃脫剽竊的宿命。甚至，影子成為世界的主宰，影子重疊在一起，埋葬了實有的東西：唯一的事件或事物被無限地增殖。「也」激發了群眾的狂歡，這個語詞的魔法注定了個體的消亡。

這些模擬的群落：一隊穿制服的人，所有螢幕上的電視圖像。正如在大屠殺的時刻，一次死亡僅僅模擬了另一次死亡，死者與死者似乎只是互相模擬。「也」一旦成為日常生活的準則，我們就面臨著恐怖的美學。

已經

一聲無奈的歎息，對處女時代的懷舊。這意味著那個無可挽回的境遇：逝去的就是最美好的。逝去的過程卻永不停留，每一次回憶都立刻變成回憶的對象。我們回頭，就看見過去的自己和別人都側身於「已經」的蠟像館中，他們也正在回頭看另一批蠟像。不錯，歷史就是「已經」的不斷累積，將所有「已經」的事物置於沒有時間維度的記憶中。

我們所知的世界都是「已經」的世界，或者說，整個世界就僅僅是一聲歎息罷了。

仍然

向徒勞的生命挑戰的人，比如，正是那個西西弗斯（Sisyphus），他所遭受的懲罰便是堅持「仍然」的高度。看：「仍然」這個可笑的英雄，生命的荒誕力量在無法抵達目標的欲望裡噴湧。它甚至就像那些枯葉，在冬天的枝頭依舊不願落下，依舊緊緊抓住生命的根基。

如果世界是一個善變的少女，「仍然」就一定是穿著少年時裝的老人。是年復一年的絕望和虛無使他在這個時代變得如此沮喪。

必然

那些肯定無疑的事物，就是被邏輯的暴君所征服的，不容改變的信念。它僅僅是假定而已：沒有真正的「必然」，只有對「必然」的推測。但「必然」周圍站滿了荷槍實彈的憲兵，我們似乎就是為某一個「必然」活著，或者說，我們被勒令為它活著。我們被告知：這個美麗的公主將屬於你。這個名叫「必然」的慣於私奔的公主，我們為她虛擲了唯一的青春。

幾乎

永遠無法抵達的頂點，或者，總是失之交臂的機遇。「幾乎」無情地破碎了我們同幸福比肩的幻覺。僅僅差那麼一丁點：在高潮到來之前

一瞬間的下滑，一次離終點僅距一指之遙的絆跌。是的，我們的嘴唇就要觸及沙漠中的泉眼了，但這卻是醒來前的一剎那。「幾乎」是一隻盜賊的手，奪走了我們等待一生的、剛剛降臨的財富。

似乎

　　沒有人敢確定的筆跡，無法辨認的腳印。「似乎」就是拘捕中的嫌疑犯，就是檢察官找不到的證據，甚至，它就是受害者本人記憶中攪混的情節。經驗的羊皮紙（palimpsest）上被抹掉的字跡，仍然殘留著模糊的、難以猜測的片段；兇手走過的迴廊裡，仍然殘留著依稀的血腥味。「似乎」僅僅出現在夢中，它的面目永遠無法看清：一個遊移在聖徒和歹徒之間的影像。

恰恰

　　在這個舞蹈的節奏中，足尖和鼓點的合拍。但這無非是一次巧合罷了：她的目光「恰恰」射中了他，一個日後將成為他妻子的人。他甚至第一次來到舞場，他當然從未預料，「恰恰」的幸運之箭便降臨於他。然而，他恐怕也從未想到，這也是他同另一個少女失之交臂的一瞬。在「恰恰」的舞步裡失去的或許比得到的更多。那個在樹樁前度過下半生，等待第二隻兔子的人，終於再也沒有聽見「恰恰」的兔蹄聲。

卻

　　在所有的生活的悖論中，「卻」是最難承受的一個：它往往把我們所希望的，變為絕望的起點。比如陽光烤乾我們最後一滴甘露，或者一壺美酒，讓我們爛醉不醒。「卻」就是這樣一個嫵媚的少女，一個聊齋式的鬼魅，預示著美麗中的災難。換句話說，作為我們樂於擁抱的災難，「卻」正是我們的欲望所趨向的寂滅，或者說，它是我們生命中固有的死神。

或許

在惴惴不安的期待中，一個賭徒的幻想的美學。我們在隨機的生命中耗盡了所有的幸運。我們是被剩下的，無人照看的。「或許」就是那海上的暗礁，就是那將要暴露的，一個郵購的新娘（像在楚浮的電影《密西西比女郎》中），一封尚未打開的信，一顆左輪手槍裡的位置不明的子彈。

無論如何，這就是每一個未來的瞬間帶給我們的：在夢中的懸崖上，你猶豫著，不知道將會粉身碎骨還是重獲新生。

其實

還有什麼可隱瞞的嗎？還有什麼真相，在冗長的陳述之後方才透露？「其實」是掩人耳目的遁詞還是被遮蔽的真理？它這次能保證準確無誤嗎？還是等待另一個「其實」將它再度修正？也許，「其實」就是那個將我們引出歧途的人，他將帶我們走上另一條歧途。

當文明的真實淪為謊言，而赤裸的真實反而成為我們側目而視的野蠻的時候，一切「其實」其實都已變質。當第二種、甚至第無數種真實相繼出場之後，不堪重負的世界就會被過多的、冗贅的真實擠垮。

竟然

不可逆料的後果，一次令人震驚的背叛：這難以置信的、讓我們啞口無言的事件，擊碎了我們從來的夢想，毀滅了我們永久的期待。「竟然」就是在煙花巷裡偶遇的戀人，或者，就是面對行刑隊時猛然瞥見的母親的獰笑。甚至，在空寂的時刻，它是鏡中突然離去的皮肉，當我擁抱自己的時候，我唯一的骨架就頹然碎裂。

音樂－政治－哲學斷想

　　一個交響樂隊的優秀在於它的整齊劃一，就像柏林愛樂樂團在前納粹黨人卡拉揚的棒下，十個提琴手一起揮起的琴弓就如同十個黨衛隊員一起踩下的靴子那樣堅定。

　　作為指揮家的先鋒主義者布萊茲（Pierre Boulez）試圖為交響樂注入更多出其不意的打擊樂效果，以捕捉一元集體中的異質與另類。

　　極權主義體制的經典藝術（或大眾藝術）便是齊唱／大合唱。集體的聲音在廣場上達到了極致，比如紅衛兵喊出有節奏的「萬歲」，或者士兵們在檢閱時恐怖的吼叫。

　　協奏曲的領袖是在群眾／樂隊的襯托下亮相的英雄或偉人。當然還有「皇帝」，那首皇冠般耀眼而藐視眾生的樂曲，儘管貝多芬從來沒有預見到後人命名的這位主宰者。也可以被統稱為導師或舵手。

　　而巴哈的《無伴奏小提琴奏鳴曲與前奏曲》、《無伴奏大提琴組曲》則代表了這個世界最孤寂的時刻。純粹的幽閉症令人心碎。那是在主體分裂之前的神話，從遠處看去，那是不可觸及的、「只應天上有」的淒美。

　　誰是室內樂的主人？在重奏曲裡，在具體的絮語和爭訟裡，我們聽清了每一個個體的聲音。它可以是無政府主義的，也可以是公社主義

（communism？）的，但這並不由指揮來決定。梅湘囚禁在集中營裡時所作的「時間終結四重奏」獻給了他的三位獄友。獄卒退場的時刻，友人們相聚。

重奏曲組成的是多元的、健康的、理想型交往的社團，但仍然不是哈伯瑪斯的「共識」社團。齊奏是敗壞了的室內樂。自始至終的甜膩和絃也會令人生厭。

傾聽重奏曲中繁複的內心旋律：內向的對話和爭執。一首三重奏的不同樂器很可能傾注了作曲家的本我、自我與超我。

最接近音樂的視覺藝術是書法。藝術歌曲和書法借助了文本的內在韻律，以訴諸聽覺或視覺。而文本本身已無暇顧及。

黑格爾的辯證法來自鋼琴鍵盤上的兩隻手，右手只有在左手的不斷否定中才能揚棄般地奏出美妙的旋律。

奏鳴曲式的辯證法：老生常談的黑格爾在旋律中顯靈，欣喜地看到了絕對精神的至美。然後散場，聽眾們回家洗腳。

在音樂會裡正襟危坐的一百分鐘裡，你用五分鐘聽到調弦，十分鐘注視前排少女的髮辮，二十分鐘被琴弦鋸痛，還有六十五分鐘是走神的時刻：以俗物糾纏的命運之神敲打你的腦門。

有沒有音樂的現實主義？潘德列茨基在樂譜上塗黑，屍體和血污滲透了琴弦的每一個空隙。用視覺聽見了音樂的哭喊。

　　以室內樂來抵抗交響樂，無異於用零星的火把試圖阻擋密集的坦克。而最為諷刺的是，蕭斯塔科維奇必須不斷地自己製造坦克來掩護抵抗坦克的內心火把。

　　回憶痛楚的時刻，荀白克和威伯恩淨化了我們。而在病痛的當時，他們令人絕望。

　　荀白克賦予了音符以平等。在十二音體系裡，沒有帝王，沒有奴隸，也沒有警察。音樂的共產社會如此刺耳。

　　世界的每個角落都充滿了約翰‧凱吉。無所不在的泛神論樂曲。

　　喝甜奶的莫札特，喝烈酒的荀白克，喝蛇毒的威爾第，喝果汁的孟德爾松，喝濃咖啡的理查‧施特勞斯，以及喝蘇打水的德布西。

　　阿多諾曾說（這也許是虛擬的引徵）：不要去歌劇院！那些傷感的、誇張的、無聊的表演多麼令人生厭。唱碟上的人聲已足夠輝煌。但唱碟不也是文化工業的碩果嗎？

　　一首詠歎調模擬了一次做愛的過程。它總是在漫長悠緩的撫摸之後達到高潮（以及高潮之後急遽的消退）。

　　男性對女性大提琴手（杜‧布蕾、哈娜依、香荷娜）的持久迷戀：用自身內在地模仿了那把提琴。

　　脈搏是節奏的秘密。因而死者從不聆聽音樂。

今日阿多諾關鍵字

民主，極權

「我認為納粹主義在民主內部的存活，比反對民主的法西斯傾向的存活更有潛在的威脅性。」（阿多諾：〈同過去妥協意味著什麼？〉）在伊拉克硝煙未散的今天，閱讀阿多諾對極權主義的深刻論述似乎具有特別的意義。因為我們的確看到了一個民主國家的輿論一律與媒體共識，看到了一個民主國家需要極權國家去反對它狂妄愚劣的屠殺式霸權（不管是不是出自對它輸出民主的恐懼）。不同制度的意識形態呈現出了同樣的謊言和壓制。

阿多諾對那個曾經庇護過他的資產階級社會的批判，並不意味著對極權制度的妥協。恰恰相反，對資本主義制度極權潛質的揭示來自阿多諾對現代性的深刻洞察，這種洞察穿越了具體制度形態的遮蔽。正是納粹主義曾經給予的切膚之痛，使阿多諾對任何極權因素都帶有超人的敏銳觀察。

阿多諾對美國大眾文化的批判在很大程度上切中了要害。一個沉溺於文化工業所提供的虛假幸福中的文明是畸形的，這樣的文明滋養了最簡單的、可怖的歷史二元論。被意識形態所籠罩並驅動的資本主義文明將經由幻覺化的好萊塢大片體驗到真實歷史中的幻覺。

否定，批判，反諷

正是在這樣的意義上，阿多諾看到了社會歷史中的反諷。反諷作為現實主義和實證主義的瓦解，才是真正的唯物辯證法。在《否定的辯證

法》序論的末尾，阿多諾告訴我們：修辭因素在辯證法裡是站在內容這一邊的：因為形式的、邏輯的困境正是辯證法的要義。

「否定之否定不是肯定」無疑是阿多諾最重要的理論貢獻。雖然阿多諾在他的早期著作《齊克果：美學構造》中甚至沒有提到克氏的《反諷概念》，齊克果「無限否定」的反諷觀念無疑滲入了阿多諾的理論血液中。阿多諾理論中永恆無終結的否定內涵便是主體對反諷的不斷認知。那是一種對絕對主體的持續懷疑。

可悲的是，當代歷史所不斷重複的悲劇，都起源於主體對自身的無限確信，對主體擁有的某種觀念的絕對信仰。否定就是一種對意識形態的不斷除蔽、除幻、一種不斷揭除面具的過程，在這個過程中主體的自我否定是它向自我確立方向邁進的唯一方式。

也就是說，如果我們不能在事物中揭示與其自身相悖的那一面，我們只能受制於僵化的抽象性，並且把這種壓制當作世界的本來秩序。否定作為一種反諷式的自我意識，是社會批判的哲學基礎；因為批判從來就不是絕對主體對外在事物的簡單責難，而恰恰是一種修辭化的認識手段，是辯證法的卓越體現，它看到了一切事物成為其「本質」的他物。

啓蒙

啟蒙是另一個深刻的反諷。所謂反諷，就是在自身中包含了反對自身，或者遊移於自身的東西。啟蒙試圖從神話中解脫出來，卻成為一個自身墮入神話的過程。當工具理性成為社會發展的主導精神，啟蒙就走向了它目標的反面，走向了它所企圖反對的：進步意味著退化，自由意味著控制。這是現代性之中蘊含的前現代性。啟蒙變成了對大眾的欺騙，變成了自我意識的枷鎖，阻礙了自律的、獨立的個體發展。

對啟蒙的尖銳指控至今仍然具有警醒的力量：人對自然的技術和理性控制，來自對主體的過度自信，結果是對自身的壓制。啟蒙的危險來自它的規範化、秩序化的宏大圖式。這個觀念當然極大地影響李歐塔的後現代理論：啟蒙的宏大敘事作為現代性的話語基礎，典型地體現了總體化理

論在華麗外觀下的恐怖潛質。東西方的現代歷史都證實了阿多諾的洞見：一種啟蒙主義的絕對話語一旦成為主流的律令，它所蘊含的進步意義便是空洞的允諾，因為它自身已經是蒙昧。以啟蒙者姿態來訓導的絕對話語必然帶來壓抑性統治。

非同一性，總體性

阿多諾是最早看到異質性的倫理價值的哲學家之一。異質的具體事物在與概念化的同一性的碰撞中超越了同一性的束縛，以辯證的方式揭示出世界的永恆矛盾。現代性及其社會體制對異質事物的壓制，現代性所賴以生存的形而上理性基礎，是阿多諾畢生作戰的對象。

正如納粹德國的理論權威卡爾施密特所驕傲地宣稱的，沒有對同一性的要求，那個總體化的元首國家一天也無法存活。二十世紀東西方極權制度所藉以存活的基礎都是對總體化秩序的絕對依賴。「體系的一致行將崩潰」，「整體是虛假的」，阿多諾的這些格言直接指向黑格爾的理論大廈，因為阿多諾敏銳地看到了總體化理論的極權本質。在黑格爾那裡，一致性將被最終揚棄掉，綜合成為世界歷史的終極，或更確切地說，是終結（也就是納粹的「最終解決」）。阿多諾對現代性總體化規劃的攻訐為後現代理論開了先河。

作為一個哲學家，阿多諾卻堅決反對第一哲學和概念化。對他來說，真正的哲學是否定自身的：「否定的本體論就是對本體論的否定。」正是哲學家阿多諾不斷提醒我們注意理論概念中的非概念性，概念的自我否定性，也就是概念中與自身不相符合的因素。任何一種最微小的不協調因素都能把總體性所想像出來的同一性否決掉。也就是說，完美體系的瘋狂增長是對具體的弱小事物的巨大威脅，而後者則是那些頑強的、不屈服的感性生命，永遠不可能被清除；相反，它們的每一個都是解除同一性魔法的客觀因素。

非同一性，或永恆的否定，存在於主體與客體之間，存在於概念與事物之間，存在於思維與現實之間，存在於抽象與具體之間，存在於邏輯

與過程之間。多義和複雜在阿多諾那裡成為解除一體化概念的內在動力。

奧斯威辛

對於猶太人阿多諾來說，族群記憶是個人記憶的一部分。受到納粹德國的威脅而不得不遠離國土流亡北美的經歷，雖然不是集中營的直接體驗，卻同樣銘刻了那段歷史的慘痛。奧斯威辛是宏大的哲學話語的截然斷裂，是理性的失聲，是對一切以往觀念的處決。

然而，記憶的湧入也意味著失憶的開始。奧斯威辛是一個切斷歷史的、失憶性的符號。屠猶，這個令人無法通過回憶來逼視的事件，終結了一切完整的、知性的敘述。奧斯威辛之後的「野蠻」，是把形而上的問題歸結為肉身的問題：阿多諾把這個可憐的非美學化身體看作是對海德格爾本真性存在的巨大諷刺。在國家社會黨人海德格爾的哲學「行話」裡，真正的痛楚消失了。

但是我們有了保爾‧策蘭的詩，有了埃利‧威塞爾的小說，有了克勞德‧蘭茲曼的電影《SHOAH》。寫實主義的再現更加失效，因為面臨奧斯威辛便是面臨著一種「崇高」的恐懼，它使你喪失了描述的能力，正如一次強烈的地震連同測量地震的儀器都一同摧毀了。（這個比喻是李歐塔的：作為阿多諾在二十世紀後期的承繼者，後現代主義者李歐塔無疑比現代主義者哈伯瑪斯更堅定地弘揚了阿多諾的思想。）

阿多諾在二戰結束回到德國後，提醒戰後的德國人，不要把災難當成那種業已被埋葬的東西，可以一勞永逸地拋在過去。真正的災難不是我們能夠完整地把握並且置之腦後的。對災難的透析將是我們不懈的任務。這對於在二十世紀經歷了諸多歷史災難的東西方各個國族來說都是極為深刻的警醒。

音樂

出生在音樂家庭的阿多諾在母親和姨母的影響下，從小學習鋼琴。青年時代，阿多諾師從新維也納學派的貝爾格學習作曲，他的室內樂作

品至今仍被灌製唱片發行，所採用的無調性的音樂語彙當然無人喝彩。不過，音樂創作只是為阿多諾的音樂理論和批評提供了感性上的養料。音樂方面的論著從數量上來看在他一生的寫作中佔有絕對的優勢，音樂理論與批評似乎是他最重要、最投入的事業，阿多諾可以說是二十世紀最卓越的音樂理論家。

對音樂的感性依戀與阿多諾的理論思想密不可分。音樂的倫理學在於它從不像文學那樣能夠謊稱忠實地反映了社會現實。以德奧音樂為典型的西方古典音樂透過訴諸感性的語彙遠離了文字的實在性。文字語言有可能物化為一種化石般的固定客體，由主體指定的單一意義。與文字語言相比，音樂語言充滿了歧義和不確定性，拒絕了任何理性化、單一化的理解。寫實主義在古典音樂那裡失效了。阿多諾說，音樂是沒有意向性的語言。語言是被理解的，而音樂是被操作的。他從貝多芬晚期作品，比如《莊嚴彌撒》中，看到了「謎一般的無法破解」。應該說，真正的音樂都是無法破解的謎，因為它不確定的意指向度，因為它訴諸的是內心而不是概念。對阿多諾來說，音樂是對現象性的批判，也是對當下和此地的實體性的批判。

然而，在當代社會裡，陷入了「低齡化時代」的聽覺退化使阿多諾或多或少感到悲哀，通俗音樂敗壞了聽眾對音樂的知覺。阿多諾在通俗音樂中看到的是無靈魂的機械狀態，是一種以標準化、模式化、制度化為根本基質的文化現象。阿多諾不無極端地指出，這種在音樂語彙上的簡單化、機械性節奏重複使自律的音樂作品無法反抗社會的總體化壓制，相反卻與之同流合污，是一種文化順從主義。

與此相對，阿多諾在荀白克、貝爾格和韋伯恩為代表的十二音體系音樂中，看到了作為社會反題的藝術的真正功能。無調性的現代音樂拒絕融合到現代社會的機械流水線中去，拒絕那種不加思考的文化惰性。十二音體系不但從形式上反映了現代社會冷漠序列化的、然而也是無中心的狀態，而且並不像調性音樂那樣以虛假解決的方式去調和這種無法調和的狀態。十二音體系意味著每一個白鍵和黑鍵在樂曲裡都處在一種異質的，取

消了主導性和從屬性的關係網絡中，沒有體系化的階層，也沒有中心的控制。

語言，文體

阿多諾自己的理論寫作也從形式上顛覆了傳統的體系化哲學，通過消解了一般秩序的文體體現出破碎感、零散感。《啟蒙的辯證法》一書的副題是「哲學片斷」，從古典神話和當代文化的不同側面（而不是從抽象的觀念）來進行理論闡述。隨筆集《小倫理》以「對受損生活的思考」為副題，通過零散的文體結構拆解了哲學著述的宏偉構築，成為彙集了阿多諾璀璨的思想「星叢」。「星叢」這個班雅明的術語意味著一種沒有結構的結構，比如十二音體系的音樂，意味著在異質性的事物之間所充滿的那種無法以調和或綜合來終結的矛盾和張力。同時，《小倫理》的格言式文體讓讀者領略到思想的巨大感染力。理論不再是乏味的，它教你去思想一種切膚之痛。

但同時，阿多諾的語言風格又是對那種商業廣告式、政治口號式或虛偽通俗化的清晰風格的反動。為了解除語言的虛假同一性傾向，阿多諾的行文將理論語言從它陳腐的邏輯秩序中扭曲出來，冶煉成阿多諾特有的艱澀文體。在許多理論篇章裡，阿多諾的繁複而自我纏繞的表述方式讓多少人望而卻步。連他的「戰友」馬庫色也曾坦承他未能讀懂阿多諾文章裡的許多部分。而《否定的辯證法》的英譯者則承認違反了翻譯的基本原則：他對不少段落的翻譯都是在充分理解原文之前完成的。不過，一個認真閱讀阿多諾的讀者不難發現，他對公眾閱讀趣味的反撥來自對簡單寫作與簡單陳述的懷疑。在今天，簡單化的病症仍然蔓延，因為那種直接的、絕對的、非黑即白的思維模式正是工具理性的要求，是遏制生命創造力和複雜性的內在威脅。

藝術，前衛藝術

　　但是，阿多諾並不欣賞柏格森哲學中的生命之流，那種抽象的、消泯了矛盾差異的時間性綿延被阿多諾稱作沖刷了「辯證法之鹽」的潮水。同樣，阿多諾也矯正了康德美學中的主觀主義，而在唯物主義美學的意義上堅持藝術中客體的優先性。藝術的意味，作品中所具有的真理內涵，是主觀經驗與客觀對象之間互相作用的結果。

　　阿多諾曾經談到過哲學的「遊戲因素」，也就是哲學的審美時刻，儘管不是在席勒哲學的理論意義上。阿多諾說，哲學與藝術的共同點在於它們同樣是禁止「偽形」的行為模式。藝術抵制了意義，而哲學拒絕了對事物的直接把握。也就是說，這兩者都是通過自身的反面來顯示自身的。

　　但是，阿多諾不無悲觀地意識到，在現代社會裡，藝術難以逃脫被商品化的厄運。商業社會收編了與之相對的藝術，把藝術變成文化工業的一種產品，變成一體化社會體制的俘虜。相對而言，前衛藝術能夠更加不妥協地堅持自律的文化立場。如果說對意義的抵制是阿多諾美學中藝術的理想狀態的話，那麼前衛藝術就是對這種美學理想的突出表達。如果說藝術對於阿多諾來說是社會的反題，那麼前衛藝術便是最突出的對主流社會文化模式的挑戰。

　　既然主流文化是工具理性基礎上的虛假清醒，那麼前衛藝術則表達一種眩暈：那正是波特萊爾之後現代詩的中心感受。藝術的真理內容不再是自明的了，從某種意義上來說，它只有遭遇了毀滅（確切地說是，是幻覺的毀滅）之後才能顯現。比如，在阿多諾所推崇的貝克特戲劇中，某種赤裸裸的客觀性消除了現存文明所提供的意義，甚至，無意義便是唯一可能的意義。對無望的勇敢呈現才是唯一可能出現希望的契機。

烏托邦

　　無論在理論中，還是在藝術中，烏托邦都不能被具體化。阿多諾強調說，藝術必須通過一種對立的、否定的方式來體現終極的和諧。我們因

此在阿多諾那裡看到的是一個反面的烏托邦，就像奧威爾的《1984》和赫胥黎的《美麗新世界》。只有這樣，藝術對烏托邦的想像才會變成像災難的毀滅一樣真實。

烏托邦永恆的目標是抵禦那種對新經驗的可能性的威脅。好像一個好奇的孩童坐在他從未接觸過的鋼琴前，摸索一個他未曾聽過的和絃。不過，阿多諾認為，所謂的新，意味著對新的追求過程，已經獲得的新就不是新了。烏托邦，也就是存在於對現存的不斷否定的過程之中；那種被武斷地實在化的烏托邦會成為壓制和恐怖。阿多諾對現代性的批判從來不給出一個幻想的出路，似乎出路僅僅在於對無路可走的清醒意識之中。正是在這個意義上，我們看到了阿多諾和魯迅之間的差異。如果說魯迅對鐵屋的絕望仍然掩飾不住他對通過吶喊衝破鐵屋的希望的話，阿多諾承繼了班雅明以及猶太文化的神秘想像，堅持了絕望中的守望。

1968年，歐洲的學生運動如火如荼。阿多諾及其法蘭克福學派同僚的著作成為激進運動的理論武器。但是，對於將他理論實踐化的學生運動，阿多諾並沒有給予足夠的同情。他尖銳地指出，儘管出於對主流文化的反抗，抗議運動不幸成為主流文化工業的一個產物。阿多諾對政治實踐的懷疑來自他對一切組織化事務中的危險的敏銳察覺，對通過反叛重建另一種文化霸權的警惕。

對烏托邦的任何一種落實都有建立一個絕對化體系的危險。從另一個角度看，任何一種體系都可能是壓制性的，需要我們與之保持批判的間距。

流亡

在美國的流亡使阿多諾更清楚地看到了一種從一切壓制中流亡的必要。對阿多諾來說，距離並不是安全區的保障，而是一種張力的形成要素。真正的流亡，是一種內在的流亡，不僅是從極權政治下的流亡，也是從主流文化中的流亡。哪怕阿多諾可能並沒有意識到他在美期間聯邦調查局對他的持續追蹤（因為聯邦調查員們被他的歐洲哲學術語弄得一頭霧

水，而無法獲得任何有效的資訊），他仍然敏銳地看到了那個制度中的隱形控制，而這種控制主要來自大眾文化的模式。

　　一種真正的批判，對於阿多諾來說，也並不是高高在上的指斥。如果沒有對所批判目標的親身體驗的話，批判一定會失去它的客觀性，變成抽象的理論玩耍。當阿多諾駕駛著一輛綠色的1936年普萊茅斯轎車駛過紐約街頭，當他帶領年輕的美國學生去電影院觀看好萊塢影片以便更深入地分析它們的欺騙性，我們一定不會誤認為他真是像某些人想像的那種不食人間煙火的自命清高之徒。但思想的流亡，卻穿越了一切現實的存在。

　　不用說，阿多諾至今仍然處在流亡的境遇中：他以局外人的眼光流亡在左派政治的陣營中，他以精英主義者的面目流亡在後現代的狂歡節上，他以哲學家的身份流亡在音樂廳和歌劇院裡，他以反形而上學的姿態流亡在理論的圓桌會議上……

2003

紀實

穿越陽光地帶：經驗（與）批判的旅程

　　把詩集的標題又挪用到批評文集的序言上[註]，無非是為了表明，作為寫作的批評和詩，可能是對同樣一種歷史經驗不同方式的描述。同時，這多少也帶有對這樣一個疑問的測試：批評在何種程度上可以成為詩？

　　我無法確切地回答為什麼要用陽光作為中心意象。對於同代人的影片《陽光燦爛的日子》，我感到恐怖和興奮。不過，那或許正說明了陽光無時不在、不可驅逐的力量：流動在血液裡、如刺刀般眩目的陽光。

　　始終令我惶惑的是：一種把批評寫成詩的企圖是否必定遭遇失敗？而一種矯枉過正地把批評寫成哲學的企圖是否必定令人不悅？如果詩和哲學以同等的艱澀拒絕了慵懶的讀者，批評怎樣承擔它的命運？

　　從更深的意義上說，批評語言的詩性（具象）和哲學性（抽象）必然以各自的方式同現實保持了間距。在這裡，批評／批判的間距意味著面對外在和內在現實的不妥協精神。這種不妥協，或許是我們這一代人從文革繼承的最重要的精神財富。

　　我願意把我們這一代看作文革哺育的一代。我們喝的是陽光，吐出的是卡夫卡的蟲豸。只有親歷過的人才會相信，那的確是陽光滋生的蟲豸。當然，對蟲豸的敏銳察覺，標誌了我們這一代也是被後文革時期傳入的西方文化所染色的一代。

　　要為這一代人找到他們（傅柯意義上）的知識範型並非難事。我們沒有經歷過「再教育」，因為我們在那個年代開始時剛剛領受「教育」，而等到「再教育」的年齡卻已世事滄桑。我們最初所受的教育純粹、簡潔。1971年，我學會寫的第一句中文是「毛主席萬歲！」1974年，我學會說的第二句英文是「Down with Lin Biao！」。

我們每天所需要背誦的神話無不關聯著東風壓倒西風的輝煌主題，在課本上、報紙上、收音機裡、以及電影院裡。扮演東風的是工農兵、革命領袖、英雄烈士、地下工作者、紅衛兵／紅小兵，扮演西風的是地富反壞右、帝修反、走資派、鬼子、特務、土匪。我們最能理解的感性歷史是從《智取威虎山》、《海港》、《沙家浜》、《白毛女》、《豔陽天》、《金光大道》、《李自成》、《火紅的年代》、《青松嶺》獲取的。歷史就是永不閉幕的政治舞臺，人人都被安排了各自（代表凱旋的或慘敗的）角色。

　　我們在似懂非懂的狀態下沐浴了紅色風暴的洗禮，為第一批戴上紅領巾而無限自豪。當我們自己被指定為最幸運的、代表著未來希望的角色時，一種內在的神話便外在化為現實的實踐。從這個意義上說，對於我們來說，純粹的知識從來就不可能存在，知識僅僅是歷史戲劇的表演指南。的確，沒有比自己來扮演歷史主體更令人振奮的事了。哪怕只是少年兒童，哪怕一無所知，只要你參與到革命的時代話語中，便能超越年齡、知識或才能等一切限制，將自己同化於至高的歷史主體。對於錯過了1960年代造反運動的我們來說，只有到1970年代中期教育界的「反潮流」潮流才推動了這樣的想像，作為被壓迫階級的學生或多或少獲得了「翻身作主」的權力。

　　精神的狂歡節，並不是只有極樂的高潮。我們同時目睹的是，被歷史主體無情地打擊的另一方，如果有幸尚未遭到消滅，則蜷縮到社會的角落裡去孤獨地戰慄。這些人為製作的妖魔鬼怪——「牛鬼蛇神」，或經典詩詞所稱的「魑魅魍魎」——出現在現實和藝術的不同領域，使烏托邦的前景變得過於遙遠，難以捉摸。昨天的神祇今天被唾棄為魔鬼：現實自身變幻莫測的歷史戲劇使神話知識變得不合時宜、不知所措。

　　這樣，知識指明的只是實踐的迷宮。一個像熱鍋上的螞蟻一般往返穿梭在迷宮裡的歷史主體：沒有比這種景象更荒誕的了。既然知識是易變的、可顛倒的，它當然就不具備任何普遍性。一代懷疑主義由此誕生。

　　現在看來，懷疑主義的精神向度在某種程度上的確正是文革哲學的延續，儘管是變異性的延續。階級鬥爭的警惕性所武裝的頭腦必須洞察一切似是而非的形象。革命文藝成功塑造了各種披著羊皮的狼。有一個風行一時的動畫片揭露了某個為兒童慷慨解囊施捨糖果的老人竟然是宣傳「讀書無用論」的隱藏敵人。更著名的是樣板戲《海港》裡的錢守維，企圖通過對青年人施以小恩小惠來破壞國際主義的偉業，而終於被剝去了偽裝。敵人無處不在，需要我們戴上有色眼鏡去識別。

　　不過，階級鬥爭的神話哲學到了後來變異為連愛葛莎・克利斯蒂的偵探故事都無法想像的驚心動魄的歷史錯愕。「警惕」的意識形態推到了極端，因為歷史的事實一次次告訴我們，反面人物往往是那些最不可能是反面人物的人。當法定的繼位者和第一夫人相繼被剝去偽裝的時候，面具和真相之間的區別就幾乎不存在了。既然每一個親友都可能是身邊的「赫魯雪夫」，既然每一個路人都可能是白骨精的化身，有一天我們終於徹悟：在神祇和魔鬼之間，也許並沒有明確的界限或差異。價值的可置換性也在這個時候埋下了種子。

　　鬥爭無疑是神話的一部分，所有的神話都包含了鬥爭的中介。但鬥爭的多變和自反，尤其是歷史現實表達的弔詭，使整個神話的邏輯具有強烈的自我解構色彩。從這個意義上說，解構主義（或更寬泛地說是後結構主義）從1980年代起在中國文學批評界的廣泛散播並不是偶然的。顯然，結構主義從來沒有佔據過主導的地位，尤其是李維史陀從神話體系中總括出來的統攝性結構，始終無法贏得理論上的確認，因為那種根據神話安排的固有結構早已在實踐中遭到了質疑。

　　對於由超級歷史神話培養的一代來說，西方現代主義的出現既不可思議，又恰逢其時。真理的真空有不同的填補方式，而由一種本質上是批判的、懷疑的文化精神所替代，可能是最合適的了。在1980年代，學院內最初的啟蒙讀物是袁可嘉等人編的四卷本《外國現代派作品選》，其中T. S. 艾略特的詩和卡夫卡的小說尤其能夠提供幻滅後的沉思。

必須承認的是，對於現代主義的迷戀在當時不無文學進化論的影響，而這種進化把西方幾百年的文學流變壓縮在文革後的十幾年內。對於新一代文人來說，現代主義成為理所當然能夠超越或廢棄法定的現實主義和浪漫主義的一種新的文化武器，而這種武器是我們的前輩所未曾擁有的。不幸的是，現代主義的興起的確首先起源於對一種真正的文化革命的想像。正如達達主義、超現實主義和未來主義的共產黨人一樣，1980年代的文學現代主義在相當程度上隱含了左派激進的意味，直到1980年代末的學運也是一樣。

　　回到標題，我想說的是，如果我們把行為（動詞）而不是意象（名詞）置於言語的中心，那麼是「穿越」，而不是「陽光」，概括了我們生命的境遇。

　　　　　　　　　　　　　　　註：本文原擬為一本評論文集的序言

我的名嘴生涯

SARS疫情過去的第二年夏天，我趁美國大學暑假又回到北京，一邊享受剛裝修完的新房，一邊四處活動，伺機尋找可以讓我有理由在北京滯留不歸的工作機會。眼看暑假即將過去，絕望之餘，不得不準備打包回美國，卻在一日黃昏突然接到朋友L的電話，說是某國家級電視臺的節目部主任C先生備下晚宴，有意邀我商談接棒主持一檔每週一次半個小時的談話欄目。觥籌交錯間，這件事就八字有了一撇；席間，主任不斷勸我打消回美國的念頭，拍胸脯地說，全中國都能收看到的電視主播立馬就成為一代名嘴，隱性收入足夠抵我美國大學終身教職的薪水了。我連夜趕寫策劃案，洋洋萬餘言，憧憬著未來一年內的豐碩成果與在中國文化界的巨大影響。等到幾天後，台長K女士親自會面拍板，我們承包的這個節目就此啟動了。節目的名稱是《藝術爭鳴》，形式上打算部分地借鑒在國內頗為走紅的一檔叫做「鏘鏘三人行」的香港鳳凰台的欄目，由我擔任主持兼策劃，每次節目另邀請兩位嘉賓，暢談和評點當下熱點文化現象，而新意則在於以具有攻擊和反擊性的論爭為目標。我邀請了朋友Z作為常任嘉賓，因為我們二人「爭鳴」的頻率出奇地高，我常常把他激發得青筋綻出，怒不可遏。我還找到已經成長為名導演的髮小W，負責攝像，他一定會把我塑造得貌比潘安的。

第一次拍攝把我徹底雷倒了。踏進錄影棚，但見一張單薄得彷彿搖搖

欲墜的黑黝黝長桌（準確地說是道具桌），周邊卻放置著三張明清古董般異常結實的紅木太師椅，椅面幾乎升到了桌面的高度。往太師椅上一坐，雙腳懸空，如坐秋千。更令人心寒的是，一雙手臂不知往哪裡擱，因為太師椅的扶手頗為高遠，使我頓生轉世投胎為長臂猿的強烈渴望——

左起：艾未未、楊小濱、趙無眠

假如把雙臂撐在桌子上，又有把桌子壓垮的嚴重憂慮。那麼，看來我就只能撐在自己的大腿上了，這樣大概也頗具「爭鳴」的戰鬥豪情。這一套風格腐朽的傢俱後方的佈景，是更為腐朽的雕花門窗，我幾乎疑心步入了某清末滬上的鴉片煙館。我幾近崩潰，向製片人哀求換一套新的佈景和傢俱。答覆是否定的。不僅沒有足夠的經費購置新的傢俱，也沒有足夠的時間來替換現有的這些。W導播曾勒令我買了一大堆色彩豔麗的時髦Ｔ恤衫，難道我必須換上灰布長衫，捧一壺清茶，坐在這裡之乎者也嗎？

　　第一期的主題是要痛罵張藝謀的電影《十面埋伏》。這我很在行。雖然我在從美國到（後來）台灣的各類電影課上說過無數張藝謀《活著》、《秋菊打官司》等影片的好話，我迄今發表評論張藝謀的文章，從《紅高粱》到《英雄》到日後的奧運開幕大典，無不屬於找碴類型的。於是我像一隻好鬥的公雞一樣竄上了主播台，卻在屁股坐穩到太師椅的那一瞬間變成一隻洩了氣的小鳥。在那張寬廣而僵硬的太師椅上，我顯得多麼地渺小。當微型麥克風扣到我衣領上的時候，我感到坐上的是行刑的電椅。我強作鎮靜，但原本鬱積的對《十面埋伏》的憤怒已經轉化成對錄影棚環境的更深的怨懟。

　　已經記不清第一次錄影時究竟胡謅了些什麼，可以肯定的是，我的

表情和動作極不自然，說話極不順暢；而我那朋友Ｚ一遭遇刺眼的燈光就患上了失語症，平時的火爆脾性不治而癒。我為了擺出不太彆扭的坐姿，不得不略略側身靠向一邊，並把原先如兩行淚水般垂下的雙腿調整為二郎腿。這樣，在一路狂扁《十面埋伏》的過程中，我終於忘乎所以，口若懸河，將對錄影棚的悲憤化作了嘲諷張藝謀爛片的巨大力量。

　　等到剪輯開始的時候，才發現被我推舉為製片的Ｌ對台裡的嚴苛審查深感恐懼，進行了嚴苛程度不遑多讓的自我審查和刪節。但由於毫無經驗，居然下令剪輯師仔細聆聽每一秒裡的音節，切掉每一個語氣詞，甚至每一個停頓的空隙。這使得最後播出的版本裡，我的說話接近於電腦語音合成器的產品：沒有表達情感的語氣詞，甚至沒有呼吸！這個乾淨到了令人髮指程度的版本，在審查時仍然遭遇到指摘。據說Ｃ主任緊鎖眉頭咕噥道：這個楊小濱怎麼可以翹著二郎腿？另外，朋友Ｚ由於經常發表雷人的壞文章，在出場時只好去掉了姓氏，連名字還用了諧音，弄得他灰頭土臉，牢騷滿腹。

　　我們的節目遭遇到相當大的阻力，不滿的方面，包括嫌我們趣味過於低俗，忽略了高雅藝術。不過，由於本欄目的改革是在台長主執的方針下進行的，我們才仍然得以持續下去，在此後的幾個月裡，策劃了「酒吧文化」、「網路文學」、「刀郎現象」，甚至「廁所文化」等選題；當然，為了躲避廣播電視總局的閒言碎語，我們也臧否「畫廊文化」、「國產卡通片」，甚至接受指定的任務，在教師節的時候論爭「影視中的教師形象」。但更不容忽視的卻是與商業效果密切相關的收視率。不低俗怎麼可能吸引眼球呢？於是，在有關網路文學的那一集裡，找來了網路美女作家二枚，三人一同犧牲色相，竭盡蔡康永、小Ｓ式的風騷淫笑之能事；在談卡通片的那一集裡，我臨時扮演起卡通片中的人物，擠出楊丞琳式的幼齒童聲。當然，作為1980年代最先在中國引進西方馬克思主義文化批判理論的我，並沒有忘記夾帶文化批判的私貨，但這個部分大概是最沒有人注意到的。而沒有意識到的卻是，自己不就應當是批判的對象嗎？

　　無論如何，沒有任何跡象能夠讓我感到這是一個永久性的、具有輝煌發展前途可以讓我安身立命的電視欄目。我還是決定不放棄美國的教

職，於是在開學前趕回密西西比。在雙重夾擊下的媒體，能夠容忍某些異類聲音，已經十分不易。並且，在適應了我的二郎腿之後，C主任在電視臺的各欄目組大會上還將我們的欄目用以作為改革的典範，建議其他的節目主播們要看一看《藝術爭鳴》這檔欄目的新氣象。在我返回美國的半年內，台長啟動了一筆特別基金，供我每個月從孟菲斯飛回北京，錄製下一個月的四五期節目。通常在北京的一兩天內還沒有轉過時差來又立馬打道回美了。

不過，事實也證明了，蜜月期絕不是永久的。在談刀郎的那一期裡，我們提到了中國搖滾樂的鼻祖崔健。這一段被無情地刪除了，我們被嚴正告誡，不可提及民間樂壇的靈魂人物崔健。同樣，在談論前衛藝術和畫廊的那幾期裡，提及過去圓明園畫家村的段落也遭到刪除。不過，有趣的是，幾個星期之後，又有一道新的諭旨頒佈下來，崔健獲得了從黑名單中解放出來的遲到的公正，原因是中央電視臺此前剛剛播出了一期有關崔健的訪談，因而證明崔健已經榮幸地被收編到主流文化的隊伍中了。

諸如此類的事件發生了多次之後，我已經無法控制播出的內容了。我甚至懷疑最後播出的和我原先說出的之間早就相差十萬八千里了。我身處美國，也根本看不到播出的節目。最初，每一期的母帶都可以借出來刻錄光碟分發給我和嘉賓，直到有一天，突然說是從此再也不能外借了。原因是發現有一盤外借後歸還到庫房的母帶，中間的一部分內容插入了法輪功的宣傳片。如果不慎在重播時將此段播出，一大批人的烏紗帽肯定不保。歸隱的意向油然而生。在寒假到來的時候，我便駕長車踏破美利堅大好山河去了，切斷了與外界的聯絡。等我一個多月後回到住所，電話留言裡滿是催我回北京的資訊；最後一通，是說既然找不到我，就只好臨時找了替身，一位詩人朋友，也就是我推薦的另一位常任嘉賓。此後，我們雙方都沒有提出我重回主播台的願望。這樣，我的名嘴生涯頗為不經意地開始，又頗為不經意地劃上了句點。只留下我的一組詩〈後絕句八首：主持人箚記〉，作為對那一段經歷的悼詞。不過，直到今天，還常常會有多年未見的朋友碰面時會提起：好些年前在電視裡看到你侃侃而談嘞！

2005

尋找見證者：「國際文壇尤利西斯報告文學獎」評獎側記

二〇〇三年十月四日，在柏林的德國總統府旁邊的TIPI大棚帳內，來賓們在藍色的燭光和螢光下屏聲靜氣地傾聽英國作家伊莎貝爾‧希爾頓宣佈第一屆「國際文壇尤利西斯報告文學獎」的獲獎名單。在波蘭作家卡普辛斯基作了題為〈希羅多德和當代報告文學寫作〉的主題發言，和終選入圍的作家們朗誦了自己的作品片段之後，率先上臺領獎的是中國作家江浩，他的報告文學《盜獵揭秘》獲得了三等獎。接著上臺的是獲二等獎國際知名的索馬里作家法拉。最後，獲一等獎的俄羅斯作家坡莉科夫斯卡婭從頒獎嘉賓卡普辛斯基手裡接過了國際文壇尤利西斯獎座。

　　「國際文壇尤利西斯報告文學獎」是當年新創建的國際文學獎，文學獎的設立者《國際文壇》（Lettre International）是歐洲的一份極具聲譽的文化人文季刊，在歐洲各國以不同的版本出版。在德國，《國際文壇》在文化人文界具有舉足輕重的地位，大約可以同中國的《讀書》相類比（雖然二者在內容上有很大的差別）。德國的《國際文壇》同海外中國詩

人楊煉、多多、北島保持著密切聯繫，以某種遙遠的方式參與了中國當代文學的進程。

四月初，《國際文壇》通過楊煉介紹，邀請我擔任報告文學獎的評委。我半開玩笑地問楊煉，我是以詩人還是學者的身份去參加評獎？這個問題的答案後來就日漸清晰，評委名單幾乎是清一色的作家、記者，不少人本人就是頗有影響的報告文學作者。我是和學者沾上邊的唯一或少數之一，我甚至是和詩沾上邊的唯一。事實的確是，我並不是一個報告文學的熱心讀者，儘管我知道報告文學在1949年後特別是文革後的中國曾經盛極一時：《歌德巴赫猜想》和《第二種忠誠》的時代仍然記憶猶新。我甚至從理論上懷疑報告文學是否能夠真實地反映世界，特別是對於像我這樣更熱衷於那些奇思異想的語言實驗的詩人。但無論如何，報告文學的巨大存在是無可否認的，而近年來紀實文學包括口述文學的加入使這個文體更加蕪雜和難以捉摸。而這個獎的評獎要求之一，是2000年以後首發的作品。

「四月是最殘忍的月份」，非典（SARS）剛在北京開始蔓延，而我尋找報告文學的使命還剛剛開始。每個評委可以推薦兩篇，語種不限。由於十幾個不同語種的評委中我是唯一來自中文世界的，我的努力自然會是推介中文的作品，哪怕是台灣、香港或者海外的。但在當時，除了一些朋友事先得知自薦了一些作品之外，我的起點是一片空白。我打算先從網上找到線索，再仔細查看，但網上所能找到的篇目似乎沒有太多能符合評獎的基本要求和我個人的美學政治標準。無奈之下，我詢問了報告文學界的幾位大腕，學界的專家，他們自薦和推薦的篇目也成為考慮的對象。我甚至還考慮過曹錦清的《黃河邊上的中國》，終因太不文學而放棄。

在尋找的過程中，我自己的標準也在不斷地明朗起來。如果報告文學無法定義，至少可以有反定義：如果說不清它是什麼，至少可以確定它不是什麼。它首先不是歷史，因為它必須是親歷的，一手資料的，或至少有一手採訪資料的。再者，它也不是訪談實錄，因為作者必須安排、加工，作者不只是錄音設備。另外，如果它不是絕對客觀的，它也不是徹底主觀的，這樣，自傳性作品和紀實文學中很大一部分都不能符合，因為報

告文學必須是基本有關他人而不是自我的，儘管自我的參與是一個重要因素。不少佳作由於不符合基本要求而淘汰。

　　四月中旬的時候，街上還熙熙攘攘，沒有多少恐慌的氣氛，但我對身邊的咳嗽聲已經開始敏感躲避。我去西單圖書大廈，在報告文學和紀實文學的書架前戰戰兢兢地徘徊了一個下午，封住鼻子，擦亮眼睛，用選美般苛刻的眼光，瀏覽，爾後淘汰。一次絕望的經歷，讓我看到了中國報告文學的駭人境遇：要麼是主旋律的，配合形勢的膚淺之作；要麼是商業化的，以性愛為主題的粉色誘餌。而略有現實內容的，也大多缺乏批判的銳利，揭示的勇氣和思想的新穎。

　　我最後的希望寄託在到圖書館去查閱刊載報告文學的雜誌。很不幸，附近的國家圖書館此時已經因為非典關閉。於是我只好甩掉門衛闖入此刻已經停課封校的北師大校門（儘管我在北師大客座任教，卻始終沒有拿到工作證），一頭扎進報刊閱覽室，從書架上搬下一摞摞沉甸甸的《中國作家》、《十月》、《當代》之類，飛速翻到每期的報告文學欄目，一目千行地取捨著。圖書館規定要戴口罩，工作人員不斷進場催促，聲稱把脫下口罩的學生趕出去。儘管如此，坐在我對面的一個戴口罩學生的幾聲咳嗽還是讓我心裡發毛。我不經意地在2000年第6期的《中國作家》上看到一篇題為《盜獵揭秘》的長篇報告文學，作品的風格和內容似乎是在一瞬間讓我直覺到，這正是我在尋找的東西。《盜獵揭秘》中的批判與曖昧、故事與評說、見證與資料，都奇異地結合在一起。我匆匆作了筆記，回家後在網上查到更多這篇作品的出版資訊，甚至幸運地獲得了作者江浩的電郵地址。在購買群眾出版社單行本和《中國作家》過期雜誌的努力均告失敗之後，我給江浩發了一封電子信件，索取一冊作者的贈書。江浩很快從美國給我回了信，並且不久回國後就把《盜獵揭秘》寄來了。

　　同時，我開始關注旅行文學的領域。一部親身體驗陌生地域、具有獨特發現的旅行文學作品應當比虛假寫實的現實題材作品更有意義。有兩套叢書引起了我的注意：《走馬黃河叢書》和《走進西藏叢書》。我託友人從北大圖書館借出一套《走進西藏叢書》，戴了口罩，騎上自行車，才

在中關村附近的街頭取到。我對范穩的《蒼茫古道》一書產生了偏愛，書中描繪的西南地區民族和文化的混雜對我具有強烈的吸引力。

6月21至22日，第一次評委會在柏林的歌德學院舉行。我一到柏林，主辦者《國際文壇》的弗蘭克・貝貝利奇（Frank Berberich）和艾絲特加洛多羅（Esther Gallodoro）便嘖嘖稱讚我選送的《盜獵揭秘》，德國本地的評委布赫一見到我也急切詢問關於這篇作品的詳細情況。十幾位評委並沒有全部出席，但僅出席的十位就代表了主要的語種和地區，除我之外，有日本的池澤夏樹（芥川獎獲得者）、智利的豪爾赫・愛德華茲（Jorge Edwards，賽凡提斯獎獲得者）、旅居法國的吉布提作家阿布德拉曼・瓦貝利（Abdourahman Waberi）、旅居法國的白俄羅斯記者、作家斯威特拉娜・阿列克謝維奇（Svetlana Alexievitch）、德國作家、批評家漢斯・克里斯托福・布赫（Hans Christoph Buch）、英國作家、記者伊莎貝爾・希爾頓（Isabel Hilton）、葡萄牙小說家佩德羅・洛沙・門德斯（Pedro Rosa Mendes）、印度作家尼爾瑪・維爾馬（Nirmal Verma）、土耳其作家內丁・居塞爾（Nedim Gürsel，土語學院獎獲得者）。黎巴嫩作家埃利亞斯・庫利（Elias Khoury）、美國作家菲利浦・古列維奇（Philip Gourevitch）和丹麥作家揚・施塔吉（Jan Stage）因故缺席。這些評委裡有一大半本人就是記者或報告文學作家，當然根據規則，他們不能推薦自己的作品。

會議的第一個議程出乎意料地成為討論報告文學的定義。這使得這次的評委會具有了些許的學術討論班的氣息。我強調的兩點是：作者親歷的首要性，直接經驗和觀察的首要性，以及敘事和細節的重要性。其他評委也從不同角度各自闡述了自己的想法，比如對於反映重大事件的考量，比如對於作者採訪的難度和揭露的勇氣的關注。多數評委都和我一樣意識到，必須把報告文學同歷史、傳記等其他非虛構文類區分開。

幾個小時的討論達成了一些基本的共識，這對於日後的決定的確起了相當關鍵的作用。因為在接下來對具體作品的討論一開始就淘汰了好幾部推薦的作品，其中有歷史記述、也有傳記類和散文類的作品。在本次評

左起：法拉、江浩、楊小濱、坡莉科夫斯卡婭（她在2006
年遭暗殺，震驚世界）

委會上獲得正式推薦的作品共十九部，都有推薦的評委撰寫的故事梗概和選段（如果原文不是英文，則有《國際文壇》事先約請專家英譯的片段）。我們這次的任務是從中選出七部終選入圍的作品，閱讀全文之後，在八月的第二次評委會上選出一、二、三等獎。

在討論《盜獵揭秘》的時候，我陳述了舉薦《盜獵揭秘》的主要理由。在非典剛剛平息的當時，在我們發現一場自然和社會的雙重災難竟然可能是源於捕食某種野味的時候，獵殺野生動物的題材似乎有著特殊的意義。當然，在最基本的層面上打動人的，我以為是作者的敏銳而透徹的觀察力、敘事中的傳奇和戲劇因素和文體的豐富張力。盜獵活動的各種細節，除非親身經歷，很難如此生動準確地描繪出來。在很大程度上，作者避免了主觀的過多參與，但卻在客觀描述的同時體現了豐富的戲劇性和人性色彩。在對撲啦啦驚起的珍禽，盜獵者們的茹毛飲血，肢解麋鹿的過程的描寫中，並沒有悲天憫人的超驗姿態，但不乏作者的批判鋒芒。但作者擯棄了批判的簡單化，因為真正客觀的觀察不會給任何事物貼上標籤。比如作者注意到盜獵者們會放走雌性的飛禽，但不是因為仁慈，而是為了讓牠們繼續繁衍更多的獵物。

這樣的複雜性，甚至反諷意味，我以為是這部作品最具價值之處。首先，作者一方面批判了非法盜獵活動，尤其是各種非正當的、甚至極為非道德的捕殺方式，另一方面也給予了對盜獵者的某種人性色彩和同情。

無論如何，在江浩的文體中，傳統報告文學中高姿態的作者消失了，道德說教消失了，代之以具體可感的身份曖昧和評判雙重性。書中三個主要的人物是非法盜獵者，但也是知識和經驗豐富的高超獵手。對人性複雜性的揭示是這部作品勝出大部分中國報告文學的秘密。不錯，作者譴責了盜獵者對生態環境的破壞，但是報告文學是文學，不是法令。作者詳盡地描述了這些盜獵者如何運用各種詭計逃脫警察的追蹤，如何從草動的方式來判斷草底下野雞的所在，如何從野鹿留在地上的血跡判斷野鹿跑出了多遠。他們一方面偷竊武器、殘殺動物，另一方面也反對捕獵小鹿（儘管是因為口感差），拒絕獵殺雌性飛禽（儘管是為了讓它們繁衍）。更多具有反諷色彩的場面包括，用毒藥毒殺動物的行為由於用了假毒藥而無法奏效。而盜獵者們也並不是邪惡的代名詞，甚至在某些情形下，農民們盼望盜獵者們把吃莊稼的野兔斬盡殺絕。

儘管是一部以敘事為主的報告文學作品，江浩在《盜獵揭秘》中提供給讀者許多與狩獵或生態相關的資料，從全球的範圍和歷史的視角來理解生態、法律和文化等諸多問題。作者引入聯合國對於輕武器散佈的報告，引入關於中國文化中烏鴉的象徵，引入有關野生動物和馴養動物的各種資訊，都給這部作品增加了相當的深度和廣度。更加難得的是，作者還從盜獵這一側面揭露了官員腐敗的現狀，因為狩獵已經成為一種身份、一種奢侈、一種高檔娛樂，因此也是最好的享樂項目和賄賂品。

有評委指出，這篇作品符合報告文學的每一個定義。我覺得這個說法貌似低調，卻揭示了一個十分難得的品質：它是敘事，但不是虛構，也不乏作者的聲音；它有作者的聲音，但不是單一絕對的、不是至高無上的，而是具有喜劇精神的、多層次、多角度的。它更是作者花了整整四年藏披著足以脫身的警方證明，跟隨盜獵者四處遊走的親身體驗。也有評委說《盜獵揭秘》令人想起海明威的作品（我想可能是《非洲的青山》），但比海明威寫得更精彩。我覺得這並不是過譽之辭。

范穩的《蒼茫古道：揮不去的歷史背影》是一部風格截然不同的作品，語言樸素，情節平實。雖然寫的是滇藏邊界的旅行見聞，卻並不渲染

異邦情調，而是敏銳地發現民族和文化交融的奇特風景。許多獨到的觀察都挖掘出文化的深層含義。比如作者注意到一個藏族陪同人員在下山途中下馬步行，起初以為是下坡坐在馬背上不舒適，經交談才得知是藏族人的佛教信仰中對眾生平等的觀念使得他們善待動物，就像善待自己。另一方面，作品也沒有刻意將偏遠民族描繪成世外桃源，而是記錄了當代中國宏觀歷史對偏遠文化的種種影響，政治的、經濟的、等等。

對文化多樣性和宗教異質性的展示是這部作品最為動人的主旨。作者描寫了納西家庭出身的活佛，還有在當地頗為典型的藏民與回民的聯姻。更有意思的是一個回民和藏族天主教徒的兒子，他是藏族佛教徒，他媽媽是當地最後一個天主教徒，然而卻參加藏民的佛教活動。作者還去朝拜了納西東巴教的聖地，那卻位於藏區。還有藏化了的納西族人，歐化了的活佛，總之在這一地區宗教和文化的差異並沒有形成衝突，而是形成了雜交。對於一個充滿了宗教和文化衝突以至於戰爭的今日世界來說，這部作品給與我們的啟示是不言而喻的。不過，也正是因為這部作品的積極視角，有的西方評委對作品是否掩蓋了一部分包括漢藏之間的文化衝突提出了疑問。

其他獲得評委們廣泛注意和好評的作品有俄國作家安娜・坡莉科夫斯卡婭（Anna Politkovskaja）的《車臣：俄羅斯之恥》，獲得了兩個評委的推薦。這部用俄文寫成的揭露車臣戰爭的殘酷並持有獨立觀點的作品由於無法在俄國問世，首次出版的是法文譯本。作者冒著政治和戰爭的雙重危險記錄並講述了車臣戰爭的故事，她的道德勇氣贏得了評委們的一致讚賞。白俄羅斯評委阿列克謝維奇本人就是著名的報告文學作家（她的作品也有過中文譯本），儘管是評委中唯一需要通過英文翻譯來交流的人，她用激情和雄辯打動了每個評委。

索馬里作家努魯丁・法拉（Nuruddin Farah）的《昨天、今天：來自索馬里散居者的聲音》也受到不少評委的讚賞。這部作品基於作者對散居在非洲和歐洲的索馬里難民的訪問，作者通過對不同聲音的相容，以某種眾聲喧嘩的效果揭示出難民群體的多樣性。而作品的最佳之處，在於作者

不僅對難民的遭遇給予了充分的同情，同時也揭露了他們中間的某些陰暗面，這使得法拉受到來自本民族的巨大壓力。

美國作家愛居蓮・妮可・勒布朗（Adrian Nicole LeBlanc）花了十年時間追訪生活在紐約布朗克士區的黑人青年群體，在她厚達四百頁的《隨機家庭》中，書寫了他們的性愛、吸毒、貧窮、暴力和生活中的種種微型悲劇。本書以近距離觀察的方式，客觀記錄了日常生活中的細節真實，一切都赤裸呈現，沒有任何作者的影子，沒有掩飾和託詞。這是一種小說式的寫法，儘管它只能歸入非虛構類作品。

依安・巴魯馬（Ian Buruma）用英文寫成的《壞分子》有關中國，但並非由我推薦。作者巴魯馬是東亞專家，該書是作者對海外華人知識份子的觀察和採訪，有很大一部分談的是民運分子和流亡海外的作家，甚至包括一些我的朋友，楊煉、貝嶺、蘇曉康等。當然還有極具爭議的魏京生。這部作品的過人之處，除了在於對這些「壞分子」具有充分的瞭解之外，還在於作者並不以一種簡單讚美或簡單貶斥的角度描摹這些人物，而是深入探討了人性和文化的複雜性，多面性。

另外一些受到好評的推薦作品有克莉絲蒂娜・蘭姆（Christina Lamb）以阿富汗婦女生活為題材的《西拉的縫紉小組》、琳達・坡爾曼（Linda Polman）以聯合國維和部隊為題材的《我們什麼都沒幹》、馬克・圖利和吉蓮・賴特（Marc Tully and Gillian Wright）合著的反映印度社會現狀的《緩速的印度》、盧旺達法語作家讓・哈茲費爾德（Jean Hatzfeld）的《在生活的裸體中》，等等。

在一天多的陳述與討論之後，繁複的投票過程便開始了。投票分成幾輪進行，每個評委在每輪都用數字對每篇作品加以排名，每一輪只選第一，選出一個名單上就減少一個，直到選出七個為止。就這樣投了七輪的票，入選的七部是坡莉科夫斯卡婭的《車臣：俄羅斯之恥》、法拉的《昨天、今天：來自索馬里散居者的聲音》、江浩的《盜獵揭秘》、勒布朗的《隨機家庭》、蘭姆的《西拉的縫紉小組》、圖利和賴特的《緩速的印度》和巴魯馬的《壞分子》。結果出來後，評委們表示滿意，因為這個名

單包括了不同語種、不同性別和膚色的作家、當然還有各異其趣的題材。當然，每個評委都對自己推薦的作品是否入選倍加關注，以至於最後入選作品的推薦者們在宣佈的時刻大大鬆了一口氣，甚至握緊拳頭作出勝利的姿態。作家們畢竟都是性情中人，他們的喜怒哀樂，從言說中，從日常舉止中都顯露無遺。

　　柏林的夜生活似乎無不延長到午夜以後，因為他們的晚餐是從十點開始的。夜已深，評委中的酒徒們卻仍然不忍離去，趁此國際交流的機會交換酒興和文學。在評獎之外的思想碰撞似乎比評獎本身具有更加純粹的文學性。布赫就住在柏林，曾經是馬庫色的學生（和我的法蘭克福學派興趣產生淵源），他認識我的朋友楊煉和多多，我不認識他的朋友格拉斯。瓦貝利和門德斯是評委中比我還年輕的，充滿活力。瓦貝利看上去是個普通的黑人小伙，「祖籍」是非洲小國吉布提，現在巴黎附近教英文，卻用法語寫作，得過不少文學獎項。幾杯黑啤下肚之後，布赫和瓦貝利便起身隱退了。

　　池澤夏樹對中國讀者來說似乎還有點陌生，但卻是被譽為「日本的馬奎斯」的大作家，得過芥川獎，目前擔任芥川獎的評委。由於他住在日本最南端靠近台灣的沖繩島上（最後一次見他的時候他打算搬到巴黎去住），交通不便，旅途困頓，神色十分疲憊，直到最後一天的早餐時才得以暢談。我們唯一必須先做的是搞清對方的名字漢字怎麼寫，因為從最開始，對他來說我只是Yang Xiaobin，而他對我來說只是Natsuki Ikezawa。

　　希爾頓是中國問題專家，我的復旦「師姐」，會說漢語，因為她屬於文革後第一批來中國留學的西方人，在我之前就進了復旦。她的漢語資源可以喚醒我兒時的記憶，比如她會用快板書說「毛主席領導我們學大寨……」

　　在第一次評選結束後，評委們應各自閱讀每一部入圍的作品，以便在第二次評委會上作最後的決斷。沒有英文譯本的作品都將全文譯出，以便讀不懂原文的評委能夠整體把握。在此期間有評委提出在討論時對坡爾曼的《我們什麼都沒幹》評價不夠準確，而其他評委也同意將這部作品

納入終選名單，替代蘭姆的《西拉的縫紉小組》。我在回到美國密西西比大學前，先從館際借書處預借了這些書（除了電子版的《車臣：俄羅斯之恥》），回來後用最快的速度趕在第二次會議前深入淺出地努力讀出了每部作品的獲獎運數來。沒想到在會議舉行之前，《我們什麼都沒幹》又遭遇不測：有評委發現此書初版於1997，儘管英譯本做了些許修改，似乎仍不符合評獎的最初標準（2000年後首發）。

八月底，第二次評委會在巴黎的歌德學院召開。這次的任務似乎相對簡單，因為我們只需要集中在七部作品上，而其中的一部，大家似乎也已經默認，是落出評選範圍之外的。愛德華茲和古列維奇缺席，但寄來了評審意見，並且在會議即將結束的時候進行了通話。可惜，他們不能投票，意見只能作為評選的參考，尤其在票數相等的情況下（但這樣的情況後來並沒有發生）。這一次似乎比第一次會議略為激烈，評委們各自為自己推薦或喜愛的作品作殊死的辯護，當然也有改變初衷，改換門庭的情況。同時，幾乎每一篇作品也都獲得不同程度的微詞。甚至最為熱門的《車臣》也有評委認為題材大於藝術，雖然呼聲仍然是最高的。《盜獵揭秘》也未能逃過某些質疑。當然最顯見的就是指摘作者未能持續提供正義的道德判斷，在某些情形下甚至與盜獵者同流合污。在我看來，這種拒絕道德判斷卻是作者的高明之處和誠實之處，因為作者不再通過扮演上帝的角色解脫實際的道德責任。而作者最重要的道德責任是揭示世界的多樣和複雜，而不是給出簡單的，甚至現成的答案。《壞分子》和《緩速的印度》得到的負面評說多一些，主要是針對結構的鬆散和主題的不集中。對《隨機家庭》的負面意見在於它太像小說，隱身的作者反而有損於真實感，但該書的文學風格也受到了不少評委的青睞。《昨天、今天》沒有遭遇太多的批評，唯有認為作者法拉已負盛名，恐怕不需要錦上添花。

其實大家都已經有了心目中的名單，陳述和討論所產生的效果似乎很有限。最後投票的程序和上一次仍然相同，每一輪選出一名。不出所料，《車臣》最先脫穎而出，榮獲一等獎。這個結果簡單明瞭，除了稀疏的鼓掌，並沒有激動人心的喧鬧。我當時估計，二等獎和三等獎會在《盜

獵揭秘》、《隨機家庭》和《昨天、今天》之間競爭產生。等到二等獎揭
曉是《昨天、今天》的時候，我不禁有些擔心《盜獵揭秘》的命運。第三
輪投票結束，閒散的氣氛中帶些緊張。最後我見點票員對弗蘭克一笑說，
「The Poachers」（盜獵者），心中才落下一塊大石頭。據後來透露，
《昨天、今天》、《盜獵揭秘》和《隨機家庭》在第二輪的票數僅各相差
一票，所以《隨機家庭》的最後落選令人感到惋惜。就這樣，第一個全球
性的報告文學獎塵埃落定。入圍的七位作者都將獲得赴德國旅行寫作的獎
助，但只有前三名分別獲得五萬、三萬和兩萬歐元的獎金。弗蘭克再三叮
囑我們保密的紀律，不到宣佈的那一刻，絕不能透露任何獲獎的消息。

　　一個多月後，名單正式揭曉。在頒獎儀式上，江浩用中文朗讀了片
段之後，鼓掌聲不絕。我應邀上臺讀英譯的片段時說，「從你們熱烈的
掌聲來看，你們一定已經聽懂了原文的奧妙。」不過，第二天的新聞發佈
會上，記者們對《盜獵揭秘》的興趣仍然集中在對腐敗的揭露上，集中在
它的政治意蘊上。如果真是海明威，恐怕不會這樣。我不想為它的藝術價
值作過多的辯護。畢竟，對於報告文學，讀者首先盼望讀到的也許只能更
多的是它對於當今世界的揭示意義。車臣戰爭和索馬里難民當然也是。的
確，這個世界也需要更多更勇敢、更敏銳的見證者。

2003

李白與後殖民主義

　　教西班牙文學的美國單身婦女馬二婷教授約我去她課上客串，說是在教一門文學批評方法論的選修課，這次發了一批麗婆的英譯詩給學生，看看怎樣運用當代理論來解讀。因為我是中國文學專家，故而向我求助。「麗婆」是誰？我的大腦古狗飛速穿越了「濕婆」、「狼外婆」等種種不可能性，搜了幾秒鐘之後，運用糾錯功能判斷她指的是李白，蓋因唐朝人李白的英文名字沒趕上拼音時代，一直是拼作Li Po的。鑒於山中無老虎，猴子也就不怕沒威風。我滿口答應。馬教授再三說明，不必佔用我的時間，不管我知道多少，隨便扯一點有關的就行。

　　到了人約黃昏後的時分，我捂著嗷嗷待哺的肚子進了她教室，課上零零星星坐著七八個白皮膚和黑皮膚的學生，其中有一個是我這學期的美女助研叫淚妾兒。淚妾兒名字中聽，是西班牙文學的碩士生，可惜不會中文，當初配給我的時候我就抱怨了一通，但是錢是系裡出的，要供她獎學金之類，我也就只當聊勝於無，姑念其幾分姿色，讓她幹一些複印、掃描之類的手工活。但是，讓她和她的同學來學李白……

　　我本打算說一通郭沫若的《李白與杜甫》，說不定還能跟政治批評、新歷史主義什麼的扯上關係。豈料一開口，馬二婷教授就急了，說是新歷史主義還要等下週呢，本週學的是後殖民主義。我有點傻眼。李白跟後殖民主義，八竿子也打不到一塊麼，這都哪兒跟哪兒啊。馬二婷教授見我有些亂了方寸，趕忙安慰道，那就先說說李白的生平和創作吧。我只好挑我想得起的說：李白生於唐朝的西域，也就是如今已不屬中國境內的中亞地區。話剛出口，馬二婷教授便大喜，連忙接荏，說這就對了，我們也

許可以從他的出生地來探討一下後殖民主義的問題。我無奈，顯出一臉絕望。

馬二婷教授鼓勵我別受限制，我也就從李白杜甫開始講到毛澤東郭沫若和儒法道，正在學生一頭霧水一臉茫然無人回應之際，馬二婷教授的問題突然死灰復燃地從空蕩蕩的教室冒出來：真的和後殖民一點都扯不上邊嗎？扯不上。我斬釘截鐵。

那這樣吧，馬二婷教授有些沮喪，我們先來念一下文本好了。念什麼呢？我告訴大家有一首叫做「晚上安靜想事兒」的詩，三歲孩子都能背。馬二婷教授便勒令學生把厚厚一疊英文閱讀材料翻開。問我是哪頁，我哪知道？不是已經說了標題了嗎？我又補充道，反正是一共才四行的一首，第一句說的是月亮掉在床上什麼的。大家忙活了半天，未有斬獲。要不是太簡單了，這個英文選本裡沒選？再過了一會兒，有一位學習積極份子率先喊找到了，不過有八行。怎麼會呢？找錯了吧。一看，還真是。敢情譯者把每一行都譯成了兩行。

就這樣，大夥兒把行數不對，字數不對，大概意思也不怎麼對的李白讀了幾首，還是沒有品出後殖民的滋味來。有的學生急了，問馬二婷老師每週的讀書報告該怎麼寫？馬教授「well」了好幾下，說你們就儘量發揮想像力吧，要是實在沒轍，用其他的文化批評理論也可以。我趁機也添亂，說對啊，還有什麼東方主義啊，後現代啊，後結構啊。

我本來只想待十五分鐘，這下都搞了一個小時了，李白還沒有後殖民成，我的美好夜晚已經被強行殖民了。我趁機提出開溜的要求，還怕馬二婷教授要苦苦挽留。不料她如釋重負地鼓起掌來：讓我們感謝楊教授的親臨教誨！就把我從殖民統治下解放出來了。我（而不是李白）突然親身體會到了後殖民的悲喜交加。

《傾向》的挑戰
——答《傾向》編輯四問

問：1993-2000年期間，您作為《傾向》的重要編輯，你有哪些最難忘記
　　的回憶與感受，以及可以傳授的經驗？

答：我是在《傾向》創刊號出版後加入的。貝嶺希望我協助支持，我樂意
　　地同意了。沒過幾天，我正在朦朧詩人江河在紐約的家裡看他的天
　　竺鼠，當時《傾向》的副主編石濤打來電話，似乎說是已經把貝嶺
　　廢黜了，《傾向》現在已經歸他管了，希望我跟江河幫他寫稿等等。
　　我一時覺得有一種篡黨奪權的奇怪感覺，就哼哼哈哈地應付糊弄了幾
　　句，對新的權力中心報以比較冷漠的態度。再說我一向秉持仗義，不
　　願成為墻頭草。後來聽說貝嶺和石濤打起來了，又聽說貝嶺班師回朝
　　把石濤廢了。《傾向》歷史的開端有點像宮廷史或共黨史（這跟1980
　　年代萬夏等人篡奪詩歌協會領導權的故事有點接近，但結果不同）。
　　總之，後來我就稀裡糊塗地開始圍繞在以貝嶺同志為核心的《傾向》
　　編委會周圍奮鬥了。大概是因為原來的副手跟林彪一樣地娘要嫁人去
　　了，頗有要我補缺的感覺；不過我對副手的頭銜興趣不大，跟貝嶺協
　　議安了個「特約策劃」的名號。

　　還有一件有關的事情是，我1990年代中期回上海的時候，那時候還有
　　淮海路上的老家可以住，突然有一天來了一個戶籍警，讓我跟他到
　　派出所去一趟。我以為是我沒報臨時戶口被抓到了，不料說是有市
　　公安局的人找我。他們很客氣，起先問我學習的情況，慢慢把話題轉
　　到國外留學生辦的刊物，「……比如《傾向》啊，經常跟祖國匯報匯
　　報。」他們提醒我。我覺得把《傾向》叫做留學生刊物有點可笑，不

過用意是顯見的。我說是啊是啊，我也常看，有誰誰誰的文章，把能記起來的目錄內容背誦了一遍。他們還打算改日請我吃飯，我說我後天就上飛機回美國了，實在沒時間，就推托掉了。

這個，大概比起貝嶺經歷的險情，實在是算不了什麼。當然，最險的要算是貝嶺被抓那年的經歷了。記得那年暑假，我們先是開了一個會，召集了在北京的一堆七零後詩人和文人在北大東門附近的一個酒吧（馬驊也在，反正他暴露了也沒事）。在此期間我還陪貝嶺去了東城一個遙遠的印刷廠看那一期的菲林，地下工作真的非常辛苦。我離開北京回美國之前隔一天的晚上，本來是第二天有個新出刊的發布會，貝嶺的弟弟黃峰突然打電話來問貝嶺的下落，說聯繫不到貝嶺，他的直覺是出事了。果然，隨後傳來的消息是被抓了。朋友們忙著轉移雜誌，又投入了新一波地下活動。我上飛機的那天，在飛機上坐了三個小時沒起飛，最後通知說是機械故障，全體下機，安排住一晚第二天再飛。我心裡暗自忐忑，猜想一定是為了讓我重新入境以便一網打盡。還好重入境之後被安排到了麗都大酒店入住，再把前些天一起開會的兩個朋友叫來吃了一頓免費的奢靡晚餐，心裡不免愈發同情獄中的貝嶺。但參加地下工作的惶恐和趣味始終縈繞，成為《傾向》經歷中富於戲劇性的種種插曲。

問：您對再復刊《傾向》的晚輩（經驗傳承），有什麼建議？

答：踏著我們的屍骨奮勇前進吧！

問：您的近況（2001年迄今的個人經歷）與近期的創作，有什麼特別要說明的？

答：就經歷而言，從美國移居到台灣，在中研院任職，當然是重大的改變。能夠使我從兩岸的廣闊視野去發現漢語文化的某些過去未曾關注的方面。此外，2001年以來的寫作，也的確有一些美學上的轉化。主要的原因當然是中國當代社會形態的變化，我們所面對的已經不只是純粹的壓迫，我們所面臨的問題也不僅是專制，或者說，本土的政治體制糅合了全球的商業體制，使得寫作的對象變得更加複雜，更加多重。

一種文化挑戰如何能夠成為非簡單對抗的，甚至是自我質疑的，或許是我自己近年來試圖探索的方向。因此我近年來對於喜劇的偏愛是顯見的，世界和自身的各種錯亂和荒謬可能是最令人驚嘆的。

問：對《傾向》2009年復刊及未來刊物的期許和建議。

答：我想《傾向》有其固有的傾向，在我的理解下，包括文化批判的鋒芒和非主流美學的追求，都十分值得保持。因此，我並不主張調整《傾向》的傾向，而是更加深入地使原有的方向獲得進一步的發展和延伸，更加開拓原有方向的疆域。

最漫長的演講

楊小濱（左）與葛浩文（右）合影

　　剛送走了譯壇大腕葛浩文，系主任就笑眯了眼，對我說，「你總算可以輕鬆一下了。這個系列講座Longest Lecture頭一次舉辦中國文學的內容，證明很成功。大夥都很喜歡他，欣賞他的演講。」還好，要不老葛的飛機嚴重誤點，以至於我還得第二天重新跑一次孟菲斯接機，半夜三更電話叫醒夢話連篇的女同事把學生座談的時間改了又改，不就白忙活了。

　　老葛來鄙校作演講，是半年前就由我推薦，系裡開會定了的，當時他們並不知道老葛曾經是我的碩士生導師。不料，老葛很快就把我出賣了，酒足飯飽後在餐桌上大肆回憶我們的親密戰友的過去。也好，他們這次終於弄懂了，中國人就愛搞這些裙帶關係，搞到了美國來，搞來了美國佬。幸虧他們覺得成功，我以權謀私的「劣跡」也就成了「業績」。看見人頭攢動濟濟一堂的場面，誰也不知道究竟是教授們行政命令的效應，還是真有那麼多學生一夜間對中國文學突然摯愛起來。演講的題目是：「西

方人眼中的莫言」，當然我明白，真要是莫言見了我們的學生，的確是「莫言」為妙，要指望他們搞懂一二，不花個三五年是不可能的。不過，「西方人眼中的莫言」，還是可以嘗試聊一聊的。老葛不時拋出我早已期待的幽默種種，博取我早已預料的嬉笑陣陣。我的同事，研究馬奎斯的專家，當即表示要好好找來葛譯名著《酒國》研究研究。

莫言雖然喜歡馬奎斯，但大約最喜歡的還是福克納。福克納當然是本小鎮特產中的特產。下午帶著老葛去福克納故居橡樹莊園去轉了一圈，照了這張相。說轉了一圈，是因為這裡的博物館都是星期一休息，只能在房子外面行注目禮。這是我導遊史上最簡短的一次遊覽。接下來的則是「最漫長的演講」，由現代語文系系主任、文理學院院長和我一一介紹這個「Longest Lecture」系列講座的創始人、起源、發展和最新成就，老葛的生平事蹟、等身的著作……，恨不得比這個「最漫長的演講」本身還要漫長。真是難為了來學習中國文學的師生們。

老葛最初聽說要他做一個Longest Lecture，心生怯意，問：「要多長？」當然，我立刻安慰他說，你不用作一次世界上最漫長的演講，Longest，這不過是那個贊助者的姓氏而已。

2005

聲色犬馬

上海生煎吃法指南

熱乎乎的生煎

　　到上海必須一嚐生煎饅頭，就好比到巴黎要參觀羅浮宮。可惜，生
煎饅頭不是歐式的藝術享受，新十里洋場提供的卻仍然是中華文明的食色
享樂。不過，這樣的話我們也就不必花太多的時間進行複雜的美學補課：
吃，並不需要日積月累的知識教育。

　　但上海人認為，勿關吃啥物事才是有講究格，有規矩格。生煎這種
足以引起上海平民美食自豪感的日常點心當然也絕無例外。正如吃西餐有
左手拿叉右手拿刀，先吃沙拉後吃主菜的規矩，吃生煎也有不成文的隱性
規則，有些當然是出於美食的需要，另一些則是社會法則了。

　　初來乍到上海的「外地人」（包括，但不限於，上海人所一度蔑稱
的「阿鄉」，想必我父親當年初次踏上上海碼頭的時候也被多少人冷眼看
成阿鄉），似乎不知道何去何從。你在街上徘徊，尋找一個給你最美味的
上海生煎的飲食鋪。是的，飲食鋪，也就是點心店，而絕對不是什麼大飯
店。哪怕你鼓鼓囊囊的錢包裡裝滿了花花綠綠的美金，也不要闖到大飯店

去吃生煎。我多年的經驗可以作證：大飯店的生煎絕對沒有小點心鋪的正宗。甚至某些連鎖的稱為什麼什麼生煎的，比如「豐裕生煎」、「XX生煎」，也不比弄堂裡和小巷深處賣大餅油條的攤頭做得更好，相反卻可能讓你乘興而來敗興而歸。因此，最絕妙美味的生煎，就是從小點心鋪的那口黑乎乎油膩膩的生煎鍋裡煎出來的。

問題是，買二兩還是三兩？如果是早飯，肚子比較餓，三兩生煎對於一個大男人來說應該沒有什麼問題，哪怕對於一個上海小男人來說也是可以接受的。我最多吃過四兩，那當然是在一個闊別故土多年以後的冬夜，見到白白胖胖的誘人生煎像見到久別重逢的親人。但是，如果你已經填過了肚子，只是想有些美食上的外遇的話，千萬不要太黑心，因為在那種情形下你看到過多的生煎放在你面前不但不會產生食欲，反而會產生厭惡感。因此，按照自己的理性估計，二兩，甚至一兩，也同樣足以吃出生煎的十足品格來。

現在，當你付完錢，交完票，一盤熱乎乎的生煎你已經從油膩膩的廚房窗口端在了自己面前（千萬別指望服務員小姐會替你端來，更不會有五星級賓館的奢侈享受），你就可以開始了。你坐下之後當然先要從旅行袋裡掏出我這份指南（相信你在出門前就已經列印好，而不是武斷地依賴自己日漸貧乏的記憶力來回憶你現在讀到的內容）。你可以把紙放在飯桌左邊，以便不時參考。如果你在吃的過程中不慎把油滴在紙上，我不但不會責怪你，相反，我會欣慰地感受到你對我這份指南的依依之情。具體來說，你可以看一眼我的指南，吃一口生煎，這樣不但不會敗壞你吃生煎的胃口，反而可以因為節奏的轉換增加出許多的樂趣來。

正宗的生煎在它的尖尖頭上撒有一些蔥花和芝麻。千萬不要輕易地把它們舔掉。尖尖頭上往往因為有捏出來的褶子而特別誘人。而在主要的肉體部分，一個精美的生煎應該是潔白的，略為豐滿的。當然，也有可能因為在鍋裡擁擠的關係，邊上會有擠平或擠扁的現象發生。但只要沒有粘破，就是一個良好的生煎。但遺憾的是，即使在最良好的生煎店鋪裡，即使製作生煎的師傅盡心盡職，創造了最為精美的產品，被盛生煎的夥計毀

於一旦的簡直不計其數（具有諷刺意味的是，某些夥計正是師傅自己，他們自我摧毀的舉動真是令人痛心疾首）。

眾所周知，吃生煎的絕妙在於吃它的一包湯汁。所以，一定要在吃湯上下一番大功夫，切不可貿然下口，把一隻好端端的生煎吃得七零八落。具體步驟如下：

先用筷子把生煎攍起來，在四周察看一下，找個皮最薄的地方，輕輕咬上一小口，咬出一個豌豆樣大小的洞來。注意，這時仍然不能吃湯，因為很油、很燙，如果不慎吸到嘴裡，會把上顎的細皮嫩肉燙下一大片來。筆者在沒有熟練摸透生煎吃法的階段就曾深受其害。所以，當你咬出一個豌豆般大小的洞之後，先要往裡吹氣，吹上四到五口。可以採取邊咬邊吹的方式，把洞口一點點咬大。但一般而言不要大過一顆五香豆。你每吹一次，饅頭裡的熱氣也就衝出來一次，呼在你臉上，讓你先感受一下它激情的召喚。好了，現在你可以開始吮吸生煎的湯汁了。

即使在此時此刻，你也千萬不能莽撞地大吸一口，因為湯汁仍然有一定的燙度。然而等它冷了再吃，卻又會索然寡味。所以最好的方式就是輕輕地吮吸。試探性地、溫柔地吸上兩三口，歇一歇，並且在間歇的時候溫柔地舔舐一下洞口潮濕的部位，然後再繼續把湯汁吸完，因為這時已經沒有那麼熱氣洋溢了。

這時，如果你在四周張望一下，你會看見臨座的妙齡少女正在以同樣陶醉的方式吮吸生煎的鮮汁。如果你凝視的時間過長，少女會滿臉潮紅，一方面是害羞，一方面是被熱騰騰的生煎催動了血液。當然，此時此刻最要不得的就是缺乏自信。如果你懷疑自己也面紅耳赤，以至於鬥志從吃生煎的火熱過程中渙散出去的話，你就前功盡棄了。

生煎應該分幾口吃完？這是一個見仁見智的問題。嘴大的人，吸完湯汁之後或許一口就放到嘴裡，囫圇吞下。但這不是筆者所提倡的優良作風。這對於生煎，尤其是辛辛苦苦把生煎包出來的師傅們，是極大的不尊重。況且這時生煎裡的肉並沒有冷卻，一大口吃下去還是有被燙傷的危險。我覺得對一口吞下生煎的吃客，燙傷食道可能是一個比較適當的懲罰。

無論如何，在這個時候你仍然需要繼續吹氣，直到你感覺肉餡也不至於燙傷你的程度為止。這時，生煎的洞應該已經被你咬得很大了。對患有肥肉恐懼症的女士先生們（筆者自己也包括在內），請你們千萬不要往洞裡窺視。你將看到的東西可能讓你反胃。只要你閉著眼嚥下去，絕對不會後悔。其實，那個你看到反胃的部分很可能是肉皮凍。

　　正確的方式當然不是囫圇吞肉，獨剩一張寂寞空皮孤苦伶仃，更不是吸完湯汁，嚼完包子皮，把一坨好端端的肉餡悲戚戚地剩在盤子中央，而是把肉和皮大致上均勻分隔，咬在一起，咀嚼出無限的鮮美，然後嚥將下去。當然，你放進嘴裡之後，咀嚼之前，最好用舌頭把皮肉分開仔細品味一下不同的滋味。尤其是那濕濕鹹鹹的皮內側，如果沒有滿懷激情地舔上幾下，吮吸出無限的鮮美，便匆匆嚼爛，是很可惜的。

　　剩下的問題是如何把那塊煎得焦黃甚至焦黑的底給吃下去。這時，鄰座的妙齡少女可能已經起身離去，或者也正在做最後的衝刺，你千萬不能著急，不能氣餒，不能分心，要把注意力集中在這最後的鬥爭上，勝利就在眼前，完美的結局即將抵達。一顆優秀的生煎，底部的中間煎成了硬黑的一片，底部的四周似乎鑲有脆黃的圓邊。當你把上端的皮肉悉數下嚥之後，絕不能以為這塊焦底是可有可無的累贅。和生煎的所有其他部分一樣，這也是生煎整體裡不可或缺的精華部分。焦底的內側也是同樣鮮美的潮濕部位，需要悉心照料。硬皮和軟皮的感受當然十分不同，不可能兩三口就統統嚼完，而是要先用力咬斷，然後慢慢磨爛碾碎，體會牙堅齒利的快感。至此，一顆貌似平常而氣象萬千的生煎便可以完美地經由口腔進入腸胃，開始它下一段的旅程。

　　好了，在你吃下面每一顆生煎的時候，只要重複上述步驟就可以了。當然，每吃一顆都要用心，不可因為重複而產生厭倦之意，正如你和心愛的女人的每一次溫存都應該是充分享受的。

　　寫到這裡，我已經饑腸轆轆了。想到鮮美的生煎正在靜靜等候我的溫存，就抑制不住內心的陣陣竊喜。不過，你現在已經不需要我的陪伴了，那麼我們就各自出發吧。

蟹黃蛋：一道精美修辭

　　我向來對「素雞」、「素鴨」、「素腸」之類的命名法頗不以為然，尤其是在佛門素齋的場合。因為在我看來，把素食以肉的概念嚼碎嚥下——阿彌陀佛——難道不是要比把肉當作蔬果囫圇吞下更罪過嗎？「蟹黃蛋」的命名法正好相反：它首先承認了自己是蛋——當然絕不是混蛋或者蠢蛋。那麼，「蟹黃」一詞只不過是用以界定它的修飾語——它是有如「蟹黃」一般的蛋。這是一種誠實的修辭法，在大閘蟹稀缺的今天，它並不想欺騙，只是把自己的獨特性格坦陳給了饕客們。不過這種樸素的命名修辭卻仍然不能掩蓋這道杭幫家常菜精到的烹飪修辭（我常常把烹調當作修辭練習，這也是我同時喜愛做菜和作文的理由）。或者說，如果一道菜可以比作是一句詩，那麼每一種食料都是修辭的所必需的字詞。蟹黃蛋的文法十分簡單：如果蛋白和蛋黃是主語，那麼油、薑、醋、糖、醬油就是它的謂語了，是讓主語顯示其具體作為的關鍵動力。蟹黃蛋的修辭基礎可以說是摹仿論的（mimetic），把蛋白和蛋黃分開是為了摹擬蟹肉和蟹黃的不同口感。蟹黃蛋的主要訣竅便是蛋不打勻，直接倒入滾燙的油中：在食油中拌炒、攪碎，可以讓蛋黃和蛋白有蟹黃和蟹肉各自的滑嫩，而拌入充足的細薑末、鎮江醋、綿白糖和少許醬油則無非是添上了食用蟹肉時同樣的佐料。由此，作為修辭的蟹黃蛋便成為了人間美味——蟹黃——的出色譬喻（simile）。（噢，對了，哪怕你萬一不慎打進了一片碎蛋殼的話，也一定會嚼出蟹殼的滋味來。）

我的娛樂排行

我的女明星榜

　　在這方面，我既不像馬驊那樣喜好五官誇張的趙薇和莫文蔚（真希望還有機會跟他爭到臉紅脖子粗），也不像席亞兵對二線明星如數家珍（很難拼過他，就算二線慢慢混成了一線，像袁立、馬伊俐、吳越之類），也不像胡續冬偏愛熟女型的（我猜他最心儀的一定是徐帆啦，這只說明我還相信他是披著狼皮的羊）。

　　我無可救藥地欣賞青春靚麗型，比如正當紅的沈星（她比我還高！），沒過氣前的寧靜（想起寧靜居然是光頭！），年輕點的蔡卓妍（也就是Twins裡的阿Sa，八零後），老一點的朱茵（當然，再老也不會比我還老）。（居然還押韻！）

　　在台北街頭、地鐵口最吸引眼球的廣告靚女曾經是許瑋倫。一開始我不知道她是誰。等我知道她的時候，她已經在車禍的電視新聞裡了。難得有個入眼的，就這麼香消玉殞了。（在台北，值得一提的大概只有另一個倫了——蘇慧倫——怎麼又是個老美女。）

　　紅顏薄命的明星，還有我的美女髮小李媛媛。因為父母輩的關係，小時候常一起玩（奇怪的是我卻從來沒有非分之想），一直到我工作後，住在離上海戲劇學院一站路的地方，中午就去上戲食堂吃——李媛媛是幫我買飯票的內線。記得我考完大學後去濟南玩，李媛媛陪我遊大明湖，我賦詞《菩薩蠻》一首，詞云：「扁舟蕩入芙蓉浦，滿頭輕髮臨風舞。風定日來遲，透衣香汗滋。叩舷聲激越，嫋嫋清歌發。照影碧奩中，翩然驚一

鴻！」（這也敢拿出來見人！）那時候她還沒出名，那時候她還是個甜甜的胖妞，那時候我才十八歲。

我是誰？楊小濱啊，楊丞琳的楊，小甜甜的小，濱崎步的濱。

我的電影榜

我要開始嚴肅地列出心目中的大師排行榜了：費里尼、布紐爾、伯格曼、庫斯圖利查。嚴肅起來的原因不外乎我目前扮演的角色之一是研究生電影課教授（咳咳！）。從這個名單，可見我對超現實主義癡心一片。在布紐爾《自由的幻象》中，西裝革履的先生女士們圍坐在客廳的抽水馬桶上大談全球問題，當然是一邊在拉撒不是在吃喝；然後躲進廁所般密閉的小屋裡偷偷就餐——想起來就是多麼令人解頤的事情啊。

但我看過次數最多的電影——並且仍然百看不厭的——是科波拉的《現代啟示錄》。記得第一次是在大學時代（1980年代初），拿到一張內部電影票說是紀錄片，不料在戰火硝煙中坐了驚心動魄的兩個多小時。後來看到了更長的加長版，歎為觀止。

對我而言，中國電影裡最難看膩的是《月臺》和《陽光燦爛的日子》。有時候我想，大概是因為裡面的插曲特別豐富吧！有一回，在歐陽江河寓所的私人演播廳裡，西川逼著大家看《月臺》，只有我一人興致盎然，無意中也撫慰了西川滴血的心。

甚至看蔡明亮《洞》和《天邊一朵雲》的碟片，我也喜歡挑歌舞的片段跳著看。

在日本電影裡，伊丹十三的《蒲公英》是最讓人開心的。日本電影裡血淋淋的身體和赤裸裸的變態出現太多變成一種模式，跟享樂主義攪在一起卻不多見。可惜伊丹十三自己的結局也沒有逃脫這種模式化的命運。

我的音樂榜

很久以來，我基本上只聽一種音樂，準確地說是半種音樂：如果古典音樂是一種，那麼聲樂大概也就只能算半種。

在此之前，雖然聲樂也佔據了我大部分時間的聆聽，但我畢竟也對肖斯塔科維奇、舒伯特、貝多芬的重奏曲、奏鳴曲抱以極大熱情。

在紐約的朦朧詩人江河曾經是我唯一的現代音樂同伴，每每一起感慨這個世界上願意聽施托克豪森、凱吉、潘德列茨基、里蓋蒂的小眾是多麼稀有。因此當我聽到顏峻鼓搗的凱吉式音樂時，真是感到無比的親切。

多年之後，面對一大堆男高音詠歎調曲目，我想起了第一次在美國親戚帶回來的卡式錄音機上聽到帕華洛帝的歌聲。（我會是一個大器晚成的男高音嗎？）

我最崇拜的男高音無疑是科萊里（Franco Corelli）。當然，貝爾岡齊（Carlo Bergonzi）和莫納科（Mario del Monaco）也有非常輝煌的時刻。科萊里，古羅馬雕像式的英俊挺立，恢弘無比的嗓音，可以說是無可挑剔。我第一次被科萊里吸引是他的拿波里歌曲集——既有成熟的粗獷，又有高亢的壯美。

女高音現在終於出了可以和科萊里一樣無可挑剔的偶像——70後的涅特列布科（Anna Netrebko）。在舞臺下，涅特列布科像一個調皮的鄰家女孩，羞澀，喜歡惡作劇，又常常手足無措；在臺上，她的音質純美，激情，但又不煽情。當然，她的青春靚麗是歌劇史上空前的，富於動感的妖嬈體態使此前的另一個歌劇美嬌娘Anna——安娜·莫佛（Anna Moffo），相比之下就過於淑女了。

涅特列布科從俄羅斯移居到了奧地利（據說是因為俄羅斯護照不方便），那裡還有另一個我仰慕的女高音——雅諾維茨（Gundula Janowitz），尤其是她錄製的理查·施特勞斯《四首最後的歌》（柏林愛樂，卡拉揚指揮）。雅諾維茨天使般滑翔的嗓音沒有半點雜質，真可謂此聲只應天上有。而《最後四首歌》中的那種蕭瑟和空朗，只有從誕生過佛洛伊德和維根斯坦、荀白克和威伯恩的奧地利才能聽到……

我的圖書榜

　　讓我自己也非常驚訝的是，我居然是一個不看閒書的人。不過，為什麼要捧著一本閒書看呢？所謂的閒書，大抵都能在網上一目十行地迅速解決。

　　所以，我經常翻閱的書，居然是蕭開愚、臧棣、夏宇等的詩集。還有拉岡和紀傑克的理論著作。我到現在才突然發現，這些都是有難度的書。這就好像對很多無聊的人而言，只有很難追到的女孩，才會讓人有成就感；而很快到手的女孩，大抵是姿色平平、無人問津的閒女，更適合一夜情。這是不是就叫做賤？

聆聽《我的太陽》的十三種方式

　　如果說《我的太陽》是義大利民歌中最膾炙人口的一首，大概是沒有爭議的。幾乎所有的男高音歌唱家都演唱過這首作品。最近坊間有售《外國歌劇歌曲卡拉OK》，也把《我的太陽》列為第一首，可見這首歌被視為K歌大家唱的全民運動中最熱門的義大利歌曲。不過，鋼琴伴奏的《我的太陽》恐怕只能在練聲房裡才能聽到，而變化萬千的樂隊伴奏則更增添了這首歌的種種風情。當然，我在錢櫃的教訓卻是慘痛的：《我的太陽》被配上了拍子被嚴格規則化的伴奏帶，節拍器像放大了一百倍的鐘擺聲一樣禁止任何節奏的偏差，而嚼著中文歌詞簡直像在吞吐一首新編的西北民歌。好在我的唱片收藏中還有那麼多經典的錄音，可以讓我們欣賞二十世紀以來世界一流的男高音歌唱家如何詮釋這首或許過於通俗的美聲歌曲的，哪怕他們中的許多版本離開我的理想標準也還相距遙遠。在被「三高」的誇張惡俗表演倒了幾次胃口之後再次仔細聆聽這首歌曲在歷代著名男高音那裡的個性表達（包括「三高」過去「單幹」時錄製的錄音），讓人感覺滌清汙濁，耳目一新，儘管並非所有的演唱都令人讚歎。

　　儘管伴隨著快轉唱片翻錄後些許難以避免的雜音與混濁，卡盧梭（Enrico Caruso）近一個世紀前的錄音至今聽來仍然頗為動人。卡盧梭在錄製這首歌曲的時候已年近四十歲，他的演唱出奇地悠緩，音色蒼勁而技巧純熟。他的演唱有一種膽汁充沛的感覺，蒼勁、率性，替後來人樹立了一個難以逾越的標竿。這種演唱帶有一種廟堂化的效果：感性獲得了昇華，奔放的情緒在成熟中年的駕馭下更加遊刃有餘。欣賞卡盧梭的錄音，也是同時欣賞唱片裡的雜音，錄製技術的粗糙，魯莽的單聲道，和缺乏層

次的伴奏。但這一切都擋不住卡盧梭的燦爛陽光從一片模糊的聲音紗幕後噴湧而出。

　　相對於卡盧梭的沉厚，吉利（Beniamino Gigli）的顯然大不相同。儘管從發聲上來看吉利仍然保持著豎式的標準，不失高貴與優雅，他似乎更樂於給這首歌的曲調加上各種裝飾性的顫音，甚至在許多樂句的開頭部分加上類似京劇（Peking Opera，北京歌劇）中的「擻音」，使整首歌曲的風格向民歌回復，用情感化的親切表達遠離了音樂廳的莊重，顯示出一種特有的義大利民間風味的浪漫情調。如果說卡盧梭的演唱風格是陽剛的，那麼吉利的演唱風格便是陰柔的。這是一個敏感多情的小伙在向他的戀人示愛，雖然是一曲讚美，卻仍然不免帶有傷感的哭泣般的怨訴。

　　同樣（或許是更加）陰柔的斯基帕（Tito Schipa）向來沒有列入我的最愛，這首《我的太陽》也仍然沒有改變我的看法。斯基帕將《我的太陽》基本上唱成了一首民謠，把旋律從打擊樂節拍明顯的民間樂隊伴奏下吟唱出來。不過，儘管最後的高音被省略了（這使得沒有顯著高潮的整首歌曲更加民眾化），他在中高音區的純淨還應當說是難能特出的。

　　斯苔芳諾（Giuseppe di Stefano）向來被認為是最具拿波里民歌風味的歌手。當然，最明顯的特點是發音：正宗的拿波里口音將「s」念成「sh」（「Stan fronteate」唱成「Shtan fronteate」）。他的錄音在樂隊中就很大程度上納入了民間樂器的風格，把想像的背景從音樂廳推展到拿波里海灘上。斯苔芳諾像是對著飲酒作樂的半裸男女們灑脫地施展歌喉，而正午的陽光異常燦爛。斯苔芳諾的演唱灑脫不羈，野性猶存，演唱的中心是情感的奔放表現，而不是正確無誤的發聲技法。當年四十多歲的斯苔芳諾用成熟而略帶沙啞的性感嗓音唱出了二十多歲的風華和激情。

　　被許多人極力推崇的比約林（Jussi Björling）在演唱這首義大利民歌時並沒有太大的優勢。比約林有著太多北歐人的那種寒帶氣候塑造的冷峻，或許在表達像魯道爾夫這樣的準悲劇角色時能夠淋漓盡致（他和安琪爾斯錄製的由比切姆指揮的《波希米亞人》依舊是經典錄音之一），而在表達熱情奔放的拿波里歌曲時便顯得過於矜持甚至怯弱。比約林的發聲可

謂標準，一招一式均合乎規範，然而也恰因為此把《我的太陽》唱成了一首不溫不火的沙龍歌曲。

去世不久的科萊里（Franco Corelli）一直是我最佩服的英雄式男高音，這首《我的太陽》是他1960年代末鼎盛時期與EMI唱片公司錄製的一套那波里歌曲的壓軸，唱得也非常與眾不同。和帕華洛帝式的青春歌喉不同，科萊里的音色有著黃金般的中年渾厚，又極具穿透力。據說科萊里常常為自己的外表苦惱：他典型的羅馬式俊秀固然使不少女性歌迷把他當作年輕英武的青春偶像，然而以男中音步入歌壇的科萊里卻有著厚實的中年音色，飽含著奔放、成熟而高貴的熱情。科萊里演唱的《我的太陽》不但發聲無可挑剔，同時也蘊含了非凡的表現力，既沒有落入絕對個人化的感情宣洩，也避免了某種過於超然的情態，使這首歌頌愛情的歌曲真正放射出陽光的輝煌燦爛。儘管科萊里在中音區的磁性音色使他的演唱具有了不可替代的特徵，他可能是唯一將《我的太陽》最末尾的那個音唱成B的歌唱家。不誇張地說，在科萊里的眩目陽光下，任何其他的光芒都黯然失色。

猶太裔的揚‧皮爾斯（Jan Pierce）代表了美國男高音的灑脫不羈。（可惜這個傳統到了馬利亞蘭紮卻淪為沒文化的嘶喊。）皮爾斯的嗓音並沒有多少青春氣息，但他整個的演唱風格卻是衝動甚至魯莽的，比如在第二段通過自由的節奏來顯示騷動不安，比如用高音C在尾音之前作為過渡性的高潮來表達無法壓抑的激情。

在另一個猶太裔美國男高音塔克爾（Richard Tucker）那裡，甚至義大利的陽光都染上了憂鬱的藍色，帶有猶太民族特有的那種離散的悲戚。塔克爾的音色嘹亮，高亢（誰說這只能用來描繪京劇唱腔？），彷彿一個流浪的情郎尋找他夢中的麗人，卻一無所獲，被註定了一生含淚的喜悅和狂愛。

馮德里希（Fritz Wunderlich）在這個系列裡當然是最為特殊的。在我這個錄音裡，馮德里希唱了兩段，第二段用的是德語譯文。我可以感受到德語的齒音（這種齒音甚至在第一段的意語中也可以察覺）在流暢的南歐

旋律之間的某種阻塞，營造出一個德奧歌劇式的那種神話戰士形象？？似乎這不是一首情歌，而是出征前的激情訴說，是展望勝利的決心告白。

帕華洛帝（Luciano Pavarotti）究竟有多少版本的《我的太陽》，估計任何人，包括他自己，都搞不清。相信很多人音樂記憶庫裡的《我的太陽》是帕華洛帝的歌喉。我是在1970年代末，從一盤翻錄的卡式音帶上，用一台親戚送的單聲道答錄機第一次聽到《我的太陽》這首歌：沒錯，那是老帕的錄音。從這個意義上，帕華洛帝的演唱對我來說具有某種先入為主的經驗，此後的一切變種都有可能放在他的尺度上加以丈量。我現在播放的這首是老帕1970年代初的錄音。我想指出的是，如果單獨聽帕華洛帝演唱這首歌，可能並不會有什麼特殊的感覺。然而在先聽了那麼多早期的錄音之後，帕華洛帝的這個版本從一開始就給人一種震耳的華麗（也許是過分華麗）。開始部分的樂隊伴奏在大多數演唱版本那裡都是以撥絃樂器，至多是拉絃樂器的悄悄入場，而到了帕華洛帝這裡，變成了一個龐大管弦樂隊的輝煌炫耀，一次恢宏的入場儀式。公平地說，鼎盛期的帕華洛帝為《我的太陽》樹立了一個有相當品位的標準，飄逸而亮麗。不幸的是，我相信聽眾裡的一大部分只是從三大男高音的音樂會演出中才記住了「Ma n'a~~~~~~~~~~~~~~~~~~~tu sole」的炫技。這個捏著白手帕向流行趣味投降的當代歌王，最終把高音化的俗不可耐推向了史無前例的頂峰。

卡雷拉斯（José Carreras）在他巔峰期錄製的《我的太陽》顯示了他演唱生涯中最輝煌時期的風采，具有非凡的感染力，正如他的許多其他唱段一樣。這張唱片重新發行使用的標題便是《黃金時代的卡雷拉斯》，多少暗示了這位曾罹患白血病的歌壇王子早已青春不再。復出後的卡雷拉斯雖然獲得了所有聽眾的歡呼，卻很難召回他在「黃金時代」所特有的魅力了。卡雷拉斯演唱的《我的太陽》可能是這首歌所有錄音中最為敏銳和感性的，或者可以說他是用全部的心血在歌唱。和吉利不同的是，吉利的感性色彩常常依賴於外在的裝飾，有時流於花哨，甚至輕浮。而卡雷拉斯則以充沛的情感闖入了樂句中，他的陽光似乎是用血抹出來的那樣，鮮亮而濃郁。我始終認為卡雷拉斯不是用嗓子在唱，甚至不是用心在唱，而是用

他的肝膽，用他整個血液的寶庫把刺眼的熱情獻給聽歌的人們。

阿拉尼亞（Roberto Alagna）是數年前突然竄紅的男高音。這首《我的太陽》的錄音別具一格地用吉他伴奏，效果卻並不理想：因為吉他總是和夜晚的月亮聯繫在一起，很難讓人感受到正午的太陽。我雖然不是義大利語的專家，但足以堅信父母是西西里人而生在法國的阿拉尼亞在咬字上不那麼合乎規範。如果不是一次有意的戲仿的話，阿拉尼亞演唱的《我的太陽》在我聽來從任何角度來看都是下品：草率、平淡、毫無生氣。

我對盲人男高音波伽利（Andrea Bocelli）的評價同樣有所保留，當然我對波伽利的保留不僅僅限於這首歌。波伽利的音色固然具有他特有的某種性感，但這並不對他的演唱表現力產生關鍵的作用。如果波伽利的音色能夠用電腦複製的話，那麼電腦所能達到的表現力也就是波伽利本人能夠達到的限度。而波伽利本人所複製的也不外是前輩們的發音狀態，我從他的演唱裡無法感受到真正的表現力。波伽利有他圓潤的歌喉，但上帝殘忍地奪走了他對世界的亮度的感受。他的世界是觸覺的世界，他用天賦的聲帶樂器演奏（而不是演唱）出了一枚柔軟的，但卻是光澤晦暗的太陽。不知他的老師科萊里會作何感想？

我過於苛刻嗎？也許。但對於聽過科萊里和最佳狀態下的帕華洛帝的耳朵來說，不苛刻是不可能的。不過，並不是所有的一流男高音都對這首歌情有獨鍾。在近年來湧現的男高音裡，我以為唯有庫拉或可與歌劇黃金時代的前輩們媲美，可惜的是我們並沒有聽到庫拉演唱的這首歌的錄音。而他的師長多明戈，似乎只有在「三高」的搞笑時刻才讓我們意識到：他畢竟也會唱《我的太陽》。

古稀之年的喜劇男高音

　　2005年10月21日，帕華洛帝在澳大利亞的墨爾本度過了他的七十歲生日，這是他巡迴告別演唱會的第一站。當他回到下榻的酒店時，一隻雕刻成澳大利亞領土形狀的巨型巧克力蛋糕正等待他吹滅七十根蠟燭。不知這位鬍子拉碴的高音C之王是否讀過艾略特的著名詩句：「在我的結束是我的開始」，他特意選擇這個城市作為告別他的演唱生涯的首站的確是因為墨爾本是他四十年前開始他國際舞臺生涯的第一站。之後，他還將在十二月飛來大陸和台灣繼續他的告別演唱會。

　　帕華洛帝至今還記得1965年他首次和澳大利亞女高音薩瑟蘭同台演出時的熱烈掌聲。但如今，風靡全球的帕華洛帝卻已瀟灑不再。儘管老帕的體態可能從來都沒有矯健過，比如在歌劇《藝術家的生涯》裡，他可能從來沒能彎下他的水桶腰自如地撿起過一塊咪咪的手帕，但如今見到老帕咧笑著把助手的肩膀當拐杖扶著進出房間，仍然不免有些感傷。他患有嚴重的頸椎病症，手術後仍舊未能完全復原。好在老帕本人總是笑呵呵的，唯一在乎的是他才兩歲的寶貝女兒。

　　在男高音史上最令我心動的那些名家中，幾年前去世的科萊里最懂得保持晚節，趁自己野獸般的嗓音引起粉絲們的失望之前就早早退出了歌劇舞臺，歌唱的黃金生涯僅僅持續了十多年。而貝爾岡齊則是義大利美聲最完美的體現：去年夏天在北京觀摩他的聲樂班時，八十多歲的老貝依舊能噴薄出舒展雄渾的歌喉。

　　當然，貝爾岡齊正式告別歌劇舞臺已有十多年了。帕華洛帝卻始終不甘示弱，甚至不惜屢敗屢戰。三十多年前在大都會歌劇院的《軍中女郎》中連唱九個高音C這樣的輝煌一去不返。其實，早在1992年，尚未

六十歲的帕華洛帝在他斯卡拉歌劇院的《唐·卡羅斯》首演中就唱破了一個高音，以至於當他在第四幕詠歎天堂裡的淚水時，觀眾席裡突然冒出了叫聲：「今晚是威爾第在哭泣！」

我第一次聽到帕華洛帝的時候，也湧出過激動的淚水。那是在1970年代末，革命進行曲的噪音剛剛平息，港臺的靡靡之音正蜂擁襲來。在一台美國帶回的二手卡式答錄機上，帕華洛帝的高亢歌聲第一次用愛慾的英雄主義替代了革命的英雄主義。這對於青春期的少年來說幾乎是一種欲罷不能的毒品，帶有精神和肉體的一切震撼。歌王帕華洛帝，曾經是一個神話般的名字。

後來，當老帕把《我的太陽》的高音唱成了京劇的西皮二黃，當我看到他揮著白手巾氣喘吁吁的時候，我知道，這種震撼和神話已經消逝。帕華洛帝的名字漸漸具有了喜劇的風格。其實，老帕的確不甘寂寞地出演過一次浪漫喜劇片裡的男主角，劇情是一個舉世聞名的男高音愛上了他的喉科女大夫。不出所料，他的床戲是真的很喜劇的。就這樣，一代歌王的個人史也書寫了藝術史從正劇向喜劇轉化的進程。

台北故宮亂彈

台北故宮與我

　　每次去台北故宮的願望是大不相同的。最近的一次，大概是來自兩部電影。一部是我在本學期的研討課上教的，蔡明亮導演的著名情色電影《天邊一朵雲》，其中有一段陳湘琪等一撥濃妝豔抹的風騷女郎在台北故宮外的光頭蔣公銅像前大跳豔舞的歌舞片段。另一部影片是我參演的科幻片《穿牆人》（在北京可以買到盜版碟！），其中不但有關於某博物館裡翠玉白菜被損毀而換上複製品來魚目混珠的情節，在我為數不多的出鏡裡還提到了蘇東坡的《寒食帖》。我的臺詞是這樣的（我飾演的老師對學生說）：「來來來，看，蘇東坡的《寒食帖》！蘇東坡，知道是誰吧！」

故宮者，故人之冷宮

其實我早知道，蔡明亮是趕在銅像被仇蔣的綠營主政者們移走之前去趕拍了那個片段的。銅像現在被囚禁在室內何處，卻撲朔迷離，問工作人員，答覆亦吞吞吐吐，彷彿老蔣的行蹤仍是最高機密。被藏嬌的老蔣是否比看守所裡的阿扁更鬱悶，自然不得而知。但我的鬱悶還在於，《寒食帖》也遭到和蔣公同樣的命運，據說兩年前展出後就一直被封藏著。打算來台北故宮博物院看歷代書畫的遊客大概都會唔歎，三個月輪替一次展出的書畫，數量上實在是太吝嗇，速度之慢也感覺要趕上八年一度的政黨輪替了。當然，故宮者，故人之冷宮也。這些不得見光的，有如深宮怨婦早已年華逝去，也不足為奇。

比較食色文化學

所以，逛遍整個台北故宮博物院，也就尋不見一個光鮮亮麗的少女。如果說巴黎盧浮宮裡最大的亮點是美女們——姸娜的維納斯和神秘的蒙娜麗莎——那麼台北故宮的驕傲，則在於餐桌上的美色——一朵白菜幫子和一坨肥豬肉——它們精妙地體現了中華食文化的偉大力量，可以作為比較食色文化學的熱門題目。翠玉白菜和肉形石，連同所謂「故宮三寶」的另一件——毛公鼎，據說被華航在商務艙上用來推出了「國寶宴」，連祭祀用的鼎也當作了盛紅燒肉的小碗，用以滿足「大三通」之後往返於海峽兩岸的大陸同胞的文化情感和腸胃欲求——這當然是在故宮邊上的士林夜市享受不到的國寶級尊榮。

從象徵主義到寫實主義

儘管翠玉白菜一向被認為是寢宮裡的嫁妝，象徵著妃子的清白（青色和白色），我仍然和展廳內外所有的肉體凡胎一樣，傾向於把它看作是滿足口腹之欲的對象——不是像維納斯一樣可以欣賞的女體，而是讓菜葉上的草蟲無情啃齧的鮮美菜肴——菜肴不也象徵了妃子的命運嗎？不管

怎樣，這一象徵，把活生生的宮妃替代掉了。但就算是要吃，這朵含苞欲放的，少女般鮮嫩的白菜卻晶瑩剔透得讓人難以下口。而那坨著名的東坡肉，卻因為看上去既過油膩，又不新鮮，其實也根本引不起我的食欲（儘管垂涎三尺的看客永遠不會少）。上帝用來望肉止餓的造化力量，被供奉在水晶般的玻璃櫃裡，似乎只是為了讓人們來嘖嘖稱羨一種形似的逼真度。不幸的是，正是因為太逼真了，所以它像是過期已久的。（我真是〈皇帝的新衣〉裡的孩子啊！）

新瓶裝舊酒

　　台北故宮藏有形似的紅燒肉，形似的白菜心，形似的苦瓜（卻有一個雅稱叫「錦荔枝」，又是吃的，卻一看便知不能吃！），它自身卻不是一個形似的宮殿。也就是說，它怎麼也不是故宮紫禁城，只能是故宮「博物院」。北京的皇宮是朱砂紅的宮牆，而台北故宮固然也金碧輝煌，但外牆刷成了宮廷小點心豌豆黃的顏色（天，還是吃的！）。或者不如說，它就沒打算仿冒成紫禁城的山寨版。值得驕傲的是，雖然「宮」是假的，「故」的東西卻都是真的。遠遠望去，台北故宮就好比是為那些珍寶專門製作的一方珠寶盒，新盒子裡裝滿了古董，也可以說是新瓶裝舊酒。

比較壞人藝術學

　　雖說藏品大多成了雪藏品頗令人氣結，但畢竟還是有可窺一斑的。看不到王羲之、懷素、蘇東坡，畢竟可以看到董其昌、康有為、于右任。看不到郭熙、倪瓚，畢竟可以看到祝允明、齊白石。脫不了大師情結的我，自然還是可以在這些可資風雅的卷軸前半飽眼福。不過，我的大師情結，其實還抵不過我的壞人情結。惡霸地主董其昌當然就是著名壞人之一。他的書法遒勁有力，一如他強佔民女的咄咄之勢。不過相比於被標準歷史教科書釘在歷史恥辱柱上的曾國藩和李鴻章墨蹟中由浩蕩皇恩所澤被的正氣與法度，董其昌豪放的生活作風反倒凸顯了更多壞人的個性。台北故宮真是個比較壞人藝術學可以起步的地方。但我實在也不知道為什麼台

北故宮致力於展出壞人；唯一的解釋是，如同被暫且束之高閣的蔣介石，在海峽此岸，他們可都是大好人。

寓教於樂

　　雖說暗自藏有無數珍貴的真蹟，台北故宮在展廳裡安置了一些娛樂項目，倒也可以撫慰一下我因鬱悶而愈加淺薄的心靈。除了兒童學藝中心可以讓遊樂的老少把名畫變成拼圖外，還有諸如《清明上河圖》的卡通版放映，甚至可以讓看不清原畫上微雕般人物的老花眼神奇地觀看活動放大的《清明上河圖》。只要敲開皇宮的宮門，大螢幕就會帶你走過汴京皇城裡的亭臺樓閣；按下船夫的舵，就能跟隨螢幕上一葉扁舟掠過岸邊街衢上形形色色的宋人……。即使對現代影像媒介有所疑慮的，也能從「清代皇室文物典藏」的「多寶格」裡發現藏寶的娛樂趣味。而多寶格基本上可以看成是作為台北故宮的微縮景觀來體現古典藏寶法的：無盡的機關中無盡的珍寶。

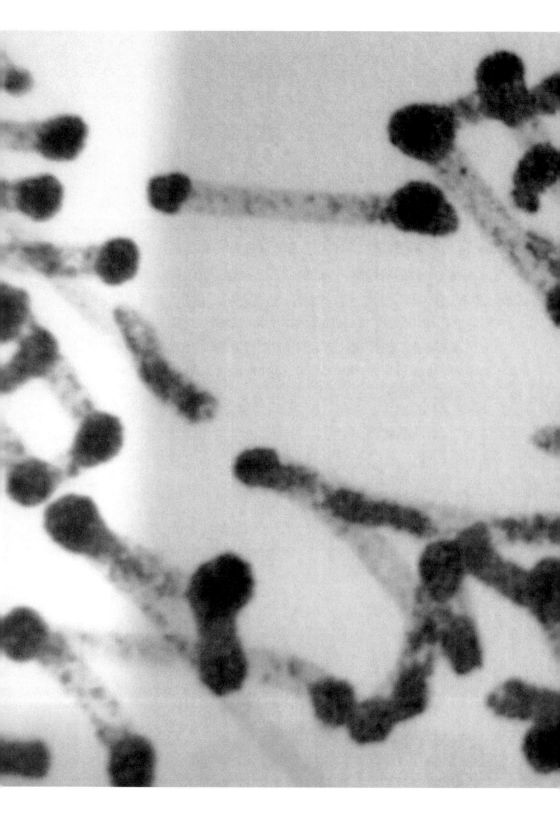

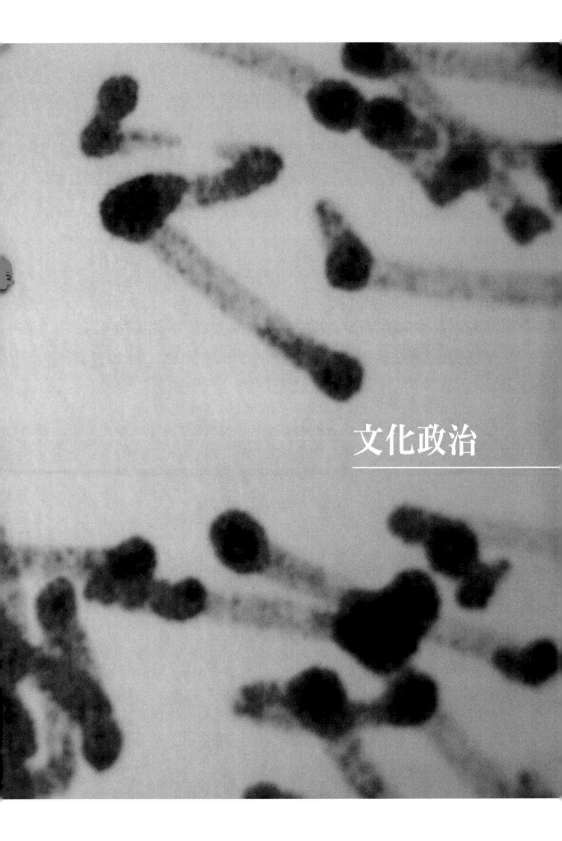

文化政治

（被擠出而暢飲的）酸酸乳女聲
與看客的權力幻覺

　　超級女聲造就了中國影視媒體的一個不可思議的神話。神話，則往往有它的隱喻性。蒙牛酸酸乳的命名本身，便有著強烈的有關乎雌性肉體的隱喻。它至少能提供給我們如下的猜測：1）女聲可以類比於母牛的自然分泌；2）這種分泌需要被殘酷地、有規律地（比如每週一次）擠出新的；3）女聲相當於用某種笨拙動物的成熟胴體的性感部位產生的可以喝的非透明液體；4）女聲也是一種被利用於與其本原對象相異的自然產品；5）女聲變為一種人工化了的、非自然化的、變味的自然產品；6）從女聲中可以品嚐出一種酸溜溜的、具有妒忌狂性質的塞外風味……

　　毋庸置疑的是，假如是「公羊臭臭肉超級男聲」，這個節目早就砸了。「酸酸乳」恰到好處地傳遞了可供享用的女性資訊，哪怕本來用以享用的味覺和觸覺如今只能靠視覺和聽覺來替代。再者，「超女」一詞幾乎可以和「小姐」對偶。如果「小」暗示了某種卑微，「超」便是大眾青睞的對象。儘管如此，超女仍然逃不脫「神女」的命運：她們是被享用的，被觀賞的，她們不是明星，不需要仰視和傾慕，她們只需要螢屏前目光的愛撫或唾棄。

　　從海選的那一日起，超級女聲便已註定了成為看客的消費品。當然，作為魯迅時代看客們的後代，我們似乎不再歡呼被砍下的頭顱，不再歡呼劊子手的迅猛屠刀。最初，是紅衣教主和芙蓉姐姐一樣開啟（而不是填補）了我們施暴欲望的溝壑，但刑場上的悲劇再一次由舞臺上的鬧劇所替代，烈士被丑角所替代。而唯一不變的是看客：因為可看性永遠不是客觀的事實，而是主觀欲望的外化。或者說，可看性是從看客性衍化而來的。

因此，甚至悲劇的觀賞性也並未真正遠離我們。魯迅時代看客們的後代徹底擺脫了野蠻？這樣的想法未免過於樂觀。事實是，在超女最後的晉級賽中，最吸引眼球的恰恰是PK臺上殘酷的對決，敗者的隱喻性死亡（以及臨終前的悲慟）正是看客們歡呼的源泉。當然，這一次的悲劇似乎是已經經過了鬧劇「揚棄」之後的「螺旋式回歸」：死亡不再慘烈，而是過於草率，甚至荒謬，因為死亡（處死）的邏輯紛亂不堪。

　　這種荒謬當然是評審的權威性（精英性）和大眾性（民主性）的混雜（甚至隨機）所造成的：沒有人能說清終極標準究竟是什麼。這樣的不倫不類非但沒有把節目引入絕境，反而轉化為它的成功之道。撇開觀眾投票的商業功效不談，每一個觀眾的個體之所以熱忱地守候在電視機前，並不是因為我們相信花十五元人民幣就能獲得生死予奪的大權，而是因為我們相信自己成功體認了權力的角色。我必須再次強調，何潔不是李玟，葉一茜也絕非許茹芸，張靚穎更不是瑪丹娜。她們至多被當作了美食節上的一道聊供評點的菜肴，味道鮮美卻並非出自名廚之手。毫無疑問，這個節目與其他節目最為不同的便是，觀眾可以在觀賞超女競技的同時體認評委口無遮攔的「罵煞」或令人暈眩的「捧殺」。這樣，在心理的意義上，看客們早已將自身同一於權力的代言人──評委了：而這，的確是超女大賽虛假民主的輝煌業績。

　　與其他只見亮分的節目不同，我們在這裡的確可以品頭論足，並且忘記了真正有發言權的卻仍然是評委席上的三兩位「老師」。當評委把「罵煞」的精神子彈（當然也常常會是「捧殺」的糖衣炮彈）射向懷有美麗憧憬的少女們時，看客的立場完全站到了權力的一邊。我們甚至在台下也過足了嘴癮。而這不正是犬儒社會公共自由的寫照嗎？我們在幻覺中「內模仿」了評委的權力，就像我們在幻覺中「內模仿」了國家的權力。看客性根深蒂固的禁根，源於我們拒絕成長的歷史秘密：奇怪的是，我們似乎只有把那個「大他者」當作稻草一樣死命抓住，才能體會到成為歷史主體的幻象。

　　那麼，讓我們來回憶一下，對於魯迅的看客來說，那個「大他者」就是權力的兇器。對殺戮的觀摩就是對權力的（通過內模仿的）習得過程。是嗎，權力？抑或，奴隸？但，奴隸的主體性幻象，如果不以革命性實踐為動力的話，便是主奴體系能夠維持的心理基礎。看客文化，依據魯迅的說法，是一種奴才的文化，源於奴才對主子的認同願望。看客所認同的權力，正是看客（在幻覺中）滿足並繼續其奴性生涯的源頭。

　　其實，只要我們想像一下，如果我們自己去扮演一頭能歌善舞但任人宰割的蒙牛會是什麼樣的情形，事情就會明瞭許多。況且，那種「想唱就唱」的謊言早已在選拔的初始過程中淘汰掉了，剩下的（被遴選出的）便越來越成為按照評委們的私下要求甚至（違背本人意願的）節目安排來展示的規範性才藝表演。在這樣的「超級」程式裡，商業運作者的權力仍然是權力，娛樂消費者的奴性仍然歸於奴性，而嚮往自由的女聲，不外乎是（現實和幻覺的）權力之下所把玩、所品嚐的一杯週末夜晚的奶昔。

恢恢互聯網

終於有一天，你在路上遇到熟人，劈頭便問的不是「吃飯了嗎？」，而是「今天上網了嗎？」那人匆匆回答，「剛上過，你呢？」臨別，你打一個嗝，招招手說，「網上見！」你聽見身後的回答也是：「網上見！」

網開百面

你在網上遊歷已久。可以預見的是，你將終其一生遊蕩在這營造於世紀末的迷宮與歧途上，一無所獲。哪裡是旅途的終極？哪裡有無盡的寶藏？你不知所措。無數扇藍熒熒的門向你幽幽打開：有的寫著雅虎的駭人大字，有的以搜狐為誘餌，有的掛上了新浪的招牌。你打開其中一扇，便有更多藍熒熒的門出現在眼前，讓你依稀辨認那些迷人的去處：娛樂、旅行、教育、商業、新聞，但你仍然猶豫不決，在門外徘徊。

你大可不必如此謹慎。打開任何一扇門都不需要鑰匙，也不需要膽量。假如你闖進了影星的閨房（一個妖媚的、搔首弄姿的女郎），不用說道歉，悄悄出來就行。要是你無意中跨入了屍體橫陳的凌亂午夜，毋需緊張，那只不過是多年以前早已清理的屠殺現場（世人早已淡忘，死者也不會受到驚擾）。你怯生生地誤入白宮（不用排隊，也沒有門衛檢查你的全身），你魯莽地退出別人的喁喁私語（小說裡的著名段落，早已被人背熟），你迎面撞見了張牙舞爪的野獸（珍稀動物的幾十年前的照片資料），你慌張地躲閃到另一個陌生人的主頁（一個數學怪人，用令人暈眩的無數符號堆積而成）。你精疲力竭。

在更多的門洞內，你終於找到你渴望的一切。餓了，你可在螢幕上端上一盤乾燒龍蝦（只是沒有香味，也無從下手）；累了，夕陽下風景

如畫的山川便鋪展在眼前（只是無法踏入其間呼吸新鮮空氣，也聽不見鳥鳴聲）。你回到了故鄉的小城（沒有人給你打招呼），你回到了少年的校園（教室裡是從未謀面的學童），你回到了出生的醫院（你當然不認識也不可能找到給你接生的醫師）。你走進一個個空蕩的照片，下面書寫：「訪客請在此簽到！」你留下了你的電子郵址，等待又一個陌生人的貿然造訪。

另一次，你成為多年未見的老朋友在網上的不速之客。你竊喜，企圖窺見那些你原先並不知情的隱私，但只有他的履歷在那裡冷冷地袒露著，一動不動地，僅僅偶爾（如果你探進頭去瞧一眼）會在幾扇小小的窗口裡顯示一兩張十幾年前的笑臉，用循規蹈矩的盛情來邀請所有的來賓。那無非是一張自製的成績單罷了：技能、學歷、專業成就。難道還能期待有人來探究他的內心嗎？還指望誰關懷他的愉悅和痛苦嗎？還盼著會有哪個想知道他是否溫存的女人嗎？

一個朋友的門往往開向他亟待與你分享的網上財富：他愛吃的美味佳餚（你討厭的美式速食），他喜讀的古典文學（味同嚼蠟的詩經），他旅遊過的名勝古蹟（你覺得乏味而恐怖的秦兵馬俑），他熱愛的京劇劇照（不男不女的旦角）。一個朋友的門還通向更多人物的形象居所：熟識的（比如，你們共同的朋友）或陌生的（比如，他的老闆），你心儀的（比如，一位古代俠客）或厭惡的（比如，一個當代政客），俊美的（比如，他掛在床頭的模特兒照片）或醜陋的（比如，他的老婆）。

一片螢幕便是一座「萬鏡樓臺」。你可以自由地旅行，從歐洲、亞洲穿梭到月球，來回於中世紀、春秋戰國和今天的紐約時報。只是，那些死人仍舊是死人，甚至連那些活人也變成了死人。

落網

網外的世界和你隔絕已久。你足不出戶，便出沒在世界的各個角落，或者說，讓世界的各個角落出沒在你眼前：網上便是你整個的世界。你是「後現代」的海盜，一手操控滑鼠，一手從天涯海角搜羅珍寶。你覬

覷景德鎮瓷器，商家們早已前呼後擁地擠上網路向你推銷。你企望瑞士手錶，款式們立刻從日內瓦飛到螢幕上任你挑選。你要聽義大利歌劇，網上的歌手和指揮紛紛出場，輪番獻藝。你從網上點來充饑的比薩餅和辣雞翅（倒胃的程度比你的預想略低），你從網上買下禦寒的冬衣（長短差不多合適，只是稍肥一些）。你睡在從網上訂購的水床上，做著網裡的夢，夢見在網上飛翔，然後落網，醒來。

網頁：鋪滿花草的陷阱。它也像蘑菇的誘人色暈，你無法確認是否有毒。你輸入信用卡號碼，從三藩市買下花朵送到威尼斯，卻可能沒有料到號碼被盜的結果是帳戶裡的美金被洗劫一空。你的網路閒談會被窺視，被散播，你的財產和身世可能都不再是秘密，你的一切可能都變成公開的資料，被破譯，被剖析，被解讀，被無限地複製，傳送。當然，這一切也許從未發生，你依舊掙扎於一個個陷阱裡，直到有一天難以自拔。

尤其是，當你忍不住為自己製作了一個網頁，你便徹底落入了全球網路的無底深淵。為了網羅自己，你起用了作繭自縛的網，借別人已有的包裝把自己裝飾一新，色彩斑斕地捆在一個角落，企盼著網友的光顧。你落入網內的姿態是僵硬的、死板的。你不知不覺，成了網中之魚，人皆可食的捕獲物。

你不再寫信，電話也已棄置多年。電子郵件一旦送出，幾秒鐘之內便抵達世界另一端，而對方的回覆也同樣迅疾。她的嗓音（甜美或者沙啞）你無心諦聽。他的墨跡（如行雲流水或如刀光劍影）你無意賞讀。不再同友人握手，對你來說，正是減少病菌和病毒傳染的最好策略。當然，也免得因為憑添了老態而互相羞慚。跟陌生人的網上交往可以省略過多的繁文縟節（得到的回覆可能更加無禮），反正誰的憤怒或愉快都不必觸及。

而需要情感的時候，你可以從網上尋找情侶：在網上徵友，在網上約會，在網上戀愛，在網上訂婚。在網上你的親吻是用滑鼠代表你的嘴唇輕觸她顯象器上撅起嘴的冰涼圖片，你只要用食指按下滑鼠的左鍵，她便接收到吻的資訊。你聞不到她的體香（或狐臭），你也聽不見她嬌嗔的

（或絮叨的）細語，你更不必撫摸她柔嫩的（或糙硬的）肌膚。她在網上的打情罵俏需要時間的間隔，一句挑逗的話你幾分鐘之後才有反應，或者一句撒嬌的話遲遲不見你答覆，原因是你的頭已倒在鍵盤上，沉沉睡去。

在網上的婚禮可能更加盛大，你邀請了所有認識和不認識的網友，沒有人缺席，沒有人不被新郎的風采和新娘的禮服所傾倒，儘管你聽不見鼓掌，儘管誰也沒喝到一杯喜酒。接下來的是，如何在網上生兒育女？

無一漏網

等到網路受精技術在全球推廣的時刻，一個未來的世界，就已經是一個除了網路之外別無他物的世界了。當然，最先淘汰的是學校、圖書館、音樂廳和電影院。隨後，飯館也隨之消失。你不再需要從網上訂購晚餐，而是在網上烹調晚餐：只要用滑鼠選擇菜名（比如，上湯莧菜或響油鱔糊）和口味（比如，重辣或微臭），網路便在幾分鐘內從一隻形似炒鍋的驅動器裡為你托出一盤香噴噴，熱騰騰的菜。還有什麼比這更振奮人心的呢？

未來的世界將越來越接近許多年前北島的一首題為〈生活〉的詩，全詩只有一個字：「網」。

多有遠見的科幻詩。

2002

誰殺死了戴安娜？
——為一個死去的公主而作的帕凡舞曲

　　全球在哭泣。不是為了柬埔寨戰火中的受難者，也不是為了勞改營裡日漸病衰的政治囚徒，而是為了一位紅顏薄命的公主。這似乎並不奇怪。我們怎麼能奢望世人的眼光從偶像或明星們的身上移開呢。

　　然而，戴安娜卻恰恰是死於逃離公眾視線的途中，她恰恰是死於對那些攝影機或攝像機背後的好奇的眼睛的恐懼。

　　正是那些熱愛她的人們殺死了她。

　　正是那些在花叢中再獻上無數花束的人們，正是那些由於悲傷而失聲慟哭的人們，是過失殺人的集體罪犯。

　　不正是由於他們，才孳生了那七個（或更多）緊追不捨的攝影師嗎？

　　「不！」他們聲辯，「我們憎惡那些三流小報的流言蜚語。」可是，流言蜚語只是貶義用法下的趣聞軼事而已。一旦離開了趣聞軼事，戴安娜的公眾魅力便頓然失色。包括ABC和NBC在內的各大電視網上不也在綜述節目中一再閃現小報封面的裸體相片嗎？它們相繼播出的戴安娜偕同男友離開旅館的生前最後一個鏡頭，不就是那七個攝影師夢寐以求卻未能捕捉到的嗎？20／20的焦點採訪節目裡，芭芭拉‧沃特絲問到艾爾頓‧強的最引人入勝的問題不外乎是戴安娜私下對前夫和男友的評說。如果ABC和NBC的觀眾和街頭小報的讀者之間並沒有絕對的界限，在景仰威爾士公主的人們中間又有多少不是大眾偶像私生活的熱切打探者呢？哪一個私下時卑劣的窺隱者不同時就是公開時偉大的愛慕者呢？

　　從二十歲步上聖保羅大教堂的紅地毯的那一刻起，她便被註定了將要承受沒有隱私的一生。只是誰也不曾料到，這一生將會如此短促地結束

於睽睽眾目之下。正是包括街頭小報在內的大眾傳媒促成了萬眾的仰慕、關懷和窺視，促成了一個當代公主的自我空間的喪失，促成了由於恐懼這種喪失而引起的災禍。

這是一個試圖把童話現實化的悲劇。二十世紀是一個舊時代的童話被無情顛覆的世紀：童話剛剛開始不久，王子和公主就無法維持由童話角色所規定的形象。訴求「解放」的王子和公主尋找著角色之外的自我，欲望，這種蔑視傳統的舉動激怒了童話體系的維護者，同時也成為大眾看客茶餘飯後的輕鬆話題。童話一旦演化成現實的戲劇，就急遽變異，童話的喜劇朝現實的（幾乎是荒誕的）悲劇俯衝。一笑傾城再笑傾國的公主沒有被賜死於亡命途中，更不是毒死於王子的鴆酒，而是隨隨便便地，幾乎是草率地，被擊碎在後現代的速度下，或更準確地說，被刺倒在從四面八方射來的愛神之箭下。

樂於追星的大眾，正是傳媒存在的基礎；而「看客」，也絕非魯迅筆下的民族特產，只是「看」的對象不盡相同而已。戴安娜最初之所以被置於名流榜上最惹人注目的地位上，之所以成為看客的焦點，之所以成為媒體的追逐目標，當然是出自世人對榮華的趨求，對美姿、時裝、首飾、地位的嚮往，甚至潛在的、隱秘的模仿或虛擬認同。

而一個世紀末的世界所最樂意欣賞的，還不是單純的高貴（哪怕是表面的高貴），而是經典童話的惡意的當代翻版：王子關於棉花球的粗俗比喻被洩露，公主和情郎的幽會被曝光，公主和王子的情變、離異又被媒體編排成一齣熱鬧非凡的情節劇。也許，一個富於貴族氣質而又脫離貴族常規的公主顯然更能提高和滿足平民的自我優越感。

因此，由大眾傳媒炒作的情節劇始於王子和公主的婚配，卻沒有結束於他們的婚變，婚變反倒是全劇當中的高潮之一。大眾傳媒替代了億萬大眾，成為本世紀最大的窺隱癖患者，成為無所不在的，無時不在的眼睛。這雙眼睛的焦點落在了一個非同尋常的、具有現代明星特質的公主身上。

傳媒的視像性讓人混淆了現實與虛構（如布希亞所說，影像的超級真實取消了真實本身）。明星的公主並非扮演公主的明星，但這二者在視像的意義上是可置換的，並沒有任何區別。不幸的是，已經死去的她並沒有另一個影星可以飾演。但對於傳媒的接受者來說，真實的、近乎完美的公主形象在傳播過程中的視像性在無意識中被虛構化了，這種虛構化僅僅激發了對情節劇的興致。從婚禮上的花容月貌，到婚變後的憔悴，到車禍後的（通過撞廢的座車推想出來的，或正在兜售的照片上的）毀容，一個既高貴華麗又反詩意的劇情由視像的片段所聯接，足以剪輯成高票房的商業電影。

　　這種將隱私「公開化」的追星運動在戴安娜身上達到了悲劇的高潮。對他人人身自由的剝奪並非只是極權統治者的嗜好，而是任何人都可能具有的，為了達到政治、商業或其他目的所採取的手段。據說戴安娜重創後喃喃自語的遺言是：別來打擾我（leave me alone）！然而，任何能夠持久的政治或商業劣跡都依賴於需求這種劣跡的大眾，而具有諷刺意味的是，對這種劣跡的需求在很大程度上出自一種愛慕，哪怕是趨於權貴的、從眾的、被操縱的愛慕。黑格爾的主奴辯證法也不無諷刺地顯示出來：主人（權貴、明星）實際上變成了大眾的（或大眾媒體下的）奴隸，而這卻是由奴隸對主人的愛來實現的。

　　撇開主奴的階級關係不談，我們看到的是個人與大眾的衝突（主人的顯眼使之被大眾孤立在個人的位置上）。大眾，在某種語境下稱為人民，並不總是出自道德的敗壞才推動了歷史中的惡的力量。在這個具體的事件上，我們能夠質問的是人性中「愛」的限度，質問這種「愛」在何種程度上會成為傷害。

　　當然，任何對必然性的推斷和確定的價值判別都是危險的。也許，在天上的戴安娜正欣喜於自己的悲劇：她的慈善組織從來沒有如此迅速地獲得如此豐厚的捐助，這對世界上的窮人的確不啻是一個福音。

1997

當小流氓槓上大流氓

　　王定宇因嗆聲張銘清而遭遇黑道的事件[1]，其實恰好是兩岸關係的一次隱喻式的表現。王定宇們應當慎重考慮的是：以小流氓的方式來對付大流氓，你就必須準備好作出無畏的但也是無謂的犧牲。這個比喻也許可以說得再明確一些：假如你的鄰居鍾姓族長是大流氓，聽說你要改姓為邰，他吆喝所有武裝到牙齒的嘍囉向你厲色道：「你敢改姓，我就敢把你家砸了。」但是你非要天天在他家門口嘶叫：「我姓邰！我要改姓邰！」看到鍾家的孩子來家裡串門找自家孩子玩的時候也不忘衝上前去揮拳大喊：「我就是姓邰！我不姓鍾！」結果鍾家孩子一驚，跌得鼻青眼腫，你卻還在背著手噘著嘴地聲辯：「不是我推的呀！」。但必須記住的是，大流氓是石頭，小流氓只是雞蛋假扮的石頭而已。

　　鍾家的大流氓自然有大流氓的傳承。誰是中國現代歷史上最大的流氓？無疑是在二戰後的重慶舉杯高喊「蔣委員長萬歲！」的毛澤東。大流氓，大就大在不計較一時的榮辱得失。二十世紀前半葉的國共兩黨史，本來也就是一個小流氓與大流氓鬥法而最終慘敗給大流氓的歷史。不知如今的民進黨是否打算重演這樣的慘敗。其實，民進黨本來跟共產黨是有很多相似性的。當然最大的相似就是：他們都取勝了腐敗的國民黨，然後又都勝過了國民黨的腐敗。學壞容易學好難，民進黨卻沒有好好學習中共軍事史，尤其是沒有好好學習流氓毛的發跡成長史。

　　比如，當今兩岸之間的軍事實力懸殊是顯見的。我們不妨把目前台

---

[1] 編者注：2008年10月21日，中國海協會副會長張銘清造訪臺灣，在臺南市孔廟遭台南市議員王定宇與群眾近身抗議，以致摔倒。10月24日，王定宇召開記者會，宣稱遭人恐嚇必須向張銘清道歉。

灣和大陸的軍事形勢比作1930與1940年代共產黨軍隊與國民黨軍隊的對峙形勢──共軍當年的頹勢與台灣今日的相對弱勢頗為類似。但1930年代初，共軍依據流氓毛制訂的「敵進我退，敵疲我打」的戰略，阻遏了占盡優勢的流氓蔣的四次圍剿；然而到了1934年，由於「深紅」人士流氓周等人的激進盲動，共軍對第五次圍剿的國軍進行正面強攻，最終被流氓蔣打得落花流水，被迫「長征」。流氓毛此後在中共取得領導權，不是偶然的──「深紅」的激進派終於服膺了流氓毛的雄圖大略。為了保存實力，「賣共」的流氓毛再次顯示了柔軟手腕，藉日軍入侵之際，毅然放棄共軍的「主權」，把自己的名號全數歸屬到蔣總指揮的麾下。這一招果然有效，臥薪嘗膽者自然會有豐厚的回報。而到了1947年，面對流氓蔣的大舉進攻，熟讀中國古代兵書的流氓毛甚至下令共軍撤出都城延安，讓所有的「深紅」人士如喪考妣。不過，歷史最後證明了，流氓毛才是這場博弈的勝者。

與其做小流氓，還不如設法比大流氓做得更大。小流氓上竄下跳，顯出不可一世的樣子，卻不懂得韜光養晦才能與大流氓抗衡。小流氓一會兒自娛自樂地說：「我其實早就改姓邰了，不用宣佈！」一會兒又拼命自我打氣：「我有生之年一定要改姓邰不可！」顯得非常底氣不足。小流氓似乎也不懂只有神定氣若才能以退為進：姓鍾又怎樣，等我們姓鍾的邰家在村裡站穩腳跟，掌握了話語權，我們的孩子之間也都建立互信了，以至我們邰家的民主光大到你們鍾家了，我要姓什麼還能你說了算嗎？

必須補充的是，大流氓可能是殘暴的，但並不永遠是殘暴的。大流氓也講義氣，大流氓甚至可以為你兩肋插刀。在你不挑釁大流氓的時候，他也很可能是溫情的。我們甚至不必將流氓理解為一個絕對負面的概念。侯孝賢的許多電影，像《南國再見，南國》、《悲情城市》、《好男好女》裡，黑道流氓都有著十分立體多樣的面貌。無論如何，只有等到王定宇們學會像流氓毛一樣敢於喊出「我們鍾家萬歲！」的時候，邰家才真正獲得了與大流氓周旋的能力，而能夠最終成為歷史的贏家。

2008

哦，你在吧裡泡得那般沉溺，那般輕薄，那般曖昧……

　　坐在酒吧裡，被溫情的旋律愛撫；蹦在酒吧裡，被粗暴的節奏痛擊；鬧在酒吧裡，在紛亂的舞姿下暈眩……酒在哪裡？你幾乎是忘了喝……你怎麼沒有坐在家裡的餐桌旁，或花園的薔薇邊，吟著李白的詩句：「舉杯邀明月，對影成三人……」？

　　古代的飲酒，往往是一種獨自面對大自然的舒暢，也是一種獨自面對內心自然的快意。而泡吧，如今則成為現代人的群體活動，但不僅僅是茶餘飯後的消遣，而是一種體驗，一種相異於日常生活的體驗。甚至可以說，你喝的不是酒，而是喝酒吧的氛圍，喝它的裝飾，喝那些美目流盼的少女。

　　「要不，咱們去茶館坐坐？」這樣的提議會使你聽上去土得掉渣。「我們七點在XX路口的大排檔見吧！」有一次，我就這樣把一個外地來的美眉作家給嚇跑了。酒吧成了一種身份，一種優越感，一種城市人必須擁有的「家」以外的異類空間。

　　說到身份和優越感，那些在夜幕下的酒吧裡吞雲吐霧的，或許也就是白天在五星級酒店咖啡廳裡西裝革履的老總們。但酒吧不是屬於CEO們的，那些合同，那些訂單，那些人模狗樣的履歷表，在酒吧裡統統見鬼去吧。角色的轉換和變幻是必要的。你可以是白領，但你的領帶必須繫歪；如果你是教授，就和你年輕的女弟子一起蹦迪吧。酒吧屬於長髮披肩的藝術家（他可能剛從威尼斯雙年展回國），屬於狐步翩翩的美女作家（她可能剛從新書發佈會上簽售歸來）。多年之後，我突然發現我的一大批朋友竟然都是在同一晚因為陪那個當時如日中天的美女作家去三里屯的藏酷

而結識（或重新接上頭）的。有一天，在三里屯南街，一個朋友非要把我拖入一個其貌不揚的酒吧，說是姜文張元們經常出入的，似乎我們進了這裡，也就離戛納獎不遠了。

當然，沒有姜文，更沒有戛納。酒吧提供的是幻象，幻覺，幻夢。白天沒有的，在夜裡獲得。現實裡見不著的，在酒吧裡可以遇到。喝果汁提不起來的膽，喝酒以後可以暈乎乎地、忘乎所以地大起來。所以就有了尋覓情人的眾多不安眼神，所以也有了那些主題酒吧：像北京動物園附近的海帆（稱得上航海博物館），藝術設計學院裡的瞧吧（足足一個漫畫博覽會），工體西門的弗拉門戈（本來也就是拉丁舞沙龍），蜂鳥酒吧（雖說聽不出有越野車俱樂部的含義）……它唯獨不是你日常生活所必需的那個空間，但也唯其如此，你才會樂意用昂貴的花費來購買你平日無法進入的那個奇境，哪怕它暗得黑燈瞎火，哪怕它吵得耳聾目眩……

「醉翁之意不在酒」？當然。酒吧不是酒館（去那裡划拳乾二鍋頭吧）、酒肆（武松的幹活！）、或酒坊（期望豆蔻少女替你斟上一杯女兒紅嗎？）。酒吧不是讓你去喝的，而是讓你去泡的。那麼，別泡妞了，去泡吧吧。泡吧要的正是「泡妞」的那般沉溺，那般輕薄，那般曖昧。在酒吧裡，你不知道下一分鐘會發生什麼，你的夢幻也不需要實現，因為在這裡，夢幻就是現實。

但問題是，酒吧裡的頹廢主義，你永遠不能帶回現實，因為到了天亮，你又將回到那個確定的，沒有期待的，一切都業已安排妥當的秩序化世界。

男子漢崇拜，法和奴性意識
──論1980年代中國文藝作品中的男性形象及其社會原本

由於「男子的原則」曾經是占統治地位的精神力量和肉體力量，所以一個自由的社會將是對這一原則的某種否定……

——赫伯特・馬庫色

似乎中國的男人因為女人的甘心被去勢而想要感謝她。

——佛洛伊德

　　當今社會對於「男子漢」（外在特徵：高大蠻悍；範例：高倉健）的嚮往漸漸成為一種過分的甚至是畸形的文化心理。在電影《高山下的花環》中，一度被貶為「奶油小生」的唐國強（飾趙蒙生）在鏡頭前一邊聲嘶力竭地賭咒發誓，一邊猛扯軍帽，作滿臉橫肉狀。不管他有沒有成功地使自己的形象一變而為「硬派」，這樣一種努力的本身就是令人同情並且傷感的。

　　這裡沒有任何疑惑不解的地方。要「正面地」站住腳的男性形象必定要是「男子氣」的（不管「男子氣」的內涵被如何片面和極端地理解），這在新時期中國的社會文化（尤其是文學、電影、電視劇）中似乎成為無形的準則。從電影的片名來看，《自信的男子漢們》、《來了個男子漢》、《男人的風格》、《男性公民》……「男人」的潮流從銀幕上湧出來，已經使人難以抵擋。而未顯示於作品標題的「男子漢」形象就更是不計其數（下面提到的影片大都根據文學作品改編）：《喬廠長上任記》

中的喬光樸、《赤橙黃綠青藍紫》中的劉思佳、《血總是熱的》中的羅心剛，《花園街五號》中的劉釗，《代理市長》中的肖子雲，等等。令人驚異的是，這些形象幾乎無一（！）不是涉及經濟改革的這類或那類「英雄」。他們的核心地位是不可動搖的，這種核心地位的鞏固源於他們的角色類型：眾人矚目的改革者。

難道不是雅克‧德希達所說的「菲勒斯中心主義」（phallogocentrism）嗎？德希達的這個術語是針對雅克‧拉岡的理論說的，而拉岡的學說恰恰揭示了自然和社會的隱秘現實。「菲勒斯」（phallus）是陽物的抽象，是拉岡學說中「父親」的象徵。它是拉岡所說的「法」，意味著對幼兒「與母同化」的禁令。（拉岡的解釋是，由於俄狄浦斯情結，幼兒有著與母親亂倫的欲望，想成為她的「菲勒斯」；但真正的「菲勒斯」——父親的介入則打破了他的本能想像，父親的權威，即「法」，促使幼兒由自然的自我向社會的主體轉化。）

而「男子漢」形象無疑是陽物的另一種表徵：高大而且剛硬。（可參閱佛洛伊德《精神分析引論》關於陽物象徵「可以是長形直豎之物」的論述。事實上，以男性自身的高大剛硬作為陽物的象徵是再合適不過了。）古代赤裸裸的男性生殖器崇拜一變而昇華為「男子漢」崇拜，其狂熱與虔信也從表層退隱到文明化的現代文化中。人們的偶像便不再是陽物本身，而是掩飾化了的陽物的象徵——高大強壯的男性形象。在這裡，夢的前意識的檢查職責由文明社會所替代，儘管如此，「男子漢」崇拜作為新的陽物崇拜依然履行著它永恆的功能，它的雙層結構表現為：在表層儀式上是對人的強壯生命力的禮贊；在深層意識中則是對「法」的依從，對「佔有」的奉獻。

陽物崇拜的表層結構還容易理解。在當今文化中，對以陽物為原型的「男子漢」的禮贊以一種社會經濟上升時期的樂觀主義（也許是廉價膚淺的樂觀主義）主題不斷重複，抽象的生命力內涵轉化為改革的堅定信念和勇敢實踐，轉化為發展經濟發展生產的強烈的、不屈的進取精神。前面所列的眾多「男子漢」形象便是文藝作品中「男子漢」改革家的典型。

在古代的陽物崇拜中,「菲勒斯」形象既是被禮贊的對象,同時又是使人懾服的偶像,是統治力的象徵。在今天,後一種意義愈來愈被前一種意義的表層結構所掩蓋,以一種極難察覺的狀態滲透在社會群體的深層意識中。在「男子漢」改革者形象中,幾乎沒有一位不是以領導者身份出現的:喬光樸──廠長,羅心剛──廠長,陳抱帖(《男人的風格》主人公)──市委書記,武耕新(《燕趙悲歌》主人公)──大隊黨支部書記,李向南(《新星》主人公)──縣委書記,肖子雲──市長。劉思佳似乎稍有例外,但正如作者所描寫的,他的權威事實上遠勝於被任命的掌權者。「菲勒斯」是「法」的象徵;「男子漢」(化了裝的「菲勒斯」形象)也同樣體現了法、權力、統治、支配性。在這些作品中,「男子漢」的「氣概」同他的權威是密不可分的,「男子漢」形象就是權力本身藝術化、符號化的形式。尤為顯明的是《喬廠長上任記》中喬光樸在婚姻事件上的專制行動:在這裡,喬光樸出色地扮演了男性統治者的主角,而童貞,則暗喻著與之相對的女性依從性和犧牲精神。男性和女性兩極被形而上地固著化了──這便是它所呈現給接受者的。

在拉岡的理論中,菲斯勒-父親-法是對幼兒的欲望的掠奪,是埋藏在幼兒無意識中的內在恐懼,它的出現剝奪了人作為完整自然個體的實現。在我們當今社會中,統治與被統治的畸形關係是從封建專制制度那裡遺留下來的,政治-法-權力在普通人的意識中超越了秩序的維護者的職能,它有時會變成對個體自覺的威脅:秩序變成絕對共性和絕對服從的指令。在電視連續劇《新星》中,李向南的形象就不啻是一種冷酷的(缺乏笑容的?)「男子漢」理想,而且是家長式的強有力的政治專制者,是「法」的代言人。在秩序──自由的軌道上,大多數人被驅趕到前一個端點。「男子漢」形象所象徵的個體獨立成為空洞的允諾,因為這時只有唯一的個體是自由的,那就是統治者自己(不管這個統治者用什麼符號來意指,「菲勒斯」還是「男子漢」形象)。自此,「男子漢」崇拜的深層意義便暴露無遺:接受者無法將自己置於「男子漢」的地位(「男子漢」形象象徵的統治者獨一無二),便只能成為他的崇拜者,換句話說,成為統

治者的臣服者。事實上，《新星》的歡呼者們就是這樣為他們「有」一個他們甘願臣服的統治者（而不是值得崇拜的「男子漢」！）而欣喜若狂的。

事物的意義只有通過對他事物的區分和延宕才得以產生，這是德希達方法論的核心，也是本文所堅持的思考方式。作品必須是它的話語的對象──接受者所創造的，這一點也毋庸置疑。因此，「男子漢」崇拜作為一種社會群體的心理現象，它的意義也許正和「男子漢」形象創造者的意圖相反。實際上，它的深層意義遠遠要比它的表層意義強大。對於「男子漢」形象本身來說，它是剛毅、獨立；對於它的接受者來說，它又是柔弱者、依附者的偶像。因此，今天的「男子漢」崇拜一方面意味著人的獨立意識的解放；另一方面，對於更多的接受者來說，它意味著人的依從意識的延繼和深化。

在現實生活中，「男子漢」的標準並不是男性對其自身完美的要求，它只不過是在兩性關係上女性對其男性配偶的理想要求。這種要求產生於女性的依賴感和服從性：男性外表的高大強健，必然是對她的可靠保障的象徵。當前盛行的女性擇偶傾向（如對男性身高、地位等的要求）無疑造就了藝術作品中男性形象的類型。拉岡認為，孤立的主體是不存在的，任何主體都存在於同「他者」的無終端的矛盾網絡中，主體的行為無不來自要求被他者承認和自我承認的願望。因此，「男子漢」不是男性的自我塑造，而是被「她者」──女性所規定的。從這樣的意義上說，不是「男人的一半是女人」，而是「男人的全部是女人」：男人所有的現實性都包容在女人的理想之中。也正因為此，我們不但不能想像沒有童貞的喬光樸，也同樣不能想像沒有解靜的劉思佳，沒有呂莎的劉釗，沒有顧小莉和林虹的李向南。

「男子漢」崇拜的盛行是以接受者的依從性為核心的女性精神的勝利。文藝作品中「男子漢」形象的過剩多少體現了對接受者這種依從性的「依從」。對「男子漢」的崇拜恰恰是我們民族缺乏自我獨立的創造精神的表現，暴露出我們民族精神的柔弱性；它甚至沒有在現實中實現自我獨

立的勇氣，它對嚮往自由的個性尚無自覺的認識──於是作品中的「男子漢」形象便成為它唯一可依賴的統治和權力的象徵。在我們幾千年的封建意識中，權力──無論是在家庭中還是在國家政治中──是最穩固的不可動搖的力量。權力以各種方式殘酷否定了人的個體的自我獨立，以至於社會群體至今殘存著的屈從意識使「男子漢」形象和「男子漢」的崇拜者重演了統治者─被統治者的古老一幕：但這次不是在現實中，而是在內心深處。對於大多數人來說，「男子漢」形象不是他們仿效的典範，不是催發他們旺盛生命力的號角；相反，它更具誘惑力的地方恰恰在於遍佈女性意識的接受者群體，他們帶著一種強烈的依從性、犧牲欲望和溫柔感從「男子漢」形象那裡獲得安寧和滿足。

　　在小說《男人的一半是女人》中，章永璘顯然是被女人造就的男人的隱喻。但章永璘所有的滿足與痛苦都維繫在他的統治感之上，以至於從他見到黃香久的赤裸裸的肉體的第一眼起，一種對女人的性的佔有慾就緊緊攫住了他。在這裡有這樣一段揭示章永璘內心的描寫：「……一隻黑色的狐狸，豎起頸毛，垂著舌頭，流著口涎，在蘆葦蕩中半蹲著後腿，盯著可疑的獵物……」後來，性交的失敗使他感到是一場搏鬥的失利，實際上，這是他佔有感或統治感的無法滿足。這一點作者甚至從「生理學」角度給出「證明」：「政治的激情和情欲的衝動很相似，都是體內的內分泌。」而政治上的統治地位與被統治地位的關係，也就這樣在男性和女性的佔有與被佔有的「永恆」關係的象徵下被永恆化了。章永璘從黃香久那裡要獲得的不是性的快樂，他只是要在性生活中補償他在政治生活中的統治感的喪失。當他恢復了正常的性功能之後，我們所感到的不是一種黃香久（大寫的女人）和章永璘（大寫的男人）之間相互創造和享受的喜悅，卻是一種女人的被佔有欲的滿足。這是十足的荒唐和不幸：男人的佔有的「勝利」是女人的被佔有的實現！但直到最後我們還在黃香久用全部肉感的秘密要讓章永璘「玩個夠」的傾訴中久久顫慄，因為這種不幸的女性化奉獻意識（我們民族的悲劇性意識）在作者筆下竟會閃爍著如此幻美的光暈。

「菲勒斯中心主義」意味著有「菲勒斯」的父親迫使幼兒無法成為「菲勒斯」，無法實現他的自由欲望，而不是相反。這時幼兒在父親「菲勒斯」的威儡下犧牲了自我的欲望，同自然永久地分離了。這裡，拉岡提醒人們不要把子—母—父的三邊關係看作生物學意義上的結構模式，它是由三個邏輯本位構成的象徵圖式。在我們看來，拜伏於「男子漢」形象之下的新的陽物崇拜者正是被「菲勒斯」──法的象徵──祛除了自然欲望的「幼兒」；而在我們的傳統意識中，被無形的「法」──如儒家的「禮」──束縛的以禁欲精神為代表的對人的自由感性的怯懦（如「發乎情止乎禮義」），正是「菲勒斯中心主義」得以確立的社會心理基礎。

　　另一個事實是，對女性的自然欲望的壓抑，必然導致這種欲望昇華為對男性的外表的崇拜。「男子漢」形象是昇華了的、經過偽裝的「菲勒斯」──陽物形象。它既是對欲望的壓抑，又是對欲望的宣洩。在子－母－父關係中，幼兒對其欲望的被壓抑應當是被迫的、反感的；只有當他的主體異化為充滿了女性化精神，進入女性角色體驗的時候才會對「菲勒斯」產生依戀。對「男子漢」崇拜的需要正是社會群體意識女性化的結果。

　　我們的記憶不會衰退到忘記了文革中的社會悲劇：一方面是文化舞臺上「英雄」人物叱吒風雲，另一方面是整個民族的奴隸意識膨脹到了極點。我不敢說羅心剛和李向南就是李玉和、郭建光們的換妝而出，但二者的相似卻是明顯的。羅心剛的去職就如同李玉和之死：二者都以悲劇形式表明一種精神的不朽；這種精神處於人神之間而難以企及，彷彿巨大的偶像令人不堪重負。然而，我們的民族一天不能擺脫這樣的超級「英雄」──或者「男子漢」也罷──它就一天不能從極權主義所模塑的依從意識下解放出來。

　　要真正獲得陽剛之氣和獨立意識，就必須從「男子漢」的徒具外殼的空洞偶像下站起來。「男子漢」形象一旦異化為偶像，它的貧乏的內質（平庸的、矯飾的、淺薄的或俗氣的）必然被它受崇拜的外在形態所掩飾。這樣的「男子漢」崇拜的本質便是：從空洞到空洞。

　　當然，我這裡並不是說羅心剛、李向南們的改革熱情毫無內容可言，而是說這許許多多的「男子漢」改革者形象（包括我未涉及的無數作品中的無數人物）自身缺乏一種個性化的普通人氣息：他們性格上的平庸和雷同（應當承認如果按低標準，我所例舉的那些人物已算是同類作品中較有「個性」的了）沒有具體的現實感，他們外在的威嚴和權力超越了凡人的力量。這便是他們能夠從虛構的藝術形象變為「男子漢」偶像的條件。這時，「男子漢」的偶像化事實上是一種在無意識中的抽象化、象徵化。

　　同時，根據小說改編的電影和電視劇，作為偶像的「男子漢」又保持了相當可感的具體形象，這往往使那些附麗於其上的深層意義長期隱蔽於無意識之中而難以顯現。「硬派」影星（楊在葆、張甲田、或許還可算進周里京）造就了理想男性的模式，然而就在它成為模式的一剎那，那些故作深刻的辭令、矯飾的冷漠甚至極端化的盛氣凌人、粗暴或專制立刻變得令人反感。這樣做似乎是故意要把「男子漢」推向一個超男性化的極端，然而這是以平衡的另一端──社會接受群體向超女性化的端點下滑為代價的。「男子漢」崇拜帶來的是一種人性被兩極化地割裂的後果：主動／被動、剛強／柔弱、獨立／依存、支配／服從、個性／共性、佔有／奉獻等等被永恆地對立，但前後二者都使人的本質的豐富內涵片面化了。《尋找男子漢》可能是第一部意圖摒棄性兩極化的作品。舒歡的尋找表明了一種主動性，她不滿足於傳統女性的被動地位；而「娘娘腔」的丑角司徒娃則象徵著依賴感和屈從意識，他和周強代表了作者所貶抑的失落了陽剛之氣的性格。儘管這些人物都像是劇作家的意念木偶，我們還是差一點為這一點意念叫好；遺憾的是最後那位作者理想的男性，雖然沒有超雄性化的第二性徵，竟又是一位未脫平庸之氣的「改革家」，幾乎又要孤獨沉思，又要斬釘截鐵，意欲以不足一米七的身材破格躋身於「男子漢」改革家的行列之中。

　　依然沒有完全逃離「男子漢」的陰影。儘管如此，這齣戲作為對「男子漢」偶像的重新塑造，至少可以比作在整個「男子漢」文化營地裡施放的一顆多少帶點滑稽色彩的魔術炸彈。「男子漢」形象喪失了它的外

貌特徵，它於是趨於被解構、被非象徵化的境地。

「男子漢」崇拜的逐漸解體也許將是歷史的必然，它從出現的一開始就帶有某些浪漫主義的幼稚病：無論是虛假的樂觀（作為對不滿現實的偽飾），還是不自然的超雄性氣質（作為對生活中女性化精神的補償），都表現出似乎不敢正視現實的怯懦或淺薄。這種本身就帶有女性色彩的普遍幻想更加證明女性意識的廣泛勝利（儘管這個結論是那樣令人痛心）：當某種佔有欲藉象徵化的手法露面時，它的基礎也恰恰不是男性氣質的內在充實，而是女性化的被佔有欲——它們化為偶像崇拜、屈從、敬畏、依賴、犧牲，如此等等。只有這種女性化意識（從詞源學的角度來看，或許可以讀作「奴性化意識」）在崛起的新的文明中不斷淡化，人才有可能自覺地把對自己本質（它的豐富的內涵摒棄了任何性兩極化）的全面的自由的把握作為他的永恆追求。

但是，如果以為在作品中添上些「人情味」的情節「佐料」，就可以避免過分「硬化」的流弊，那未免過於粗陋。影片《代理市長》讓肖子雲跪在電話前向父親祝壽以表明「無情未必真豪傑」，就是一個令人感到生硬做作的例子。在一些成功的藝術作品裡，剛性的和柔性的成份是交融在一起的。沒有「表明什麼」的欲望，或許就能顯現人性的真實。比如在瞿小松的樂曲《MONGDONG》中，我們分不出哪個樂句有著男性的曠達，哪個樂句有著女性的精緻；在劉索拉的小說《你別無選擇》中，我們也分不出哪些文字體現了女性的敏感，哪些文字體現了男性的豪爽。（也許他們倆結合的秘密也在於此？）在這樣的作品面前，接受者既沒有佔有欲或統治感，也沒有奉獻欲或依賴欲，他本身是一個獨立的自我創造者和自我享受者。

男子漢是存在的，但他不是徒具「硬派」外表而作為崇拜偶像的偽飾象徵。男子漢充滿力量的生命力不是女性意識的依賴，它自身就蘊蓄了女性的嫵媚色彩；他在當今的社會中扮演的應當是一個喚醒人性的激情的詩人，而不是統治人性的威嚴的君主。

1987

假作真時真亦假

　　比如，曹雪芹和賈寶玉或者林黛玉，究竟孰真孰假？答案似乎不言而喻。

　　然而，既然「假作真時真亦假／無為有處有還無」，栩栩如生而呼之欲出的小說人物彷彿確有其人，可憐「荒塚一堆草沒了」的曹雪芹──他的生平我們所知甚寡──反倒比他筆下人物的真實感單薄得多。作者被他創造的角色遮蔽了生命，像在科幻作品裡，造物主死於造物的手下。

　　實際上，林黛玉早已有幸被毛澤東親切地稱為「古人」了。一時興起，毛便喚醒了他想像裡紅粉佳人：「我們的古人林黛玉講，不是東風壓倒西風，就是西風壓倒東風。」

　　是林黛玉說的嗎？固然不錯。但，林黛玉豈是「古人」？真正說話的「古人」是被毛澤東遺忘的曹雪芹，而林黛玉則是曹雪芹虛構出來的永不作古的人物。然而，對毛來說，事情遠沒有「造物主死於造物」那麼簡單：不是林黛玉，而是毛澤東，從真實的歷史中把曹雪芹驅逐了出去。曹雪芹的缺席是真實的歷史聲音的喑啞。一個虛構的人物可以被製成蠟像，取代創造者成為宏觀歷史的傳聲筒，這個偶然而蓄意的口誤僅僅是慣於「以假亂真」的共產黨王朝的一個縮影。

　　從共產黨的史冊裡回首二十世紀中國，只見一個真真假假虛虛實實鬼影幢幢的世界。

　　在共產黨英雄蠟像館所陳列的著名形象中，雷鋒可能是製作得最成功也最離譜的模範。據發現，真正了不起的是編造和拼湊了雷鋒事蹟和日記的人們。並非純粹憑空捏造的雷鋒要比子虛無有的林黛玉更逼真，更生機勃勃，這個以頭腦簡單和心地善良著稱的、不假思索地效忠毛澤東和共

產黨的、個子矮小而缺乏私生活的形象被勒令成為一代人的楷模，並努力繼續成為以後一代代人的楷模。從此，雷鋒的形象千古不變，他到了作祖父的年齡仍然要接受「叔叔」的稱號，這是官方賦予他的正式頭銜：一個被炮製過火的形象只有把自身的生命真實掩蓋起來才能從歷史中倖存下來。

很多人都會記得那個在六四事件中被中共媒體渲染成被「暴徒」燒成一具焦屍的解放軍「英雄」。事過不久，有海外報導稱，此人從硝煙瀰漫的首都潛逃數月後出現在一個偏遠省份。也許真是死者借用的逃兵的名字一舉成為英雄，從而使這具焦屍究竟屬於屠城部隊還是屬於京城市民都無從考證。而那個在京城街頭聚眾痛陳屠殺慘劇而被親人告發的著名路人，由於未能同謊言的政府保持一致，不得不事後向國人宣佈其所言的全部虛妄（儘管如此卻仍然未能逃脫被投入囹圄的命運）。頗具反諷的是，既然他的確對未曾目睹的劫難添油加醋，他在國家機器面前否認自己即興的誇張以維護國家的彌天大謊時甚至顯得更加令人信服。

在所有這些片段裡，唯一闕如的便是真實。在共產黨整個言說系統的覆蓋下，真偽的界限便處於不斷模糊的過程中：誰也摸不清什麼是現實，什麼是虛構，以致現實和歷史終成一串撲朔迷離的懸案，一堆魚目混珠的垃圾。

林彪，這個毛一度最親密的戰友和法定繼位者，是權慾薰心，早有謀反企圖的逆臣，還是被毛逼上絕路，狗急跳牆的喪家之犬？他是死於墜機的偶然「事故」，還是坐機遭到空中攔截，被擊中而墜毀？是駕駛員故意墜機，與叛臣同歸於盡？或是在一場混戰裡中操縱失靈？甚至用更大膽的假設來說，是否林彪早已在埋伏戰中先遭擊斃，然後被運上飛越國境線的必將墜毀的飛機，以便羅織罪名？

幻想式的假設或許荒唐不經，但準確的答案恐怕連毛澤東，甚至林彪本人也未能盡知。儘管如此，黨的「檔」所敘述的便是唯一的、權威的真實，不管誰——或是否有人——目擊了歷史真相。那個可能的見證者如果不是保持緘默，也無非只能是製造又一種「假設」，甚至傳播另一種

「謠言」罷了。

林彪是如此，毛澤東本人又何嘗不是如此。有了李志綏醫生的記述，過去的毛又有幾分真實可言呢？但是，當戴著面具的毛已經被歷史接受為一個無法動搖的形象的時候，被揭去面具的毛當然讓人難以置信。這的確是「假作真時真亦假」的現代實例：既然虛構成為現實，現實當然就反過來變成虛構了。正如，既然蝴蝶是真正的夢者，莊子當然是蝴蝶夢裡的影像了。一旦聖潔的領袖成為毛唯一的真實形象，他那些雞鳴狗盜和陰險奸詐之事，只能是誣衊之辭。

然而，如果追問下去：誰是真實無疑的毛澤東？如果不是那個「寶像」上的敦厚的領袖，一定是掛在計程車後視鏡上的護身符嗎？如果不是偽民歌裡的頌揚的大救星，一定是反共檄文裡詛咒的土匪頭目嗎？李醫生筆下的一代奸雄，作為一個被敘述的角色，為什麼比新華社和人民日報塑造的偉大導師更真實？如果戴著面具的毛已經是世人所接受的形象，這個面具本身有沒有它（雖然不是「他」）存在的真實性呢？揭去面具的毛露出真面目了嗎？還是僅僅露出了另一層面具？透過面具窺見的如果不是世人所知的毛，還能算是真實的毛嗎？「真實」的毛是否存在過？那個曾經活在中南海裡的幽靈？

一九六六年，當毛在天安門城樓上似乎神情茫然地揮動軍帽的時候，他在預想著共產中國的未來嗎？還是以一個政治賭博的贏家在心底裡洋洋得意？抑或由於看見眼底無數狂熱的少女，腦海裡掠過他一生中的某個紅粉佳人？毛授意塑造的領袖形象當然只給出一種答案。然而，這唯一的角色或許連毛自己也無法持久地扮演。當他訴諸文字，毛時而成為吟詠《蝶戀花》的懷舊的多情公子，時而成為題寫「仙人洞」來挑逗性伴侶的色情詩人，時而又成為破口大罵「不須放屁」的街頭潑皮。

可是，毛的領袖角色一旦佔據了歷史舞臺的中央，他扮演的其餘角色只能退到帷幕之後，經過又一番化裝方能出場。到頭來，毛自己也不得不僅僅存在於一連串的虛構裡不能自拔，正如他挪用過的種種或真或假的角色：雷鋒、愚公、白求恩、魯迅、林黛玉、林彪、周恩來……。

那麼，誰是被虛構的周恩來？和眾多的人一樣，一個最終心甘情願成為毛的虛構物的傀儡。這個二十年代殺人不眨眼的特務頭子和三十年代占山為王的紅軍頭目，在一九四九年後一次次扮演的卻是手持橄欖枝的睿智而溫和的使者。於是，他不得不扔掉幾十年前用以滿門抄斬革命同志的屠刀，他不得不強迫自己終生懺悔由於罷黜了毛澤東而導致潰敗於國軍的深重罪愆。他決定戴上面具，對毛俯首稱臣。但那個血腥的周恩來難道不是為了扮演歷史的角色才脫掉了留學東洋和西洋的學生裝的嗎？那麼，誰是真實的周恩來？

對於毛來說，那些在有限的範圍內企圖拒絕遭到虛構的人，比如，彭德懷、梁漱溟、胡風……，是必然要從真實歷史中驅逐出去的。不幸的是，由於歷史權力遭到剝奪，他們被更有效地虛構成一個神話歷史中的妖魔，正如地下的魯迅無法逃脫被虛構成英雄的命運一樣。魯迅，這個終其一生的孤獨鬥士，還沒有活到被共產黨絞殺的年月就適時地撤出了生命，而其好戰的性情卻受到毛澤東激賞，以導引大眾去同共產黨朝廷裡的政敵作戰。從此，被虛構的魯迅成為他所蔑視的愚民的出色代表，通過剿滅離心的臣子侍奉了最大的暴君。

但是，魯迅難道沒有致信歡呼過紅軍逃亡的成功？魯迅難道不是像毛澤東或他自己筆下的「狂人」一樣，狐疑周圍的一切人，唯我獨是？胡風和彭德懷難道本身不就曾是共產黨的文武二將？梁漱溟難道沒有赴延安朝聖，隨後自願充當了毛氏王朝裡虛設的諫臣？他們真實的角色是誰？他們被誰虛構？

甚至鄧小平也只能充當歷史魔術師毛澤東的道具之一。毛一時高興，鄧欣然變成毛的馬前卒；毛一時惱怒，鄧立刻叩首再三，為了東山再起而悔過，而痛改前非，而信誓旦旦曰「永不翻案」。由此，變化多端日後竟成了鄧積習難改的脾性：他不但徹底翻案，還一邊翻案一邊虛構著毛的清白無辜；他不但拋棄了理想，還在一個導向墮落的社會裡虛構著烏托邦的秩序和美麗。他解除了無數政治囚徒的枷鎖；他把枷鎖套在渴求打碎更多枷鎖的人們身上。他打開了共產黨大陸塵封的國門；他關起門來屠

戮了哀求更多自由的青年。鄧的真正面目在哪裡？什麼是鄧時代的真正現實？

　　那些面目渾濁的人，那些圖影模糊的歷史，真相究竟如何才可以確認？由誰確認？能確認嗎？可見的僅僅是「假作真」，卻從不存在著所謂的「真亦假」：那個原初的「真」本來就已失去了純粹，那個原初的「真」早已是攪成一團亂麻的種種不同的「真」。被唯一的虛構掩蓋的無數可能的現實，在幾十年或者幾百年後，在一個回顧歷史的人的遐想中顯形，卻畢竟依稀難辨……

　　現實和虛構也許不再具有明確的界限。一座歷史聖殿轟然倒塌之後，留下的不是另一座聖殿，而是唯一的廢墟，在廢墟上仍然可見的虛擬的現實僅僅成為瓦礫，再也無法拼搭成另一個完整的、真實的現實。

　　有多少雙眼睛，穿越無邊的瓦礫，看見了這「白茫茫一片真乾淨」？

民族主義與極權話語

　　作為一種話語體系，民族主義在近現代中國從來就不是弱勢話語。它可能有時不是政治權力中心的話語，卻始終是作為強勢話語甚至主流話語出現的。一方面，在民族危機的時刻，比如在戊戌變法時期，國民黨建黨初期，在五四運動時期，在抗日戰爭時期，它是廣大民眾的救國救民的口號；另一方面，它一直淪為民族國家極權統治的精神基礎，在這一方面，蔣氏的國民黨政權同毛氏的共產黨政權實際上並沒有太大的區別，儘管「民族主義」這個詞本身可能並不成為綱領。

　　但是，中國大陸近年來的民族主義思潮幾乎被認為是以一種同極權主流話語相異的面貌，甚至在某種程度上是同當前主流話語對立的形態出現的。但細察之下，我們可以發現，民族主義話語已經成為極權話語的在新的社會形態下的一種合乎邏輯的延伸，成為極權主義／後極權主義話語的隱秘同謀。事實上，從中國共產黨的歷史來看，民族主義也曾經以各種不同形態出現，但這些形態導向了政治權力的一元化和中心化。本文試圖從對極權話語的探討開始，解析當今民族主義思潮的潛在危險。

從愛國主義到極權主義

　　在中國的文化傳統中，民族主義話語始終同「忠君事國」的觀念聯繫在一起，從屈原到杜甫，從岳飛到文天祥，從蘇武到鄭成功，無不體現了這一事實。這些古人的傳奇，大多原先屬於用以維護皇朝的統治者話語，後來仍然作為正面範本保留在共產黨話語體系中。當然，這絕不可能是用民族主義話語來瓦解共產黨話語：恰恰相反，它們仍然作為中央集權

話語的一部分參與改造了馬克思的共產主義理論，從而鞏固了共產黨話語的霸權性統治。

　　共產主義，一種歐洲舶來品的政治理念，按理說似乎很難受到民族主義傳統深厚的中國民眾的青睞。共產主義的理想是消滅民族國家，工人階級是沒有祖國的階級，這些觀念顯然至今都是中國大陸的共產主義教科書不願深入探討甚至刻意規避的話題。然而，當1917年俄國通過共產黨革命建立了一個專制的國家政權，共產主義同民族主義的聯合及時地觸動了在挫折中徘徊的中國革命者：一種在理論上試圖消滅民族性的共產主義反而使他們看到了拯救本民族的希望。而這裡，俄國革命的策劃者列寧對國家機器的強調又潛在地契合了毛澤東晚年所崇尚的先秦法家的思想：只有建立起專制的政權才能復興一個垂死的民族。因此，在中國共產黨從封建帝國繼承來的統治學辭典裡，一個最具魔力的秘密是，「民族」和「國家」成為同義詞，繼而又和「政權」成為同義詞。而這些詞的中心意義就是總體化。

　　這恐怕的確是所謂「馬克思主義普遍真理和中國革命具體實踐相結合」的真正意義。不過，在這裡，「真理」並沒有證明它的普遍性，相反，它陷入了實踐（或利用）的迷宮裡。實踐的需求使共產主義變成民族專制主義的代名詞。在1949年後的共產黨的話語體系裡，民族主義當然是用愛國主義來替代的，雖然二者之間並沒有什麼太大的差異，但民族主義畢竟容易使人誤解為大漢族主義，並聯想起納粹主義，即國家社會主義。

　　這樣的聯想卻無法避免。任何一種以國家為本體的極權制度都必須以民族主義的意識形態來維繫國民的「同質性」。所謂同質性，就是消滅了個體特徵的單個元素不再具備任何特殊性，這也是為什麼與此相關，在中國共產黨掌握政權後，「集體主義」成為又一個通過身分認同來聚合民眾的意識形態概念。集體中的個體是以「螺絲釘」為標準的。而民族主義的最高目標之一也無非是把個體同質化為民族的元素，成為民族這個抽象概念的工具：在個人與民族之間，個人必須時時犧牲自己來維持民族性的一切方面，甚至無視它可能施行的不義和邪惡。只要提起「中華民族」這

個詞，似乎任何具體的個人都是「一分子」，不再具有差異性和獨立性。從這個意義上說，如果共產主義是終極階段的集體主義，民族主義則可以看做是它的一個雛形，或者說，「初級階段」。二者的矛盾竟然如此簡單地獲得了解決。

這樣，民族主義就順理成章地成為當今中國的意識形態基礎，正如它成為納粹主義的意識形態基礎那樣。唯一不同的是，中國共產黨的民族主義沒有像納粹主義煽動雅利安民族來迫害猶太民族那樣，將漢族視為排斥其他民族的力量，而是通過強調民族大家庭，通過肯定一種多民族的民族主義，確立了中央集權的統治。這種民族主義的排他性基本上是由代表多民族國家的政權和黨的霸權性來體現的。值得注意的是，在當今中國，漢族以外的少數民族永遠無法在文化上佔據和漢民族同等的地位，而始終處於陪襯的、裝飾性的、展覽式的境遇之中。而境外民族的文化，則更必須始終在加以防範的條件下予以有限的利用。所謂霸權性，就是指通過各種方式壓制各個具體民族的文化來建立起極權的國家統治。對於當今政權而言，民族的概念必須置於國家的概念之下，強調民族性必須導向整體的國家統治之下的中華民族。

一個最通俗而明顯的例子就是一年一度的中央電視臺的春節聯歡會。在春節聯歡會上，少數民族載歌載舞的節目是不可或缺的。同樣不可或缺的，是這些節目內容對民族大家庭的刻意強調，這往往通過不同民族彙集形成的集體喜慶場面來達到。從根本的意義上說，這樣的集體喜慶完全淹沒了作為個體民族的獨特地位，每一個一閃而過的民族都只能作為「少數民族」這一抽象概念的符號，這一符號當然絕不代表任何一個具體民族，而僅僅代表了中國民族大家庭的抽象成員。這種抽象話語於是消滅了民族差異本身，那些服裝的的奇詭和舞姿的特異最終達到的是一種「無名」的境遇，又一次以「同質性」的狀態成為一元化民族國家的點綴。作為一種以民間文化為外觀的官方文化代表，春節聯歡會通過這樣的喜慶場面要表達的正是這個一元化民族國家的合法性和親切感，從而確立了那個政權和黨的霸權地位。

　　同納粹主義的民族主義所相似的另一點，則是中國極權話語中「人民」這一概念的至高無上。對於納粹主義來說，「人民」不但是民族純粹性的體現，而且是整體性、團結性的體現。同樣，在極權話語裡，「人民」（有時候稱為「全國人民」）扮演了一個代表了民族整體的形象，這個形象滅絕了具體的、活生生的個人，它的聲音僭越了所有真實的個人的聲音，成為民族國家的符號。在民族主義的話語裡，個人永遠是隱匿的、不存在的：民族主義無疑是一種總體性的話語。

　　在毛時代，儘管民族主義不是主流話語的中心概念，它無疑是潛在的話語基礎。民族國家始終是最高的價值標竿。特別是在文革時期，為了最大限度地實行中央集權，民族主義採取了極端的形式：封閉式的國家組織拒斥著外來民族的滲透，中華民族被虛擬地置於世界中心的位置，用空想憐憫著「人類三分之二人口」的悲慘命運。

施琅與民族主義的終極悖論

　　三十七集的電視劇《施琅大將軍》終於在中國中央電視臺落幕了。在故事開場時還在問「施琅是誰？」的中國大陸觀眾們也終於在他們一生所背誦的愛國主義英雄名單上添加上了又一個可疑的名字。那麼，就讓我們來大聲念出：「蘇武、岳飛、文天祥、戚繼光、鄭成功、施琅、史可法、夏完淳……」不用說，在施琅的名字被添加之前，這個名單儘管武斷排外，卻依舊保持著單純自足的邏輯。這個邏輯便是：一切代表或保衛漢族利益的歷史人物都被稱為愛國英雄。

　　由此看來，這個名單自古以來一直將施琅蓄意遺漏，的確是明智的選擇。然而，現實的需要卻使施琅被傀儡般地送上了舞臺，被迫不及待地擺佈成威震台灣的英雄形象，似乎一旦獲得了國家統一功臣的殊榮，他就能夠躋身於中華民族的英烈祠堂。但施琅所吞併的，卻畢竟長久以來被公認為代表了中華民族之正宗的明王朝。更何況，施琅吞併台灣的欲望甚至逃脫不了卑劣的「公報私仇」的嫌疑。

　　電視劇《施琅大將軍》的影射意圖過於明顯，以至於我們不禁要問：在當今兩岸關係的語境下，到底誰是鄭成功，誰是施琅？也就是說，如果施琅可以代表矢志收復台灣的大陸中國，那麼是否鄭成功就代表了必將被擊潰的台灣？如果施琅所代表的滿清帝國可以用來比作半個多世紀前一統天下的中華人民共和國，那麼是否鄭成功所代表的大明王朝就可以比作在大陸被推翻的，但仍在台灣倖存的中華民國？從中華民國到中華人民共和國的時代變遷，難道不就建立在從明朝到清朝的皇朝更替的歷史邏輯上了嗎？顯然，這種「與時俱進」的實用性愛國主義邏輯已經不經意地

攪亂了正統的民族主義邏輯，使中國的民族主義理論陷入了難以自拔的泥潭。

　　因此，具有諷刺意味的是，施琅對中華歷史愛國者名單的加入不但未能使民族主義產生更強大的凝聚力，反而使得這種用愛國英雄名單串聯起來的民族主義歷史敘事陡生荒謬感。可以說，施琅大將軍對二十一世紀的最大的貢獻不是激勵起民族的戰鬥信念，而是讓我們清楚地看到了民族主義話語的內在矛盾和終極悖論：愛國和賣國往往是互為因果，互為補充的。這種荒謬感當然也來自電視劇策劃者陳明對此的自我辯解：他把創作的初衷說成「要找的不是理念而是故事」，「覺得有料」，就匆匆地把商業欲望嫁接到了一個主流的愛國主義敘事上了。他可以不知道任何一種敘事都包含了內在的理念模式，他也可以沒有明確意識到是利用了某種愛國主義理念出售了他「有料」的故事，然而，用一種復仇的暴力故事來書寫民族主義，其起因是要崇尚自以為正義的武力，其結果卻是無法收拾的尷尬。

　　作為本尼迪克特・安德森所稱的「想像的社團」[1]，華夏各民族或許只有擺脫對於族群和版圖的種種狹隘、本質化的固執理解，從文化的角度來反思民族的內在矛盾和動力，才能避免遭遇各種無法自圓其說的境遇：也就是說，承認悖論才是可能超越悖論的前提。

2006

---

[1]　編者注：臺灣譯作《想像的共同體》（吳叡人譯，時報出版，1999年初版，2010年新版）。

假想的與真實的奧林匹克革命運動

　　儘管北京申辦2000年奧運的祭禮終於落幕，這場祭禮的目的，即利用奧運精神來偷運愚民政治、利用愛國熱忱來鞏固極權統治的企圖，卻不見得一無所獲。權力中心似乎已經通過這場自上而下的「體育大革命」（相應於多年前更為壯觀的文化大革命），重新喚起了國民對它的認同，從而義無反顧地投身到黨中央所部署的一切有利於統治的事業中去。我們只要看一看那些被組織起來扛到長城上去的奧運旗幟和五星紅旗，只要看一看那些因為公開反對北京舉辦奧運而鋃鐺入獄的人們，就一定不會把這場被組織和煽動起來的群眾運動錯認為自發的愛國熱潮，正如我們不再會把文化大革命錯認為自發的造反運動一樣。的確，讓奧林匹克體育運動變成一場政治性的「革命運動」並不過於出人意料：無論如何，通過申辦奧運的努力，黨中央使愛國主義再度成為意識形態的關鍵主題，在這個主題下，一切同黨的利益或方針相左的意見都必須遭到排斥，因為通過政治無意識中對概念的偷換，黨早就成為國家和民族的代表。在這裡需要指出的是，極權主義的邏輯總是漏洞百出的，但它也總是能夠通過一種訴諸無意識的魔法獲得統治的有效性。於是，解析在申辦奧運背後的政治意向必然是對這種邏輯的瓦解，對它的文化功能的除幻。

國際主義還是民族主義還是專制主義

　　支持北京舉辦奧運的改革派人士提出，一場國際化的活動將促使一個曾經閉關鎖國的民族更迅速地走向世界。但是很明顯，在整個申辦奧運的過程中，無論對於官方還是官方控制下的民間，主導動機始終是「愛國主義」，而不是進行異種文化對話的設想。而所謂開放的機會，大概只不

過是對吸引更多外資的一種委婉說法罷了。在政治意識形態上，奧運一事恰恰只加強了民族自身的關注——中國能不能辦奧運？——這已經再也清楚不過了。

　　這裡我還必須再度舉出納粹德國的例子，因為1936年的柏林奧運完全證明了奧運能夠在極權政制下被一種民族主義——納粹版本的愛國主義——的意識形態所利用。通過那次奧運，納粹德國企圖炫耀給世界它的強盛和繁榮，不是為了與世界各民族交流或和平共處，而是為了反過來增強德意志民族的自信，增強它自身及他人對其民族優越性的確認——這當然是納粹主義「人民（Volk）意識形態」的關鍵部分——從而在感性上增強對納粹統治的合理性的確認。的確，外國的遊客們目睹了第三帝國的首都的輝煌，運動員的孔武，以及最重要的，整個德意志民族的積極、奮發的面貌。同時，他們也看到了德國人民對領袖（Führer）的衷心擁護和愛戴，看到了在奧運會場上高呼「Heil Hitler！」時的群情振奮。我們可以確信，這些都是當局不難做到的。就連納粹在奧運前開始暫停反猶宣傳以取悅國際輿論的行徑，當局也以趕在投票表決前提前釋放魏京生的拙劣表演模仿到了。我們同樣可以確信，如果北京沒有落選，中國的政治奧運絕不會遜納粹一籌，無疑會青出於藍勝於藍，因為這正是炫耀改革開放成果、炫耀中央政策及統治有效性的極好機會。（事實上，我們已經在數年前的北京亞運上看到了。）但是不管怎樣，柏林奧運的成功並不能在歷史上真正掩蓋或減弱納粹統治的邪惡性，因為所有外觀的華麗或秩序都是這種邪惡的一部分，正是謊言政治和強權政治的具體體現（而不僅僅是幌子）。

　　這個結論當然同樣也適合於那個曾經集體假想過的西元二千年的北京奧運。因為從根本上說，北京有能力舉辦奧運這個（虛擬）事實就將足以向世人證明中國——當然是共產黨領導的中國——的超級強盛了。這無疑將是對共產黨統治合法性的一劑強心針。從另一個方面說，正由於中國的強盛是國人的共同願望，這種願望才被納入僅有的軌道上來協助共產黨政權的長治久安。不但如此，從這個出發點開始，「奧運」已經並將繼續（如果不曾落選的話）成為共產黨一切專制政策的表面準則，正如「四

化」或「改革開放」一樣，具有意識形態的特有的規定性，從而能夠保證專制體系的正常運行。天朝政治與納粹政治的差異似乎在於前者並無民族擴張的企圖，對於國家來說，在現有的版圖上建立起一體化的秩序恐怕是目前最迫切的任務。因此，和柏林奧運一樣，假想的北京奧運也將在淋漓盡致地發揮民族強盛的主題的同時將政治專制作為這種強盛的根本基礎。柏林奧運所弘揚的民族精神當然同屠殺猶太人的意識形態基礎直接相關。假想的北京奧運的愛國主義傾向顯然並沒有威脅其他民族的任何潛在企圖，但它無疑暗示著對本民族內一切「異己」或「離心」力量的鏟平。黨的教義告訴我們：在愛國主義的旗幟下，個人必須作為（由黨來代表其利益的）民族的一個部件參與到宏大的歷史機器的運作中去。在申辦北京奧運的過程中我們已經看到了這種中央集權下的畸形運作，因為不但所有個人的血汗都可以徵用到被指派的奧運任務上去（亞運時的情形也完全能夠說明問題），任何與申辦奧運的口號抵觸的聲音都受到了專制機器無情的鎮壓。愛國主義於是具體化到日常生活的一切同奧運直接或間接有關的方面，從而禁止了任何同主辦這個活動的政權及其制度相抵牾的因素。由此，我們可以斷定，問題並不僅僅在於華麗與秩序的北京將是對甘肅或青海的一種掩蓋或諷刺，而在於這種華麗與秩序本身就是專制的代名詞（正如在目前，改革開放已經成為專制的代名詞一樣）。奧運於是成為一種宏大的話語座標，用以確定和檢測個人言說和行為的規範性。不過，「奧運」中的意識形態的灌輸絕不是如此理性、冰冷，它首先是訴諸感性的，一種同真正的個人感性相對立的虛假的集體感性。

在《民主中國》第12期上的關於巴賽隆納奧運的對話〈愛國者遊戲〉中，大家都不約而同地談到了奧運對民族意識的煽情作用。照蘇煒的說法，大家都「出奇地成為執政者精心塑造的『祖國話語』裡的一個尷尬的分子。」不過，對這種尷尬性的認識，當然不是北京當政者所希望的，而是知識份子獨立的價值觀同共產黨所一貫灌輸的愚民化的價值觀之間的激烈衝突的結果。共產黨企圖通過每一次國際性運動會所喚起的卻無非是一種單純的民族認同感——這種認同感將在很大程度上不得不維繫於勝利

儀式上的國旗和國歌──從而進一步使民族的每一分子認同於國旗和國歌所象徵的那個政權。在這樣的時刻，似乎只有對自身尷尬的應有敏銳才有可能避免真正落入「愛國主義」的圈套內，只有深入地挖掘專制政治的藝術技巧才能保持對極權主義意識形態複雜性的足夠警惕。

從政治美學到體育美學

　　極權主義政治的藝術性是不言而喻的，它絕不僅僅維繫在屠刀和監獄的基座上。班雅明在半個世紀前論述法西斯主義的時候指出：「法西斯主義的邏輯結果是將美學引入政治生活。……共產主義則以將藝術政治化來對抗。」（《啟示》241-242頁）他顯然沒有預料到，共產主義，至少是制度化、政權化了的共產主義，不但把「藝術政治化」最終變成意識形態灌輸的重要手段，而且也將同法西斯主義一樣，把「政治美學化」作為統治的基本策略。政治美學化的含義在於：對於極權制度來說，政治操作同感性的召喚已經不可分割，然而這種感性化又完全不是對欲望的真實滿足，而是把欲望疏導到集體性的昇華中去。共產黨的儀式美學對於經過文化大革命的一代人來說並不是生疏的。從某種程度上說，文革的體制正是建立在儀式的基點上的，群眾的日常生活混合著高度的政治化和高度的儀式化、美學化。比如在文革高峰時期，開會必起立齊唱《東方紅》，然後齊誦《毛主席語錄》，閉會必唱《大海航行靠舵手》。「早請示，晚彙報」也是一例。這種集體儀式成為當時大眾操縱的極端的文化形式。在這樣的儀式中，對毛的「熱愛」絕不是生理慾望的結果，而是受到意識形態作用而昇華了的盲目的集體狂躁。極權主義的美學當然不是啟蒙的美學，而只能成為儀式的美學，這種儀式於是成為極權的政治技藝，因為儀式所要求的參與是盲目的甚至蒙昧的，是摒除個體意識和自我意識的。

　　任何一場運動會的儀式性都是不言而喻的，它絕不僅僅是後院裡的一次隨意的嬉鬧，更不用說是全球性的體育盛會。從「聖火」的點燃到傳遞，從開幕式到閉幕式的大型表演，從升旗、奏國歌到授獎牌，儀式成為運動會的精神結構，支援著肉體比賽這個略帶粗俗、機械的內涵。這種對

於儀式的依賴的確是共產黨的專制體制亟需借助的。尤其是一種似乎沒有意識形態的世俗的儀式（而不是同共產主義意識形態相衝突的宗教或其他神秘儀式），又是一種極大程度上強調集體性紀律的儀式，幾乎可以完美地代替令人厭倦的極權教義來展示消滅了個體自主意識後的盛大節日。我們經常可以看到北朝鮮把團體操這種形式發展到了極致：一種用看不清任何個人的人群編織的無瑕的圖案襯托著主席臺上微笑的領袖，這種完滿、這種至美充斥著恐怖。團體操當然是運動會儀式的結晶，可以展示為極權政治的隱喻。於是一個極權體制舉辦運動會的首要效應就是將團體操的美學灌輸到觀眾的內心，使集體性的原則通過這個世俗儀式感性地傳遞給每一個運動會的參與者。

　　國人在參與奧運的過程中，個人的情感將被減到最低點，唯一的宣洩是「民族情感」的宣洩。而儀式化的奧運也將是這類集體性宣洩的最合適的形式，尤其是在對中國運動員獲勝的渴望佔據了國人的首要關注點的情形下。顯然，在北京舉辦奧運將由於天時地利而產生人和，使中國運動員獲勝儀式的場面變得更多、更激動人心，也使所有民眾更不由自主地投入到每一次升國旗、奏國歌的儀式中去。在這個基礎上，作為一場盛大儀式的奧運恰恰能夠同國家的根本策略有效地結合起來。雖然奧運的儀式是脫離了共產黨意識形態的，但它卻絕不是同共產黨意識形態具有原則衝突的。相反，連奧運儀式所體現的各民族的和平、團結的口號都有可能被共產專制政權曲解為極權統治下的順民原則，以制約任何精神或行動的顛覆。事實上，這些口號在北京申辦奧運的過程中已經在不斷被利用了。並且，奧運儀式的喜氣洋洋、歌舞昇平幾乎可以同春節聯歡會相媲美：當然，一種西方式的更「先進」的集體儀式是改革開放時代所要求的，它足以能夠避免本土專制習俗的粗陋和「落後」。

　　總之，不僅奧運的機會可能給一個經濟上正在資本主義化的極權社會帶來暴利（本文對這一簡單的事實將不再涉及），不僅奧運的精神可能被轉變為民族或政體炫耀的景觀，奧運本身的形式就存在著同專制政治的美學混為一體的極大的內在危險。

發展體育運動，減低人民智商

假想的北京奧運還有可能成為對群眾體育活動的有效促進。因此，即使撇開運動會的美學／政治意味不談，體育運動本身似乎就已經一舉代替文藝而成為統治的有效工具。從共產黨初具規模開始，文藝就被當做最重要的意識形態傳聲筒。文藝的這種殊榮一直到文革中達到了高潮：樣板戲成為神聖的毛話語的形象化。文化的、藝術的教育固然能使群眾在潛移默化中成為意識形態的俘虜，但對文化藝術過多的投資卻由於無法在每一個細部進行控制而必然滋長了培養出異己份子的可能。統治者似乎逐漸明白，對文化藝術的過多的關注和討論似乎不可避免地要出現紕漏，引起反思，尤其當統治的意識形態的合理性連統治者自己也不無懷疑的時候。瞧一瞧那些動亂的精英們，原先不都是準備培養成御用文人的嗎？顯然，體育的投資卻絕對沒有上述的危險。穆鐵柱不可能把籃球當做「暴亂」的武器，馬家軍們也不可能成為遊行示威的馬前卒，而重要的是這些體育健將們幾乎不可能具有對專制體制的些微認知；甚至專業用腦的聶衛平的計謀也絕不威脅到黨中央的部署，相反，他對「平暴英雄」們的熱情鼓舞正可以使他的遊戲夥伴兼太上皇對他的政治智能產生絕對的信任。因此，作為本質上的遊戲，體育可以使人把「力必多」轉化到對統治的基礎完全無害而事實上也無關的事物上去，成為或體魄健壯、或身懷絕技而知性匱乏的良民。

英國作家安東尼‧伯吉司（Anthony Burgess）在他的《1985》一書中論述奧威爾的《1984》時指出，「黨所首要關心的並不是如何清除敵人，而是如何把他們轉變為優秀的公民。」如今，在良民的生產越來越困難的情形下，或是把欲望引入對財富的攫取中，或是用各種各樣但萬變不離其宗的手段把欲望疏導到對黨所代表的某種集體的認同行為中去，就成為一個專制政權所僅存的一些統治形式。但是，在疏導欲望的過程中，首要的教訓在於知性的因素必須降到最低點。而體育運動恰恰能夠滿足這種統治的需求：一種表面上擺脫了意識形態灌輸的人類活動形式，具有良好的出

發點（小到個人的健康、大到民族的對「東亞病夫」的決絕），而對於社會政治沒有任何理性上的涉及。然而，權力中心力圖通過奧運所喚起的體育熱情也同時是對個體感性的徹底消泯，而不是維護真正的感性。當政者現在夢寐以求的是體育能夠成為全民自覺的、自為的使命，因體育永遠不會引導到個人的感性愉悅上去，而只是滿足健身的需求，以便使人們在肉體上更加符合良民的條件。這正體現了傅柯所發現的身體與權力的奇妙關係：這個統治體系的權力存在可能也是很大程度上維繫在對身體的控制之上的。這裡的複雜性在於，這種控制不僅是限制、壓迫，它有時的確提供了一種表面的積極意義（健身），而在同時輸入了無形的、無法排斥的統攝功能。

體育不同於文藝的特色還在於它的紀律性、規則性、以及（在中國特有的）組織性。這些都同樣有助於鞏固一個已經難以用意識形態維持統治的社會。黨國絕對不會提倡一種隨意的、自由的遊戲。而體育的秩序性在於它首先是滲透在各單位、學校的組織中的。其次，體育運動所具有的對規則的絕對服從本身就是專制制度期望它的子民們無條件接受的，儘管統治者自己可以從不遵守任何規則。從這個意義上說，體育的風格同軍訓並無二致：訓練與鍛煉，無非都是讓你在受到控制的條件下磨去一切出軌的、對制度不利的欲望，排除一切訴諸知性的懷疑統治制度的妄想，從而盲目地、螺絲釘似的投身到這個制度所安排的事務中去。難怪連從這個制度「獲益非淺」的東方資產階級霍英東也絕不像傻冒的洛克菲勒那樣會用一分一毫來「愛國主義地」支助窮酸文人或藝術家，而寧可在世界冠軍面前一擲千金，加以許諾為奧運修建運動場，以便中國的體育精神和這個制度一起長盛不衰。

由此觀之，奧林匹克運動能夠促使共產黨發動又一次「革命運動」就毫不奇怪，因為假想的北京奧運處處都正在和將會為現存制度助一臂之力。

1993

奧運開幕式：暴力美學與幻象政治

　　以張藝謀為主創的奧運開幕盛典，可以說是在幻美的紗幕下，示範了當今中國主流美學與政治倫理的根本要義。令人最為折服的是，張導如此忠實地演繹著大陸中國國家意識形態的核心概念：「和諧」。「和諧社會」的欽定主題以漢字「和」的形態浮現在開幕式的整個樂章中，讓開幕盛典成為向五洲四海傳播黨的政策的歷史文化宣傳片。

　　然而，我們不會忘記，在各類隊陣一而再再而三地展示了「和」字之後，居然出現了四個舞刀弄槍的戲曲傀儡（電影《活著》裡葛優的拿手好戲再度出現了）。儘管舞臺上的刀槍並不見血，卻有意無意地暗示了「和」的表面之下隱秘的暴力美學。有趣的是，張藝謀在展示美輪美奐的暴力美學的同時也展示了這種美學的可操縱性；正如從數百上千個活字中鑽出來的哈哈大笑，幾乎是在用後設主義的小小伎倆告訴我們，那個不斷出現的「和」，無非是人為操縱的幻象或話語符號罷了，可以一笑置之。

　　不過，真正的暴力或許恰恰在於「和」本身。從他的電影《英雄》到《滿城盡帶黃金甲》，張藝謀已經多次展現了他集體布陣的深厚功力：個體的泯滅作為對於集體的無私獻祭，成為張藝謀美學的最鮮明特徵。「和」的陣局，可以說就是通過暴力地消滅了每一個具體的個體（不管是兩千零八個還是十三億個），清除了所有的「雜質」和「異類」，才贏得了羣體的壯美。

　　而幻象，當然也包括了漂亮丫頭林妙可的歌聲《歌唱祖國》——這清純的歌聲實際來自一位叫楊沛宜的七歲女孩。推論是，由於她的甜美可愛，林妙可更有資格來歌唱祖國。不過，如果對祖國的動情歌唱也可以作假，還有什麼不能作假呢？另一位主創陳其鋼精闢地告訴我們，國家

（State）利益高於真（Truth，真實或真理）：因此，上臺的女孩，表情必須完美無瑕，能把最好的感情傳遞給觀眾。不幸的是，「完美無瑕」和「最好的感情」無法共存。什麼是「最好的感情」？再仔細看一下林妙可在開幕式上對嘴形唱歌時的笑容，或許可以發現漂亮的笑容到底有多做作。不過，這個被稱作「微笑天使」的林妙可，已成為微笑的範本——可讓全中國或全球兒童作摹本的笑容和歌聲一樣不需要真，只需要模擬和運作。什麼是「完美無瑕」？笑，或者歌唱，或者國家形象，無非只是一種幻象，只要有一個「完美」的光鮮表面，正如開幕式上「和」的幻美，正如北京所意圖展示給世界的。那麼，所謂的「國家利益」，也許無非只能意指「國家形象」，甚至「國家幻象」。張藝謀最終自我解構了這個「和」的國家神話。

2008

影像批判

後攝影主義關鍵字

壞

只要有人在，就有壞。人在世界上創建的同時也亂弄了世界。後攝影的視景是被弄亂、弄壞的世界角落。

現成品（非原創）

後攝影是一種攝取。杜象和沃荷讓我們可以把一切現實中死去的變成藝術中鮮活的。

（廢品）

（勞申伯有一天非常生氣，因為他工作室裡的一件作品被清潔工當作廢品扔進了垃圾桶。）

反之，廢品的藝術性不言而喻。

蹤跡

蹤跡一詞來自德希達的概念trace。蹤跡：掩蓋不住的歷史。歷史總是從不經意的地方剝落出來。這些不慎留下來的蹤跡在語言和符號的世界裡是隱秘的，但它們始終存在。藏在背後的真實也總是在這個過程的縫隙中顯露它的痕跡。後攝影要捕捉的就是被規範的攝影語言所遺忘和排斥的蹤跡影像。

塗抹

塗抹來自德希達的另一個概念palimpsest（可以不斷擦拭重寫的羊皮紙）。塗抹：對歷史的刪改。被刪改的歷史不經意地露出更多印跡。歷史總是一種在擦拭、塗抹的過程中顯現出另樣的圖景。蹤跡的資訊無法徹底顯現出澄明的圖景。塗抹既消泯了蹤跡，又產生了更多的蹤跡。

命名（主義）

為什麼只有社會才可以主義？為什麼只有共產才可以主義？為什麼只有資本才可以主義？為什麼只有帝國才可以主義？為什麼只有現代才可以主義？為什麼只有現實才可以主義？為什麼只有象徵才可以主義？為什麼只有殖民才可以主義？主義的氾濫是二十世紀以來政治與文化的異象。那麼，就讓它更加氾濫吧。

命名（語氣詞、象聲詞）

我們的哀歎（唉），我們的喘息（吁），我們的驚訝（呀），我們的哭泣（嗚），我們的癡狂（嗷），我們的不屑（呸），我們的疑惑（咦），我們的無奈（呃），我們的手勢（啪、嗒），我們的唇舌（噗、咻）……所有這些關乎我們情感和肉體的，不是更值得一種主義的理念去張揚嗎？但語氣是不可規範的，正如我們的肉身。

命名（後傷口）

傷口是肉體的壞。壞了之後的肉體，便成為現代藝術意義上的肉體。

命名（後廢墟）

廢墟是現實世界的壞。壞了之後的現實世界，便是現代藝術最常見的主題。班雅明的天使，就是從歷史的廢墟上積聚了碎片殘屑，然後展翅飛起的。

抽象／具象？

不管是蒙德里安的抽象方塊和線條，還是梵谷的具象向日葵或星空，說到底，都是物質的顏料。貌似抽象藝術的後攝影，面對的其實也是具體的牆面、門面、護欄上所留下的具體的刮痕、油漆、粉刷⋯⋯或天曉得什麼東西——但正是這些物質性的存在構成了後攝影的對象。後攝影捕捉的是客觀的物質，不是主觀的意念。不過，正是具體的物質，顯現出抽象的容貌。

隨意

後攝影不攝取有意的藝術行為。只有不經意的、隨機留下的痕跡才是後攝影的對象。蹤跡既是偶然，也是湮沒。

無風格

但殘破也可以是一種風格。

上帝有風格嗎？猴子和魚和孔雀，能是同一種風格嗎？但有機也可以是一種風格。

他者

符號世界的裂隙便是他者的裂隙。那麼，如果把他者的遺留物看作是排泄物，看作是不可觸碰的黑暗之心呢？昔人已去，此地空餘。

遊戲

後攝影沒有目的。也可以說，後攝影是一種無意義的玩耍。

馬克思的理想在這裡終於實現了：勞動不再是生產，而是⋯⋯。

懶藝術（或拾荒）

既然已經有人把它做好又棄置了，我又何必在畫布上費勁呢？

攝取不算是竊取。後攝影師只是拾荒者而已。

主體

誰是後攝影的主體？假如欲望主體執行的是他者的欲望（拉岡），後攝影的主體性也就意味著對他者欲望形態的完成。如果說後攝影有其筆墨氣韻，那正烙印了他者的身體欲望表達。

業餘

當然，我不懂技法，我沒有高檔設備，我甚至用的是傻瓜相機。業餘的設備和技法與拍攝對象的廢棄感、隨意感是相應的。

在我看來，業餘的布希亞（Jean Baudrillard）真正揭示了物質世界的抽象意味。攝影意義上的業餘體現出美學意義上的專業。

日常

後攝影不崇尚日常。後攝影捕捉的是在日常的視像語言元素裡所潛在的前衛性。它從根本上是反日常的，是日常掩蓋了生活的奇異。從這個意義上，後攝影也可以說是一種「去蔽」（aletheia）。

底層（群眾藝術？工農兵藝術？）

後攝影不具備道德感。它不替底層發聲。後攝影只是常常將底層人士的行為結果作為藝術保留下來：工地民工的塗料，修車匠的噴漆，清潔人員的粉刷，流浪少年的鑿痕……。

人蹟 vs. 神蹟

後攝影的對象不是神留下的痕跡──比如山水，比如花草，比如人類。

後攝影的對象不是人，而是人留下的痕跡。

人消隱了，但沒有消失。人通過他的勞動成果而存在。

新與舊，美與醜

（當人們紛紛注目美侖美奐的大廈時，我把照相機對準工地護欄上鏽蝕的刮痕、尖利的凹痕、胡亂的刷痕、濺起的水泥屑、被擦落的油漆……。）

歷史感

後攝影的視像凝結了一段歷史：你也許不知道它在何時形成，是誰留下的痕跡，以何種方式弄壞成這樣；但你隱約可以感受到它形成（甚至不斷、連續形成）的歷史，它從好到壞（而不是從無到有）的變遷。因此，後攝影是一種蒼老的藝術，它不是記敘世界的毀滅，而是記敘世界的敗落。後攝影僅僅想表達：斑駁不只是神的手畫出的。人也無時不在畫出各種斑駁。

2010

後攝影主義：蹤跡與塗抹

吳亮（簡稱「吳」）VS. 楊小濱（簡稱「楊」）

吳：我先提問題。假如這些照片沒有署名，假如我在某本畫冊中看到這些
照片，我想我的感覺可能認為這是某一個抽象藝術家突然把自己的照
相機鏡頭對著類似他以前在平面上所做的東西，通過一個現成攝取圖
像的方式在街頭、在某一個牆壁前、大鐵門上，在諸如此類的事物前
面，通過影視成像的方式把它呈現出來。很不幸，我已經知道這是楊
小濱弄的，而且你一開始就給它們命名，這個命名很明顯帶有一種後
現代的特徵。

楊：我一開始叫「蹤跡與塗抹」。

吳：你這裡面沒有什麼塗抹。

楊：有的。

吳：你這裡面有些人在牆壁上塗些油漆，然後油漆剝落了，一些缺損，一
些記號，有些是自然的痕跡，有些劃痕，很多，看材質的不同，鐵皮
的或者水泥的，一些覆蓋，一些裸露。不管怎麼說，它留下一些痕
跡，在我們所經過的空間裡面，你留意到這些，隨身帶著照相機，把
它們拍下來。我想你可能是這樣。

楊：說到題目，這個題目的出現跟你有關。因為最開始我把圖片貼在陳村
主持的「小眾菜園」論壇的時候，你在跟帖裡講，要有一個自己的說
法，我想既然是吳亮兄的建議當然是非常關鍵的，我想了想，很容易
就可以跟某些理論有關，所以叫做「蹤跡與塗抹」應該很恰當。現在
我又加了一個有點諧謔性的題目，叫「後攝影主義」，這個其實沒有

什麼特別的意思，開個玩笑而已。但是我覺得「蹤跡與塗抹」是有意思的，尤其是塗抹，其實是有很多塗抹的，比如有一批是在上海的街頭看到……因為經常牆上有「辦證」（辦證）的字樣和電話號，然後有人會把它塗掉，但是這後面又隱隱約約出現那個電話號碼，這個就比較有意思，而且有的是塗了兩層或更多，就是塗掉以後又有人寫上去，然後又被塗一次，等於有不同的原作者，非常繁複，不僅僅是一個作者。首先是這個寫辦證的人，然後是城管人員或者什麼人，甚至多次反覆，最後再由我把它拍下來。

吳：這裡有個整頓市容辦公室。

楊：很多理論裝在腦子裡就會有聯想，就會想起德希達講的palimpsest，講的是在羊皮紙上寫字。古代人在羊皮紙上寫字之後，再要寫就會把羊皮紙上的字擦掉以後再寫。德希達的意思就是說你再寫的時候，過去的痕跡還隱約留有印跡。比如你在說一句話的時候，你這話是帶著以前記憶的一些痕跡在裡面，你用的詞語、句法、甚至觀念，也是前人用過的。他這個哲學概念是很廣的，運用在視覺藝術上就更接近，也就是塗抹以後又隱約顯出後面原來沒擦乾淨的東西。所以蹤跡會不停地在一些不經意的地方顯露出，我拍的正好是這樣的東西。所以其實我在拍的時候並沒有一個理論先行的觀念，但是既然吳亮老師指點說應當用理論來界定它的話，正好又回過頭來看，好像跟那個是吻合的。

吳：我記得你好像貼過一些照片，就是在中國的一些地方拍的一些奇怪的招貼與標語。

楊：那是另外一批，另外一個系列。

吳：我知道，但我是先看你那個，先看那個感覺就很明顯了，它是娛樂式的，通過記號塗抹、塗寫，在中國發生一些變化，很有意思，有非常豐富的社會資訊在裡面。

楊：也有我自己改寫的。比如上海地鐵站有一個「跳下站臺，進入隧道」，然後隔了很大的空白之後才看見有「危險」二字。我就把前面的部分

拍下來了，看上去就很奇怪，好像是要你跳進軌道，這應該是我自己的一個再符號化的過程。

吳：我前面看的是你那一批沿途採風式的東西，你時不時會貼一點。後來你又突然出現這一批的照片，我好像說過，我說有點像塔皮埃斯，我想你肯定也不會太陌生，對這樣一些西方的一些利用現成的圖像一些綜合材料做些平面、肌理、記號，這些很多了，像塗鴉什麼的。

楊：這個可以說由於有了杜象、有了安迪‧沃荷那種現成品（ready-made）的概念，才會促使我有這個勇氣去做這個，如果沒有這樣一種概念說可以用別人的東西來作成自己的藝術品的話，自然不可能出現我這批作品。

吳：我一開始就知道是這樣的，我會想到你是一個戲擬，比如說，你是針對美術史的，我覺得你倒沒有針對一個現實，如果說針對現實的話，你前面那些東西更像是針對現實的。而這些，你是針對美術史的。就是說，美術史把那些大師們吹得那麼高，比方講塔皮埃斯是很經典的，西方很多藝術大師都做這個，肌理、厚薄、粗細，中間有些無意識，有些偶然性，特別像波洛克那些，就說只要用一種特殊方式把一種材料放在一個平面上，或改變了一個平面，產生一種效果、一種質感，特別是因為有了畫冊，就是通過攝影把這些材料作品變成照片。我們現在看到的好多都是畫冊，比方舉個例子：杜象，或者波伊斯，原作是沒法看的，我們要讀它完全是個語境的問題，要具備一定的知識，哪怕是傳奇、傳說、傳聞，它們共同產生一種新的靈量，這個靈量就是說藝術家已經被神秘化，偶像化了，這是一個。另外一個是圖片所顯示的意味，形式感要比原作更強，使它平面化。很多波伊斯的作品，拍成照片很漂亮，比如就是一個架子，上面有好多油漆罐，或者有許多現成品，一堆垃圾，但是我們知道，一張拍垃圾的照片是可以成為藝術品的，但現成的垃圾——當然也有人把它當藝術品來看，絕大多數人都能接受一張垃圾的照片，但不能接受一堆真實的垃圾，因為它會發臭會黴爛，它保存都成問題，人們都會捂著鼻子，可是一

張拍垃圾的照片，拍一片廢墟啊，都能成為一張非常漂亮的照片，就像死的魚，畫成畫都行，像以前那個庫爾貝的畫，畫死了的魚，魚都發臭了，還有塞尚畫蘋果，人家說蘋果都爛了，但我們聞不到臭味，它變成一個作品了，它已經有了這種平面感。你是一個先有理論再做作品的人，你在按快門的一瞬間你是覺得好玩，你不假思索，但你肯定有理論在裡面的。我不是強加你，由於你的身份，你來做這個事情，肯定是後現代主義的，你非常熟悉它們，我不能不想到這種理論對你是有影響的，或者說，它解放了你──就像你說你膽子很大，就因為有這種理論做依託來支持你。所以說我覺得你這些作品等於是回過來在藝術史當中和它做一種調侃性的對話，就是說我就隨便拍，這些東西是不是藝術品，都無所謂，它們到處都有，俯拾皆是，只要你留意，只要你拍，只要你有一架拍立得，你就能把它記錄下來，然後就把它變成……果然是藝術品，果然非常好看，放到一個適合的尺度，放到一個合適的相框裡面，簽上名，就是藝術品。我就是獲得這種感覺，它印證了一種說法，這說法其實也已經不新了，一個很陳舊的觀點了，就是說，藝術和非藝術的界限已經沒有了。還有你的身份，也很重要，比如我們問，一個不是藝術家的人拿一個可口可樂罐頭放在某個地方，是藝術嗎？人家仍然不會認為是藝術，還非得要安迪・沃荷這麼做才是藝術。那麼你再問，怎麼才能從非藝術家變為藝術家呢？我們查一查藝術史，特別是近現代以來，許多牛逼大明星出身不是畫畫的或學建築的，庫哈斯，包括前面說到的波洛克，開始都不是，但他們持續做，他就獲得藝術家身份了。歸根結底還是一個身份和話語製造的問題。

楊：你講的這些，有意思的話題太多了，我簡直不知道該接你哪條線索來繼續談。

吳：如果要談到你的作品的話，我覺得它們是一系列非常有趣的有意思的一些鏡頭片段……按照帕索里尼曾經說過的，人生就是個無限的鏡頭，人一睜開眼睛就是一個鏡頭，無窮無盡的鏡頭。這是個形象的比

喻，他是把電影理解為鏡頭。我們說電影是從無窮的鏡頭當中摘出的一些鏡頭，通過剪輯的方式。他說人生就是一個鏡頭的不斷的延續，最後臨到死亡使你覺得這部電影要終結了，他就把眼睛變成了鏡頭，每一部電影最後出現一個「終」字，它是個死亡符號，告訴你一切都結束了。用一個電影鏡頭來取代人的眼睛，來拍一個開放性的，全部的……不管是你擺拍還是拍紀錄片，無所謂，這不影響它的本質，就是把那些圖像攝入鏡頭，然後通過剪輯方式加上一個終結符號變成一個完整的單元。我覺得你的做法有點類似，本質一樣，你在你的日常當中，或者有意無意地隨手拍一些東西，然後通過你房間裡的電腦上，通過組合、剪接，串起來，然後把它做成一個展覽，這個展覽就是你的一個個人語言，鏡頭的一個選擇。

楊：鏡頭的捕捉其實蠻重要的，昨天我去地鐵看到一個「今日本站有效」，把這個「今」字去掉以後，就成了「日本站有效」，所以這個鏡頭的捕捉它是一個……

吳：那就是你的一個玩笑，一個小小的惡作劇。

楊：所以我覺得還是這個鏡頭它到底捕捉哪一片現實。一開始，上苑藝術館的程小蓓，也是看了我的博客說：這是你的畫嗎？我不知道你也畫畫啊。她覺得是畫。然後我當然告訴她這不是我畫的，是我竊取的別人的畫。

吳：你拍的照片放多大？

楊：現在放到45×60。

吳：不是很大。顆粒什麼的受影響嗎？就是清晰度什麼的，效果怎麼樣？

楊：個別的晚上拍的會有影響，但是你可以把它解釋成像點彩派的效果一樣。你可以看到裡面的一些色粒。基本上如果是白天拍的都還細膩。

吳：就是整個肌理還是很清楚。

楊：對，還是幸虧陳村建議買一個畫素大一點的相機，我用的是800萬畫素，買的時候是小型的裡面畫素最高的。開始拍的有些很不錯，但畫素太低，只好割愛。

吳：你肯定有很多不滿意的，就刪掉了。你覺得滿意的，可以保存下來的，
　　有多少？

楊：我選得比較嚴格，現在展的是二十張，我再弄的話大概也就三四十
　　張，不會很多。因為有些比較相似，太類似的，我當然就選出一張就
　　夠了。

吳：我相信你選擇的標準都是在你拍攝以前就有框架，我們可能大都有點
　　圖像共識，因為我們看過太多這種圖像，你會按照這種標準，抽象藝
　　術的美學標準，它是說不清楚的，但是我們的經驗會告訴我們這幅畫
　　ok，那幅畫就不要了。

楊：所以這個到底是經驗還是理論，可以細想。因為你剛才講我是從理論
　　出發的，只是我自己還沒有意識到，也許是我的潛意識裡面也會怎麼
　　樣去潛移默化地左右自己的經驗去取捨，但是確實沒有先有一個抽象
　　的想法說我應該這樣做我才去這樣做，而是就是看到了……很多年前
　　坐公車的時候看到一些牆上的印記，我覺得不要浪費掉了，應該把它
　　弄下來，根據一定的取捨一定的方式來把它照下來應該會比較有意
　　思，所以慢慢的就開始做這個東西。正式開始做大概也就五年。當然
　　還有一個，關於廢品或者現成品這個觀念，這個算不算理論，我對這
　　個還是蠻懷疑的，但是確實是有理論的先決觀念，認為有的東西，日
　　常的，我們可以把它變成藝術。

吳：這個裡面除了很明顯的西方的現代藝術和攝影這兩種成份以外，中國
　　傳統的水墨裡面也有類似的經驗，比如說中國人做水墨畫以前，他們
　　有些做水墨畫的效果，加點肌理的，比如說「樹皮皴」，就是模仿肌
　　理，它不像西方傳統文藝復興以後要非常精確的表現這些東西，他會
　　用染、擦來表現肌理，雖然沒有肌理這個概念，但是已經碰到同樣的
　　怎樣模仿現實的問題，這是一個。比如說畫遠的山他會通過留白啊暈
　　染啊，也有近處的，岩石，或者樹，他會用到這種手段，是比較潤還
　　是比較澀比較枯的，他會去研究，已經有種形式意味在裡面。還有一
　　種叫「屋漏痕」，也是通過日常觀察，發現屋簷下面有些水，慢慢慢

慢洇下來，很髒，發黴發黃了，就是屋漏痕。這種東西跟我們講的很多肌理啦痕跡啦都有關，但是中國人不是用西方這套語言來思維，他很經驗性的。比如說從視覺經驗來講，不管是為了獲得愉悅還是模仿現實，中國古代每一個技術性的東西都是模仿現實的，雖然一些比較高級的畫論文論從來不講這些，比如像劉勰，完全是在講一些非常玄的理論。後來到了一些畫畫的人當中，他們有一些術語，其實這些術語已經涉及到一個肌理啊、觸覺啊、質感啊，或者說「師法自然」，已經很仔細在觀察這些事情，這是一個。當然不能簡單把你的東西和這個放一塊兒，但這可以提供一個參照。我覺得比較直接的影響就是西方現代藝術，看過西方現代藝術特別是抽象藝術以後，對你的作品會有一種熟悉感、親切感。我們想像，在抽象藝術剛出來的時候，人們對馬路上那些油漆什麼的東西視而不見，可能有些風景畫家會畫，畫一個老房子，一面牆，因為他是把它當作寫實中的一部分來處理，要畫出一把椅子，很陳舊了，一面牆，斑斑駁駁，他目的是要畫逼真。但僅僅把這塊平面提取出來，作為一些「它什麼都不是」，它並不想表現一扇門，也不想表現一堵牆，不是為了這個，就是一個平面。就是現代藝術給了我們很多很多這種圖式，已經進入我們的意識，已經成為我們經驗的一部分，然後帶著這樣一種對圖像的認識，再來看這些東西的時候你會覺得你完全能接受，而且在「小眾菜園」論壇裡面很多人都很喜歡。

楊：我想接著講一點，就是這個跟抽象藝術之間，我覺得我這個東西還是比純粹的抽象藝術更有意思，因為它是有歷史感的，我後來發現是有歷史感的，就像你剛才講的老房子，為什麼老房子比新房子更有吸引力，因為它有歷史感，它跟原來新建的時候不一樣了，或者說它含有了那些歷史的蹤跡……你會去在無意識中感受到有一段歷史是怎麼過來的，才會覺得這樣的斑駁有意義。還有我們會去參觀遺跡，因為那個飽含了歷史的蹤跡。新蓋的樓房，沒有藝術和歷史的深度。

吳：你要說區別當然有很多。比如西方搞抽象藝術的人是在非常有限的時

間裡人工做出來的，你是一個自然生成的過程，雖然裡面也有人為的，這都與你這個創作者無關，你所作的只是一瞬間，拍下來，你是一個一瞬間的記錄性的拍下一個在你拍它以前早就存在的某樣東西，你把它拍下來，但這個東西是自然生成的——因為風吹雨淋，因為人為的覆蓋——這不是一個為創作藝術而去做的事情，有人工的，有非人工的，有為了覆蓋，有為了漂亮，因為雨它褪掉，又因為太陽曬某一個漆皮翹起來。

楊：後來我把所有這些都印出來以後，去掉一些保留一些，發現這裡邊有一個區別，我保留的大部分是人工印跡的產物，就是是人弄出來的，而去掉的那些大多是自然形成的。所以也許從表面上看差別不是很大，但是要我去篩選的話我會盡量去——這不是一個概念先行的，但是最後的結果——很奇怪，我把是自然侵蝕結果的那些去掉了，那些不如能夠看出人工痕跡的更能抓住我，後者可以看出人的存在。我覺得我要講的是——我的照片裡面是有人的。在一般的風景裡看不到人，比如桂林的風景，或者拍一個九寨溝湖泊的照片，你也許是看不到人的，你可以看到上帝，自然是神的造物。但是我這個痕跡的照片裡其實可以看到人，只是這個人不在場，是需要你通過想像或者回憶這個歷史的蹤跡來想像當初他是怎樣把它弄上去的，怎麼弄上去的也不一定，可能是無意識的揮灑。

吳：你說這種明顯能看出有人的痕跡，它是哪幾種形態體現出來的，是一些字、一些畫？

楊：有些是用刷子塗一下，或者是用什麼筆亂塗一下。有一張是肥皂水洗郵箱後形成的，我過幾個月第二次再去看的時候已經面目全非了。

吳：你的東西大部分是牆和門，這哪樣不是人做的。

楊：不是，不是牆和門的平面，而是牆和門上面的，塗上去的痕跡。

吳：不管怎麼說它是貼在一個人造的東西上的，本來就是人為的嘛。

楊：你說牆和門是人造的，可問題的是牆和門那些背景可能不是很重要。

吳：你所拍的表皮都是人造物。

楊：就像油畫的油畫布。

吳：你甚至可以拍一個白牆，什麼都沒有，這也是一個反諷。就像馬勒維奇一樣，一個白牆。

楊：是的。我拍過一個在白牆上面有幾個手指甲印子，那個基本上就很難看出，一點點的指甲印。

吳：我手機裡有幅照片，在一個廁所裡，有人用手指甲摳出一男一女兩個印子，我覺得好玩就隨手拍下來了，旁邊兩個字：廁所。這個有點像傳說中耶穌的裹屍布，都是人造的；也有點像克萊恩讓女人裸體沾著顏料，躺在那裡。他這明顯就是人摳出來的，那些是藝術家的概念比較多。

楊：偶爾，圖像會變得有一點點具象，我裡面有一幅，應該是無意的，就是看上去很像一隻貓。你剛才還有講到對藝術史的反諷也是很重要的，就是廢棄品和藝術品之間的區別到底在哪裡，這個當然從杜象開始就顛覆經典的藝術史傳統。我想你說的這一點也確實非常重要，雖然我剛才沒有強調。

吳：是否傑作，不在於作品本身，我就是隔絕了來看，看圖像本身。我們可以想像一個觀眾進來，拿到一本畫冊，或者拿到一個宣傳品，聽到你的畫廊的主持介紹這是一個教授一個詩人弄的，他客串了一下，玩了這樣一件事情。猛一看是個抽象藝術，但又很記錄性的，是一個很尋常的牆壁上的痕跡，被他注意到了，然後把它拍下來，再通過他的挑選展現在這裡，照片還是蠻好看的——就是這樣的形式。然後大家想深一點的瞭解的話，就會知道在這裡面你有很多就像我們前面說到的現代理論。但這些都不是這些作品直接告訴我們的，不是那麼明顯就能直接告訴我們的，這是需要你用很多文字去解釋的，非常需要。

楊：這也是一開始，我剛才講到的題目，一開始實際表達的也是差不多這個意思，需要有點藝術史的知識，尤其是關於非藝術品和藝術品之間的究竟有沒有區別，或者說究竟有沒有互換性。像羅森柏，據說他畫

室裡面的作品有次被打掃衛生的人扔掉了，他非常生氣，因為清潔工覺得是垃圾。

吳：確實是垃圾。

楊：所以藝術品可以變成垃圾，本來是廢棄的垃圾的東西可不可以又轉換成藝術品？其實我這裡面甚至可以回到所謂的工農兵藝術的概念，這裡面實際上是一些很底層的東西很底層的人。當然，不能把我的說法聯繫到簡單的左派理論上去。

吳：以前我們看到過很多類似的照片，在鄉村啊什麼的，我們這些年到一些村子裡去，比如安徽啊江西啊什麼地方，一些舊房子還沒有拆掉，在房子的牆上白的石灰刷了一層，但是剝落了，裡面露出毛澤東像，或者一些標語，農民沒有把這些東西鏟掉，只刷一層石灰。我經常看到這些，也經常看到一些人專門拍這些，還出畫冊。

楊：那種群眾藝術反而不是真正的群眾自發的藝術，那個是根據某一種宣傳的或者是政治的需要……

吳：它也記錄一段歷史。

楊：是，它的目的、對象性質還是不太一樣，那個東西畫的人是按照某一種指令，一種社會的要求政治的要求去做這個東西，跟我拍到的那些底層的人隨意的按照他自己的自發的想法去弄出來的東西還是不一樣。

吳：那麼你想說這個區別，它的價值在什麼地方？你說是自發的，是啊，大家都是為了種種的原因，我們不知曉的原因，大家合成了這個東西，而你把它拍下來了，它的價值何在？

楊：價值在於我們應該可以把生活當中的一些偶然的東西變成藝術，我覺得是這樣的。比如說你提提褲子，把這個東西拍成一個十秒鐘的短片的話，把它放出來也可能是藝術。為什麼要拍？這個比較重要。這裡當然還有一個偶然性或隨機性的問題，像約翰・凱吉的偶然音樂，應該也可以算是這批作品的某種理論基礎。

吳：我覺得你這話解釋當然也是種解釋，但是有點說小了。我覺得要把你

說大一點，就是你是針對藝術史的一種用照相機進行再書寫，或者用你的說法是「戲謔」，這個詞我覺得你很喜歡用，我也喜歡你用這個詞，一種遊戲模仿，模仿在什麼地方呢，你一直用拍立得，它早就已經生成在某處，然後，大師們也不過如此，這一點非常關鍵。假如說那些小的，那些都無所謂，比如你的初衷，覺得好玩，很日常，日常經驗我覺得也很重要，但對我來講我覺得日常經驗不重要，重要的是我覺得——我們是帶著一種先在的藝術史的一個印記，我們的記憶，我們的圖式，我們腦子裡已經有的圖式。當我們看到一個作品的時候，我們為什麼又覺得陌生又覺得不陌生，陌生在於你楊小濱怎麼弄這個？不陌生在於藝術史上有好多這種圖像，已經在我們腦子裡存在了，但是它又不是大師做的，也不是塔皮埃斯，也不是羅森柏，也不是塗鴉也不是什麼，都不是。塗鴉你比如說巴斯奇亞，他都是畫畫，你都不是，你是出於某種原因塗一塗畫一畫。

楊：我拍的時候肯定不是選那些本身就是藝術創作的東西，那我肯定是不選的。或者說有意識畫上去的東西我是不會「攝取」的。「攝取」這個詞我覺得太好了，下次再展出，可以稱作：楊小濱攝取展。「後攝影」，可以理解為一種「攝取」。

吳：從這個裡面，作為一種人的行為的東西，被掩蓋了磨損了，或者又裸露了，和作品作為一件抽象藝術作品裡面所表現的色塊、線條、無意識這些被現代藝術抬得很高的名詞，它們基本都包括在裡面，然後你就通過你的方式，或者說通過楊小濱的巧智，就把它弄下來了，我認為是個巧智，是個遊戲，它的趣味在於遊戲性。

楊：你可以稱之為「懶藝術」，因為自己不畫，取巧。

吳：也不懶，你拍得巧，而且實際上和藝術史構成了一種對話，是對藝術史的一個反諷，或者說也是一個調侃式的、無惡意的、善意的、開玩笑式的。而且反諷不是通過褻瀆、抹殺，是共同參與的，用參與來回應這個事情。我覺得這個價值可能在這裡。我這麼講是考慮到你的身份，沒辦法，你對這個後現代主義相當熟悉。這裡面有很多包括你說

的書寫啦，像德希達的形容，在已經被抹掉，而又沒抹乾淨的東西上面，又出現新的一種刻痕，一種記號，然後你再把它做成一種時間的回溯，你可以回想這裡面發生了好多事情，你慢慢可以看進去，但是你不看進去呢，這個作品本身的表現效果也蠻好看的，就是抽象藝術，就是一種抽象，就是葛林伯格式的，就是平面。但是你要說它，可以說很多很多，你不說它，就是個平面，就是蠻好看的一張照片。你可以把照片編號，簽字，然後，送朋友收藏也好，賣掉也行。

楊：這樣一說，好像已經被經典化了，呵呵。

2008

芙蓉／浮容：犬儒時代的崇高嘔像

　　一個時代被芙蓉姐姐嚇呆了，笑翻了，不知道會不會最後就噎死了。在我看來，「芙蓉」不過就是「浮容」的代指，這個不僅浮腫，並且浮誇、浮躁的容貌，與她的粉絲群體一起構成了這個時代的出色隱喻。或者說，這個時代的臉是不需要讓自己打腫的，因為本來就腫著（先是被權力的棍棒痛擊，繼而又被飼養出了肥胖症），但它卻必須依賴無邊的醜陋來充當（或者，被歡呼為）無邊的美麗。可以預料，當「醜陋就是美麗」這樣的口號被重複一千遍之後，芙蓉姐姐（連同她所代表的當今社會形象）便萬眾矚目地成為當今最靚麗的女主播了。

　　這個時代的美學，本來是靠小品來支撐的。但趙本山和范偉是飾演的丑角，當我們發現他們的真實身份是經濟大款和政治大腕的時候，我們的優越感便一下子降到了最低點。我們忽然發現，真正被「忽悠」的竟然是俺們觀眾自己，肥了他人的腰包，浪費了自個兒的大好春光。但趙本山們培育了一個時代的忽悠主義。沙特的箴言「他人就是地獄！」在幾十年後的東方被改寫成了「他人就是獵物！」

　　在這個獵人成群而獵物奇缺的時刻，芙蓉姐姐適時地出現了。芙蓉姐姐填補了我們對於獵物的慾望溝壑，不是因為她本來就是我們的慾望對象，而是因為她自認為是我們的慾望對象。她幾乎像一隻笨拙而善意的烏鴉，把乳酪和自身都扔進了狐狸的血盆大口裡。世界上本來可以有無數慾望對象，也曾經有過無數，但無一不被最終證明為幻象。信仰可以匱乏，慾望卻永遠不會匱乏。那麼，唯一可行的便是「知其不可為而為之」：沒有上帝，我們能虛擬出上帝；沒有理想，我們能虛擬出理想；沒有美

麗,我們也能虛擬出美麗。既然能夠被虛擬的已然到來,為什麼不借用一下呢?

這種虛擬,正是舞臺藝術的起源。於是,這個時代的劇場關係被顛倒了:被觀看的(芙蓉姐姐,或她的表演)其實不過是生活本身,而觀眾(社會生活)卻充滿了表演的虛假。或者說,在表演化生活中出現的芙蓉姐姐被生活中戴著面具的、虛情假意的表演性觀眾耍弄了。觀眾之所以成為表演者是因為他們早已陷入了符號的迷魂陣,他們無法回到原初的真實自我,那個自我已被曾經慾望過的幻象所欺詐,從而失去了純真。正如艾柯所說,這個後現代的世界就是失去了純真年代的世界,因而一切都成為引徵。

引徵,便意味著重複。在此意義上,芙蓉姐姐的確並不是第一次出現的虛擬美女。我們曾經的美女偶像難道沒有過劉胡蘭姐姐、江姐(姐)嗎?按照馬克思的說法,歷史所出現的第一次是悲劇,第二次則是鬧劇。按照佛洛伊德的說法,第一次的精神創傷只有在第二次的打擊中被扭曲地喚醒。按照後現代的理論,再現就是對原本的滑稽模仿,嘔像正是偶像的基因突變。我們難道沒有看出,妖冶芙蓉正是鏗鏘蘭花的一個搞笑的變異嗎?

由此,我們可以猜測,芙蓉姐姐是這個犬儒社會與時俱進的標誌。原來,它只會說「黨啊,你真偉大!」現在,它開始說「芙蓉姐姐啊,你真美!」二者都是混合了搞笑、依戀、玩世不恭、熱愛、偽裝、媚俗、從眾等社會心理特質。正像紀傑克所說的:「每個人都知道,然而沒有人想大聲說出來」;「一個共用的謊言對群體的團結來說,是無與倫比的,甚至是比真理更有效的紐帶」。作為一個慾望的「她者」,芙蓉姐姐其實是我們的短缺,是對實在的隱匿,是對本原的誤認。而這種誤認一方面消解了原有符號體系的刻板法則,另一方面卻有效地重整了意識形態的韌性構成,強化了犬儒主義表演的合法。芙蓉,這個可憐的「小她者」,之所以可以看作是所謂的「崇高對象」,並不是因為她具有令人景仰的特質,而是因為她用自命不凡的肉身打開了一個精神嘔吐的空間,一個令人驚恐而

暈眩的深淵。

這無疑是崇高美學用歷史創傷換來的孽屬面貌。既然絕對的美是難以觸及的，令人心碎的，那麼只有癡狂化甚至滑稽化的崇高才是我們能夠把握的，既不至於被深不可及的歷史真實所拒斥，又不會（更準確地說，自認為不會）迷失在現實符號的達爾文叢林之中。但是，在這樣的時刻，誰又能保證自己不會成為（不被當作）另一個芙蓉姐姐呢？表演者與觀眾的互換，不就是一場擊鼓傳花式的無盡遊戲？在這個註定為修辭效應的，互為崇高對象的社群裡，難道我們不也只是一簇簇聊博一笑的，儘管是略為標緻或略為矜持一點的芙蓉／浮容嗎？

2005

我們什麼時候能夠不再怕惡搞？

　　一年一度的諾貝爾獎的各項獎項正在陸續亮相。打開諾貝爾獎的官方網站首頁，在羅列的各項獎項之後，赫然列有一個從未由諾獎委員會公佈的專案：我們不妨稱之為「咿嚅喏唄兒」獎（Ig-Nobel Prize）。Ig-Nobel的名稱當然是來自Ignoble一詞——Noble（高貴）的反義詞——意為卑賤或卑鄙。它的獲獎者也有千奇百怪的研究成果——比如乳酪與臭腳丫的味道有多相似，用手指甲刮擦什麼表面最讓人難以忍受，金龜子喜歡吃什麼動物的糞便，等等。很明顯，這「咿嚅喏唄兒」獎就是明擺了要來惡搞諾貝爾獎的。在諾貝爾獎還沒有全部宣佈完的時候，「咿嚅喏唄兒」獎就已經忍不住在哈佛大學頒獎了——有趣的是，頒獎嘉賓卻都是以往真正的諾貝爾獎得主，還有許多諾貝爾獲獎者參加了「咿嚅喏唄兒」獎的頒獎儀式。

　　主持諾貝爾獎的瑞典皇家科學院居然把一個惡搞自己的獎項放到了官方網站上（挨在經濟、和平、文學獎之後，看上去彷彿是諾貝爾獎的獎項之一），諾貝爾獎的得主們居然樂意為一個惡搞自己榮譽的獎項去頒獎，這對我們來說簡直是天方夜譚。君不見，陳凱歌被惡搞得忿忿然要打官司，《沙家浜》、《閃閃的紅星》、《鐵道遊擊隊》、《地雷戰》被惡搞得祭出了紅色革命經典的大旗，而詩歌圈也被惡搞得群情激奮鬥志昂揚。要知道，這個「被惡搞」的廢話詩歌本來就是意在惡搞「正統」詩歌的，現在輪到自己被惡搞的時候，怎麼就脆弱起來了呢？它不是已經認識到，除去惡搞，就沒有別的意義了嗎？

　　打開文學史，我們其實不難發現惡搞的深厚傳統。早在先秦就有莊子靠把老子所說的「道沖」（深遠玄妙）或「道者萬物之奧」惡搞成「道

在屎溺」而一舉成為道家第二號祖師爺。再往後，難道《西遊記》不是惡搞了唐僧和他的取經故事嗎？《三國演義》不是惡搞了陳壽的《三國志》（特別是周瑜）嗎？更不用說西方，惡搞騎士文學的《堂吉訶德》，惡搞荷馬史詩的《尤利西斯》，都已成為經典中的經典。中國現代文學史上最著名的惡搞大師，非魯迅莫屬。比如《補天》惡搞了民族始祖女媧的故事，《出關》和《起死》惡搞了經典哲人老子和莊子，《我的失戀——尼姑的新打油詩》惡搞了東漢文人科學家張衡的《四愁詩》。

在這個被艾柯稱為「喪失純真的時代」，惡搞的戲仿美學更是作為後現代美學的主要形態，成為推動藝術史和文學史發展的主要動力。諾貝爾獎主動接納惡搞者，不是體現了一種非凡的氣度嗎？我還記得一幅畢卡索的照片，桌邊靠近他胳膊的地方放著兩隻酷似他雙手的麵包，或者說，是畢卡索惡搞了一下自己的肢體。我毫不懷疑，只有笑納惡搞，甚至勇於主動惡搞自己的，才是體現真正創造力的大師。

2006

《紅高粱》：詩化的人性及其悖謬

　　如果沒有「我爺爺」在最後一刻的奇蹟般的站起，用石雕式的想像完成某種神聖象徵的功能的話，電影《紅高粱》的內在悖謬或許還不那麼顯見，應該說，《紅高粱》的形式能力的確是在對酒神精神的集體狂歡，和把人畜一同屠宰的血腥圖像之間展示出一種啟示性的戰慄，然而隨之而來的古典悲劇式的莊嚴儀式卻把這種戰慄轉化為昇華，於是觀眾的視感復歸於靜穆之美，一種詠歎圓明園式的古老母題把被毀摧的、被撕裂的人性顫顫巍巍地撐豎起來，成為虛假人格的美麗紗幕，一如影片多次重複的鏡頭──迎風飄舞的高粱地──所隱喻的那樣。殘破的人的廢墟，之所以還有悲劇性的力量，大概在於張藝謀依然悲歎著那種失去了的美（九兒倒下的瞬間被延展而強化），依然懷著某種浪漫主義的懷舊情調並欲以此反襯出先前的自由瀟灑的生命個體，而沒有意識到這種懷舊或悲歎早已顯得那麼虛弱。

　　於是，《紅高粱》和大多數同樣才華橫溢的第五代導演的影片一樣，陷入了一種特殊的兩難境遇：它既看穿了傳統影片中偽飾的現實意象，又在否棄這種偽現實主義而張揚一種將原始色調和古典悲劇混合而成的人性覺醒的同時，給自己蒙上了一層新的偽飾。假如有人打開《探索電影集》這本書，一定會發現這裡所選的劇本除了《黑炮事件》之外，其餘全都可歸為「返樸歸真」型，這種現象並非僅屬偶然。不難看出，《青春祭》、《獵場札撒》和《盜馬賊》以蠻荒之地的淳樸或野性為自然人格的理想，《黃土地》和《海灘》在文化批判的矛盾反思中也不時帶有對蒙昧的戀鄉感，《良家婦女》（和《湘女蕭蕭》不同！）則乾脆為純潔的愛情安排好了令人滿意的尾聲。所有這一切在《紅高粱》中進一步詩化展示了

（尤其是重現了《一個與八個》中的與鬼子光著頭拼殺的場面）：儘管遭受了剝皮的殘忍，人格依舊偉岸，落日依舊輝煌，高粱地依舊熾烈地飄動。這一切是美的，但可惜是偽飾的美，是在人性被滅絕後的虛幻的夢。《紅高粱》的「返樸歸真」從一開始就已定型了：無論是嘶喊的歌聲，灑脫的豪飲，還是粗拙的野合，無不洋溢著對原始的自由人性的勇敢張揚。這一切雖然被突如其來的法西斯暴虐意象打斷了，但影片仍不忍心捨棄它們以把這種由情感張力構成的反諷性持久化；是的，影片需要用終結的悲壯給它的觀眾一帖撫慰劑，使他們把殘酷昇華為人格的悲壯美。

但這種詩化的處理正是我所說的第五代電影的悖謬之處。必須意識到的是，如果現實無法被詩化的話，人性同樣無法被詩化。在今天，電影中的這種詩化了的人性（哪怕是原始的、自然的）同樣偽飾了某種人的真實境遇。如果電影的理想是詩的話，那麼它首先應當是反詩化的，因為只有在剝除了詩化的虛飾意境的幻幕後，詩的電影才可能本質地顯現：電影在逐漸正視現實的同時，也必須開始正視人自己。

1988

《英雄》：反諷及其不滿

　　《英雄》，一部英雄般不可一世（排山倒海的票房凱旋）而又如履薄冰（對盜版的空前恐懼）的電影，將張藝謀早年的草寇式浪漫情懷轉換成了特技與矯飾，卻迫使我們在領略感官華美的同時聆聽了政治狂人的聖徒般囈語。當秦王擲地有聲地道出「劍法的最高境界便是不殺」的佛陀般警句時，影院裡竟零星地響起了竊笑的聲音。也許，這是整部影片最具戲劇／喜劇效果的瞬間：秦王的形象頓時變得崇高而荒誕，一如歷史上所有心胸寬廣而殺人如麻的偉人。

　　隨後紛至遝來的對《英雄》歷史觀的斥責自然不出我當時所料。不過，似乎沒有人想過：張藝謀（還有他絕非草台班子的文學班底）是否愚蠢到了不知秦王的這一番話會引起恥笑的地步？難道張藝謀沒有讓秦王在片尾的時候將無名處死，從而凸顯了所謂「不殺」的偽善言辭嗎？

　　似乎並沒有誰刻意讀出了《英雄》的反諷性。當然，問題還在於：這樣的反諷性究竟在多大程度上出自創作者的意圖，在多大程度上符合了創作者的意圖，又在多大程度上是觀眾的「讀者反應」式的再創造？無論如何，《英雄》的批判者們都是這種反諷的解釋／揭示者，儘管沒有人敢於認定張藝謀正是一個「老謀」深算的反諷家。

　　我倒寧願相信張藝謀是清醒的，因為他敢於讓一句漂亮的聖詞最終被與其相悖反的現實所擊破。秦王對無名的死亡判決無疑同他話音剛落的和平主義宣言形成了極為不協調的張力。在張藝謀以往的影片中，這樣一種內在張力並不是沒有存在過。在《紅高粱》的結尾處，我們曾經看到張藝謀讓姜文扮演的土匪站成了像一尊木雕一樣的抗日英雄。可以說，土匪和英雄之間的概念滑動是《紅高粱》挑戰現代英雄史詩的祕密。英雄可以

是土匪，當然也就可以是騙子、偽善者。這一次，似乎張藝謀實現了美學後現代的又一次大型演繹：被英雄化的一代君王，以現實的殺戮使他貌似超凡的智慧和豪言落入反英雄的泥沼。

不過，我這篇文章卻並非企圖成為張藝謀反諷藝術的一篇頌詞。我期望說明的恰恰是：被熟練玩弄的反諷機巧，可以讓像我這樣的觀眾讀出其中的意識形態衝突，可以給普通觀眾上一堂愛國主義教育課，可以憑其對暴力的美學化贏得國際電影節的獎項，也可以用國家話語的宏大聲音獲取本土的官方／大眾嘉獎。張藝謀的政治理性使他的藝術感性變得既零亂不堪又碩果累累。

反諷的曖昧性莫過於此。它對於熟知歷史的一部分人是有效的（如果他們清楚地認定秦王是暴君），而對另一部分人是無法讀出的（如果他們僅僅輕信影片中秦王的高論）。在影院裡發出竊笑的決不是全場觀眾。對國家大一統的偉岸言辭，由於在普遍語境中的肯定性、超驗性定位，仍然可以淹沒具體的、個體的死亡（無名畢竟是在歷史中的一個無名的存在），成為總結、囊括整部影片主題的關鍵字。除了心懷叵測如我等，沒有人把它聽成反語。而事實上，它也確實可以不作為反語來聽。作為政治藝術的主旋律，統一疆土的輝煌口號埋葬了所有冤屈的屍骨，把個人悲劇收編成歷史正劇的一個小小插曲。

無名之死的悲劇化處理似乎證實了這一點。萬箭叢中身體的空缺，隆重的葬儀，這一切都凝聚了一種烈士般的肅穆。無名不再是一個叛臣逆子，恰恰相反，他是一個為國捐軀的英雄，一個摒棄了自身恩怨而獻身天下太平的優秀公民。然而，天下真的太平了嗎？像在張藝謀的另一部影片《活著》裡所有無辜的死者一樣，無名只是理念之邦的陽光下遭受終極厄運的千千萬萬生命中的區區一個。那麼，也可以說，更具反諷意味的或許是：為天下太平而貢獻了生命甚至比生命更重要的俠義的無名，在天上將看到的是更多的殺戮，更殘暴的統治，還有更無恥的欺騙。

這一點，當然不是張藝謀預謀告訴他的天真無邪的觀眾們的。畢竟沒有歷史手冊在影院門口作為輔助讀物在散發（如果有，它的商業效益一

定淒慘無比）。

　　琳達‧哈琴在一篇題為〈危險的事務〉的文章裡中談到了反諷的「跨意識形態」特性：在很多情況下，反諷既是抵抗，又是逃避；既是瓦解，又是鞏固。在反諷的功能中，肯定性和破壞性是共存的。或許，這也是為什麼張藝謀有時候左右逢源（如果各方都讀出了應該讀到的），而有時候又變成豬八戒照鏡子裡外不是人（如果各方讀出的都是另一方應該讀到的）。

　　當然，如果張藝謀讓秦王具有像他本人一樣超凡而可怕的幽默，秦王也許會告訴我們，殺了無名並沒有違背他先前表達的對「不殺」的神往。讓我們模仿《英雄》（或者更確切地說，是模仿英雄模仿的《羅生門》），來設想一下秦王可能作出的各種不同辯解吧。

　　首先，親王會揮手一笑云，「不殺」僅僅是劍法的最高境界，而「殺」卻是國法的最高境界。對於一國之君，偶爾奢談劍法無非是實施國法的一時策略罷了，相對於萬民崇仰的國法來說，劍法的最高境界也不過是劍客之間把玩的雕蟲小技而已。

　　或許，秦王還會用更為詭辯論的思想告訴我們：「殺」與「不殺」必須辯證地理解。殺一個人，正如殘劍教導我們的，從天下的角度來看，又算得了什麼。也可以說，殺無名是為了警示天下刺客，保衛秦王的不壞之身。既然秦王的生命是天下的保障，殺無名就是為了不殺天下人，甚至可以簡單地說：殺就是不殺。

　　但是，所有這一切，都把一個人看得太簡單了。

　　那個人就是張藝謀。

2003

一隻後現代的戲謔饅頭噎住了現代的崇高喉嚨

胡戈創作短片【一個饅頭引發的血案】

　　「饅頭事件」令人想起張藝謀的影片《活著》裡的一個著名情節：「反動學術權威」王教授因為一下子吞嚥了七個饅頭，噎得說不出話來，直挺挺地斜倚著，動彈不得。現在，似乎是輪到電影大師陳凱歌來扮演這個被饅頭噎得喘不過氣來的「權威」了。正如那個「權威」所遭遇的一樣，本來出於自我欲望驅動與所需之源（作為情節的原動力），到頭來反倒成了噎住喉嚨的致命之果。饅頭又一次在嚴峻現實中注入了苦澀喜劇，而被噎的主角，卻未能跳出自身的尷尬來發現這場文化戲劇的內在邏輯。

　　在我看來，「饅頭事件」標誌著中國的社會文化從由凱歌的《無極》所代表的現代性空洞符號向胡戈的《饅頭》為代表的後現代戲謔主義

之過渡階段的典型衝突。作為中國電影現代性的最初代表，陳凱歌從《黃土地》開始就致力於塑造歷史或世界的先知和救主。《無極》中的滿神形象大致可以看成是《黃土地》中的八路軍顧青的變異和延伸。所不同的是，顧青對於拯救的允諾終於並未生效；而滿神卻以超自然的力量操控了人的命運。在經歷了如此變幻、滄桑的二十年之後，陳凱歌愈加信賴一個符號化的大他者（她者）來主宰歷史，不能不說是藝術發展史上令人沮喪的奇觀。或許可以這樣說，如果《黃土地》表達的是一個（未能完成的）理想的符號秩序，《無極》卻通過似乎已洞察荒謬的視野，用絕對的理念符號最終組成了對飛越時空（昆侖與傾城的梁祝式結尾）的無限信任。八路軍顧青未能完成的那個崇高的解放允諾，竟然由預言家滿神通過詛咒話語的蓄意疏漏而完成了。從某種意義上說，神的疏漏便意味著人間的幸福。然而，是誰保證了這個秩序的崇高和完美呢？假如那個終極的操控者，滿神，或者陳導演，不管出於什麼目的，將世界把玩成另一種樣態呢？

對於井然而不懈地規定著世界和時間的現代性秩序，胡戈的姿態所表達的並非童心的嬉鬧，而恰恰是成熟的疑惑。從這個意義上說，年輕的胡戈揭示並質疑了年老的凱歌的幼稚，或者說，胡戈用一望而知的荒誕驅散了凱歌在荒誕之外所籠罩的崇高光環。其實，胡戈的饅頭僅僅是當代戲仿式後現代主義文化譜系中的微弱一環，從先鋒小說、新潮美術到大話西遊、短信文學、網路上流行的各類FLASH，無不表達了某種對以往文化權威的調笑與消解。如果說當年杜象的畫作《L.H.O.O.Q.》是在《蒙娜麗莎》的臉上加上了兩撇小鬍子以表示對經典藝術的挑戰，胡戈的戲仿所運用的挪用、徵引、改寫、塗抹客觀上甚至將《無極》置入了經典的範疇。

但陳凱歌卻並未因此而狂喜。相反，他似乎將「申奧」（申請奧斯卡）的失意遷怒於以《饅頭》為代表的搞笑文化時代，遷怒於一個喪失了現代性崇高的戲謔化社會。但他所面臨的，卻無異於《荊軻刺秦王》中的嬴政和《無極》中的昆侖所面臨的悖論式無奈。嬴政只有殺了呂不韋才能證明呂不是他的父親，因為兒子不能殺死父親；但如果呂不是他的父親，

也就沒有必要將他殺死。昆侖只有在審判中說出弒王擒妃的是他自己，才能解救大將軍光明；但如果他說出了，光明也就不需要傾城的眷顧，死不足惜了。可惜陳凱歌並未從中發現這樣一種悖論式的真理：他似乎只有通過認定胡戈的違法才能維護自己的藝術聲譽；然而，如果胡戈的「違法」一旦認定，陳凱歌獲得的無疑是更為狼藉的聲名。這便是這個文化時代給這位崇高的現代主義者的後現代的戲謔化教訓。

2006

作為符號化超我的主流影像

　　當代中國的政治社會在相當程度上體現了符號秩序的嚴酷面貌。我們不難發現，主流文本的習語、句法成為社會律法的一部分，規定了社會主體的基本行為與思想法則。這種符號秩序正是拉岡意義上的符號域，它迫使散漫的、自戀的自我社會化。換言之，只有符合社會語法的自我才具有所謂的主體性。沒有未被符號化的主體：這樣一個結論在當代中國尤其適用。

　　主流文本不僅僅是由文字元號組成的，視像符號始終是這個秩序的重要組成部分。具體地看，這些視覺符號的類型、樣式似乎是不勝枚舉的，它們組成一個巨大的符號體系。在表現途徑上，它們所依賴的媒介也遍佈了社會文化的各個層面。比如宣傳畫，當然是最典型的建立意識形態視像符號體系的主要手段。但事實上，日常生活的各種物件都是這個符號體系的一部分，不但包括像郵票、年曆等本身就是以美術為主要表現方式的物品，而且也包括像杯子、臉盆等日用品。在毛時代的二三十年內，特別是文化大革命中，以政治領袖、工農兵、革命群眾、少年隊員（或紅衛兵、紅小兵）等人物符號和陽光、花朵、禾苗等自然符號所組成的，就是這個世界的主要面貌，也就是我們所理解的世界的限度——符號域。

　　無論從什麼意義上說，毛的形象都是當代中國最巨大的「大他者」／「老大哥」——Big（Br）Other。老大哥（Big Brother）是奧威爾（George Orwell）的小說《一九八四》中的領袖人物。他充斥在能夠顯示影像的任何表面空間（與穢物有關的除外），規定了人們對這個世界的理解、視角和情感。我們都不會忘記在張藝謀的電影《活著》裡的一個喜劇片段：二喜帶著他的紅衛兵兄弟們衝到福貴家，起始被鄰居誤以為是在拆房毀瓦；福貴急忙趕回家，才發現原來是二喜和工友們收拾了屋前屋後，

然後和鳳霞一起在家裡院子的牆上繪製一幅巨大的「毛主席揮手我前進」的壁畫。這幅壁畫在隨後的情節中起到了相當重要的（儘管是頗為隱秘並且反諷的）作用。在二喜和鳳霞結婚的那一天，福貴全家拍了一張全家福。這張全家福不是張曉剛式的，也不是傳統家庭式的。它的關鍵在於，佔據了大家長位置的不是福貴，而是那幅壁畫上的毛的形象。福貴一家四口手握紅寶書排成了佇列的形狀，前面用道具搭出航船的佈景，擺出了「毛主席揮手我前進」的標準造型。

這個模式化的標準造型有幾項不可或缺的特徵。首先，它的佇列形式顯示了群體的前進姿態，朝向同一個方向進發。其次，在這個群體圖像的上方往往有一個統攝性符號——有時候是毛像或其他的領袖像或英雄人物像，有時候是黨旗或國旗或各類紅旗、標語——作為團隊的標誌，而這個標誌所佔據的制高點是具有絕對的主導性甚至指令性的地位，代表了符號秩序的「大他者」。在這裡，毛佔據了真正的父的位置，或者說，毛才是真正的拉岡意義上的「父法」（Law of the Father）。在這一類的圖像裡，人們的身體姿態、視線都心無旁鶩地朝向同一個方向，或者說，只有同化於符號秩序所規定的目的論意義才是唯一可能的意義。這無疑是宏大敘事的瞬間縮影，而在電影《活著》裡，宏大敘事中不經意遭遇的一次次悲劇高潮改寫了這個敘事規則的基本要義。

斯蒂芬・蘭茲伯格（Stefan R. Landsberger）把毛時代的宣傳畫風格用主流美學的術語歸為「社會主義現實主義」，並且總結道，「社會主義現實主義的形象往往結構為一種敘事，必須通過『閱讀』才能夠理解」。流影像作為宏大敘事的瞬間截面，往往通過姿勢、動態和表情暗示，建構了宏大敘事的歷時性結構。由於目的論的抽象主體代替了任何個人的認知或行動主體，主流影像中的身體表達往往具有誇張的、群體的統一性。在大多數情況下，畫中人物的視線都具有中心化的傾向，他們總是朝著一個被指的單一方向注視，也就是說，他們唯一關注的都是那個共同的目的論未來。在下面這幾幅典型的宣傳畫裡，甚至每個人的表情都是一致的，他們或者對宏偉事業報以微笑，或者對敵人報以憤怒。

　　在這樣的圖像表達裡，個人的表情必須是符號化的，是這個符號秩序的一部分。值得注意的是，這些被規則化的表情不能說必定是偽裝的或虛假的，它們恰恰就是那個時代的共有表情。或者說，這樣的表情很可能正是當時的標準表情，但它們又的的確確是利比多被轉化的結果，是超我的要求。超我放大並引導了本我的需求，把本我的原始欲望轉化為與主導的宏大話語相應的情感表現。愛恨分明，這個詞的意思是，必須同化於國族或黨的抽象情感。因此，情感表達並沒有完全喪失；但卻變成了一種空洞的、盈餘的、可複製的情感，是對自我欲望的放棄。對日常快感的放棄和犧牲，依據紀傑克的說法，是產生剩餘快感的基礎。這就是超我的淫穢性的起源，或者說，超我把本我的衝動昇華到集體群交式的狂歡中。紀傑克指出：「符號法則和超我之間的對立指向意識形態的意義和快感之間的張力：符號法則擔保

文革宣傳畫　　打倒美帝打倒苏修

沿着毛主席《五七指示》的光輝大道奋勇前进!

了意義，而超我則提供了快感」。

從某種意義上說，對於革命時代的理想主義大眾來說，正如對於後革命時代的享樂主義大眾，超我不是對愉悅的肯定，而是對剩餘快感的肯定。剩餘快感，這個被紀傑克稱為「崇高與垃圾之間」的東西，意味著情感或感性在獲得了超常放大的時候，一方面追蹤那個崇高的頂點卻無法抵達，另一方面也因為其多餘無用而具有垃圾的特性。無數對文革的記述中都表達過以下這樣的狂喜感受。比如影星劉曉慶在〈我在毛澤東時代〉中回憶她作為紅衛兵一員在天安門廣場上的經歷：「我們突然看到了毛主席！成千上萬的聲音發出了一個共同的呼喊，我們扔下帽子、挎包、麵包、水壺，拼命地奔向天安門城樓！幾公里的人海不見了，壓縮成一堆綠色的山坡，我們像橄欖球員一樣，一個摞一個拼命地呼喊：『毛主席萬歲！』參差不齊的口號聲逐漸變成有節奏的呼喊，千千萬萬的紅衛兵對領袖的熱愛像維蘇威火山爆發，像岩漿在翻滾，像泥石流在崩裂，像鋼水在沸騰！」這種狂喜當然也常常轉化為狂悲或狂怒，出現在諸如控訴大會、批鬥大會的場面上。

比如在下面這幅宣傳畫中，所有的人物都擺出典型的誇張姿勢，彷彿常態的姿勢不足以表達狂躁的激情。

文革宣傳畫

　　可以看出，超常的、狂喜般的情緒是由畫中人物用肢體的最大伸展度來表達的，他們訴諸了誇張的臂膀、手掌、手指、頸部等身體部位的運動姿態。甚至背景上的熊熊火焰和海濤般的獵獵紅旗都增強了這樣的狂野氣氛。我們或許不能想像哲學思考會引發如此的激情，但這正是毛時代至為典型的政治狂熱，在這裡，目的卻是為了反擊一個名為「合二而一」的哲學概念。「合二而一」被看作是「反動的」哲學理論，和其他的「反動」事物在待遇上並沒有太大的區別，都需要以極大的義憤去批判。問題在於，工農兵或普通群眾究竟對這樣的哲學概念有多大的義憤？義憤似乎變成了一種規則化的、抽空了實際意義的發洩，情感被刻意地放大到了不需要深究，不需要理解的程度，表面的理性讓位給了內在的非理性。現實狀態被一個精神空洞取代，這個空洞所映射的是錯位的、錯亂的現實。或者說，在外在的規範化口號和內心的過度衝動之間的鴻溝猶如一個黑洞，這個拉岡意義上的真實域內核否定了一切知性的把握，為日後的創傷性後果埋伏了記憶的蹤跡。

以快感的名義：超我露出崢嶸／猙獰面目

　　中國導演姜文（他也是劉曉慶的前男友）曾經說：「文革就像一場巨大的搖滾音樂會，毛主席是臺上的歌手，我們是他的歌迷」。儘管毛時代的剩餘快感被政治口號的宏大形式所包圍，狂歡仍然作為心理湧動的極端形式不斷越過外在的革命理念的界限，成為個人與社會行為的強大動力。姜文的以文革為背景的影片《陽光燦爛的日子》可以說是對這種剩餘快感的精妙表現。無論是馬小軍爬上煙囪頂端的冒險行為，還是他和夥伴們模仿電影《列寧在十月》的動作場面，無不體現了那種超常刺激的追求，而這種刺激和馬小軍對成為戰鬥英雄（或民族英雄）的渴望有著至為密切的關係——在影片的一開始，馬小軍的畫外音就告訴我們，他是多麼希望中蘇開戰，因為他的目標就是在第三次世界大戰中立下赫赫戰功。

　　毛時代的現代性在文革中發展到了頂峰。這種現代性一方面把犧牲、奉獻和禁欲當作了快感的特殊形式，另一方面在暗中助長了快感機能的超速發育，將剩餘快感建立在破壞某些事物的暴力和狂戀某些事物的癡迷的基礎上。慈繼偉曾分析過「享樂主義的禁欲式追求」，並且指出毛的烏托邦社會規劃「在本質上是享樂主義和物質主義的」。由於禁欲和享樂本來就是莫比烏斯帶的兩面，這樣的機能到了後毛時代便自然地走向了蓬勃的階段，並且這一次彷彿是赤裸裸的了，享樂主義似乎成為超我的公開宣言。但果真如此嗎？難道狂喜不再依附於任何更高的理念，或者說，它就是理念本身了嗎？實際上，毛的時代和鄧的時代對於現代性的理解並沒有巨大的差異，所不同的只是他們對手段的著眼點而已。比如說，從意識形態的角度，國家的強大或民族的崛起，從來就是最宏大的目的論關鍵字。在這個框架下，享樂主義可以從屬於共產主義，也可以從屬於國族主

義、發展主義，或任何其他宏大敘事和宏大話語。

　　因此，在後毛時代，享樂主義可以更加堂而皇之地成為主流意識形態所許可甚至鼓勵的一部分，或者說，所表達的快感可以更直接地聯繫到肉體慾望的滿足上，而不一定必須通過精神的中介。在視像文化方面，後毛時代的大眾影像以商業廣告替代毛時代政治宣傳成為主導。商業廣告往往把身體愉悅作為首要的、中心的關注，超我的指令並沒有質的改變，只不過快感的所指從一種有關思想淨化和社會革命的宏大話語轉換到了另一種有關財富和享受的宏大話語，也可以說，享樂成為這個宏大話語的要素之一。

　　比如那個家喻戶曉的腦白金電視廣告，反反覆覆地將一句「今年過節不收禮，收禮只收腦白金」說到反胃的地步，以公然的自相矛盾來強迫觀眾的注意力。畫面裡，這一次雖然不是革命青年見到領袖的瘋狂熱情，白髮蒼蒼的老頭老太見到保健品時（或用了之後）的過度興奮，他們的扭屁股舞蹈也同樣用荒誕的狂歡回應了超我的要求，剩餘快感在這裡體現在一種過度的欣喜，一種與老齡不符的怪誕激情。腦白金廣告的商業功效，當然也由於這種欣喜感是由作為主導媒體的中央電視臺來廣泛傳遞的。陝北農村的一個老太太，在別人問到她為什麼買腦白金時，她的回答是，「中央說了，城裡人都喝腦白金！」這種由主導媒體操縱的商業宣傳功效與毛時代的政治宣傳的功效並無二致。

腦白金電視廣告

　　對享樂的這種誇張表現當然不止於這一個廣告。比如「今麥郎」的電視廣告裡張衛健與美女爭拉麵，由於拉麵的彈性而爭成了親嘴的搞笑表

情，可以說是通過在食品享用中注入了性享受的因素，誇大了快感的實際效應。而「雅客V9」的電視廣告裡為了吃維生素果糖尾隨周迅跑步的滿街群眾更是讓人不得不回憶起革命群眾運動的盛大場面。

雅客V9電視廣告

　　廣告以清晨的城市為背景，朝霞映著林立的高樓大廈。在雅客V9字樣出現的同時，青春靚麗的周迅穿著亮色的運動衫（暗示了果糖的增強體質的功效）跑過街道。隨後，身後出現了兩、三個尾隨者，然後尾隨者又很快彙聚成數百人的陣容，繼續不停地向前跑。在這個廣告的臨近結尾處，周迅揮手說：「想吃維生素糖果的，就快跟上吧！」周迅率領眾人向前奔跑，疊壓「雅客V9」的標版。這個「周美眉揮手我前進」的廣告難道不正是用「雅客V9」的商業標語替代了曾經風行的「無產階級專政」或者「階級鬥爭」這樣的口號，重複了政治宣傳畫中向勝利奮勇前進的母題嗎？毫無疑問，對於目的論的迷戀使得這一類影像具有某種超現實的氣氛，比如不知從何而來的人群的突然猛增，以及所有人的狂喜，成為超我力量的絕妙體現。

　　可以肯定，正是後毛時代的又一輪的以享樂的名義而推動的現代性

運動，在很大程度上使我們愈加看清了剩餘快感的真面目。根據佛洛伊德的理論，原初的心理創傷深藏於無意識之中，只有等到第二次打擊的時刻才會被觸動，並獲得扭曲的、破碎的表達。可以說，中國前衛藝術在很大程度上是在這樣的條件下對毛時代的創傷性紅色記憶蹤跡的喚醒。

周牆陶藝的泥巴美學：創傷與歡樂

周牆陶藝作品

　　周牆這個名字，在很大程度上註定了他與五行中「土」這個元素的不解之緣。不過，周牆的土並沒有砌成一垛純潔的、「雪白的牆」，而是在他手中形塑成富於張力的、獨特的視覺奇觀。可以說，中國當代陶藝，到了二十一世紀，終於有了革命性的突破。一種原本基於實用性、裝飾性的工藝美術，到了詩人周牆的手裡，成為藝術作者的創造性表達。在這裡，作者（auteur）一詞借用了電影理論中的概念，因為正是作者，與工匠劃清了界限：工匠製造的是用品，而作者僅僅表達主體自身。從根本的意義上說，周牆把陶藝回歸於一種以無用為精神核心的審美，作品的純粹性註定了它的價值不是裝飾，更不是使用，而是表現。

　　周牆對於自己的美學使命也是明確的：顛覆主流陶藝的體制化、工具化模式，建立一種表現內在感性的陶藝精神。在〈冰藍公社態度〉一文中，周牆闡述了他的陶藝美學理念：「擯棄陶瓷的實用性，工藝性，藝術性，讓泥巴傳遞內心，讓內心回歸泥巴。」「冰藍公社」是由周牆發起，與幾個志同道合的陶藝友人共同創立的一個現代陶藝團體。如果說，「藍」指的是窯火旺盛時的晶瑩藍光，「冰」則體現了這種「藍」所特有的純粹和冷峻，它通過與高溫所形成的巨大張力，來凸顯現代陶藝的內斂和知性，以及對那種喜氣洋洋的裝飾感的反撥。

　　周牆用來參加2009首屆北京798雙年展的作品《黃泥炮‧冰藍的態度》便體現了這種泥巴美學的精髓：主流陶藝的「媚雅」趣味被棄絕了，周牆通過對世界之雜質的敏銳捕捉，瓦解了主流陶藝所營造的光鮮亮麗和美侖美奐。他所列舉的「冰藍公社態度」中第一條是「回到便尿和泥的孩童時代」，暗含了對於莊子式「道在屎溺」的信仰。由此可見，這種泥巴美學絕不是海德格（Martin Heidegger）式的對土地或泥土的崇仰（比如海氏對沾滿泥土的農鞋的迷戀），因為那種以土地為核心觀念的國家意識形態恰恰是周牆的具有強烈異質性特徵的泥巴美學所要挑戰的。泥巴所體現的首先是一種物質的粗糙、卑賤、無用（而不是充滿養分的、具有生殖力的泥土），它無法昇華為光滑的、幻美的飾品，來裝點混亂不堪或荒誕不經的現實境遇。也可以說，泥巴對現實的超越反倒來自於對那些包裝現實的華美符號的疏離：既然現實本身已經遭到了媚雅原則下虛假榮華的覆蓋，周牆的泥巴美學深深地切入了現實，而不為現實所俘獲；它遊戲了現實，並且以一種比現實更真實的內心境遇來回應現實。

　　2009年夏天，我在北京798現場見到《黃泥炮‧冰藍的態度》時受到了巨大的震撼。這件作品甚至讓我想起了耶路撒冷的哭牆，只不過周牆的板面不是用來哭的，而是自己傾瀉著藍色的釉痕。無論如何，從《黃泥炮‧冰藍的態度》上淌下的並非感傷的淚水，也可能是變了色的血水，染了色的汗水，但一定是與傷痛相關的，雖然採取了某種偶發的、甚至遊戲的形態。令人矚目的是，眼和口都吐露著紅色，令人驚覺某種血腥的慘

烈。也有一大批面具，則五官只剩下張成了各種形狀的血盆大口，眼睛被省略或捨棄了。顯然，經驗中的傷痛被注入到了這件作品裡。周牆曾經談到《黃泥炮・冰藍的態度》與蒙克（Edvard Munch）的名畫《吶喊》之間的聯繫。不過，那些酷似人臉的面具雖然也顯示出幽靈般的魅惑，卻要比《吶喊》中的嘶叫表情具有更加複雜、曖昧的多種形態：他們似乎有的圓睜著雙眼，有的側著頭哭叫，有的抿著嘴鬱悶，有的張開大嘴狂笑，有的慘兮兮地吐著氣，有的無聊地打著哈欠。也就是說，周牆所表達的已經不是單純的驚恐或痛楚，而是一種基於創傷經驗的殘缺、矛盾、多樣、異質的表情拼貼，這種表達不是簡單地呈現傷痛，而是呈現出創傷在強烈刺激下的無法確認或無法界定。

另一方面，這些面具的確也令人想起西方或日本戲劇和中國戲曲（比如儺戲、藏戲）的面具（及臉譜），充滿了戲劇性的強烈表現力。只不過周牆的面具突破了傳統面具的模式化，而代之以神色各異的，甚至具有某種不經意的、偶然效果的獨特表情。在這方面，周牆自覺地接續了二十世紀的前衛藝術傳統：他對現成品藝術、偶然藝術的稔熟使得他的創作超越了狹義的、工藝化的陶藝範疇。不過，周牆仍然充分利用了陶藝自身的特殊優勢，把各類藝術手段納入了創作的過程中。作品《黃泥炮》的靈感便來自孩童時代的玩黃泥炮的遊戲，因此這個作品本身就包含著行為藝術的面向。周牆自己所描述的「『冰藍公社』成員集體砸黃泥炮行為時輕鬆的叫聲，笑聲夾雜黃泥炮的響聲」自然也是這個作品的一個有機部分。由此，周牆開創了「行為陶藝」，這個他所命名的概念使得陶藝具有了更加開放的形態，不僅從一件靜止的物品那裡解放出來，也不僅從一種視覺的觀賞對象那裡解放出來，還從「固定」、「完成」等概念那裡解放出來，從旁觀者和藝術家的截然分野那裡解放出來。周牆在798雙年展的陶藝展示過程中，讓觀眾一起體驗了捽黃泥炮的創作過程。可以說，這個過程也把聽覺結合到對於創傷經驗的表達中：聽覺上炸響的刺痛，與視覺上血污的暗示有著多麼緊密的、內在的關聯。

　　所幸的是，周牆並沒有把這種表達僅僅變成一種淒厲的、哀怨的訴說。恰恰相反，「黃泥炮」的行為過程充滿了遊戲和歡樂，但這種遊戲和歡樂並沒有消弭創傷，而是成為了創傷表達的有機成分，因為從精神分析學的意義上來說，創傷本身就是快感和痛感的奇異交織。換句話說，周牆的陶藝作品不再表達一種單向的、確定的情感指向，而是對某種無以名狀的內心裂痕的迫近。那麼，遊戲精神一方面是對於符號秩序的自由拆解，是對現存文化形態的一種叛逆，另一方面也是對單一目的或意念的超越，它激發了創作過程的解放，也帶來了作品意義的不確定性。

　　在對作品不確定性的強調上，周牆的一大批陶藝作品都超越了具象的視覺形態，以抽象藝術的面貌呈現出內心的隱秘韻律。周牆的不少陶藝作品同我的「蹤跡與塗抹系列」攝影有著共通的追求：表面的粗糙感，線條、色彩所凸出的質感，構成了這批作品的基調。尤其像《1980年代，陣亡的海鳥》、《祭紅》、《白夜之光》、《夜・燦爛》、《今夜，我要帶你去床上和天邊》這幾件作品，一掃主流陶藝的柔美情調，呈現出某種金屬般的、帶有鏽蝕感的、晦暗的神秘光澤。《溫暖的情緒》則是周牆向抽象藝術的鼻祖康定斯基（Wassily Kandinsky）致敬的一件作品，不過卻讓我更想起米羅（Joan Miró）或克利（Paul Klee）的繪畫，在那種明快的色調，帶有童趣的、靈動的線條和斑斕的點的聚合之下，人形的似有似無達到了「色不異空，空不異色」的境界。這樣的禪意當然也體現在周牆的《泥禪之一》中，這件作品用簡單而又充滿質感的色塊和糾纏的線條來總結世界的呈現模式，你不妨可以從中看出土和石的形態輪廓，但它們終究仍歸於色塊和線條。這樣的似有似無也使得周牆的部分陶藝作品顯示出某種超現實主義的面貌：如《淺睡（1）》和《淺睡（2）》這兩件作品，若隱若現地描摹出眼睛般的色斑和有如舞動的藍色條紋，從中我們似乎可以體驗達利（Salvador Dalí）般的迷濛夢境，一種「但願長醉不願醒」的銷魂。從《白夜之光》、《夜・燦爛》、《今夜，我要帶你去床上和天邊》這幾件作品的標題來看，周牆對於「夜」的興趣是空前的。不過，值得探討的是，在這些以「夜」為題的作品中，我們看到的卻不只是──或完全

不是——黑暗。周牆強調的反倒是「光」和「燦爛」，是從黑夜裡閃現的神秘的亮度。亮與暗的辯證法，正如有與無的辯證法一樣，並沒有一個終極的答案。無論如何，周牆讓我們看到了亮中之暗和暗中之亮：似乎是光芒在無數暗物質之間不懈地穿梭，有時盛開出腐朽的花朵，有時拋射出魅人的雷電，有時又被壓抑得緘默無聲。

由此可見，作為一個詩人，周牆的視覺藝術語言也同樣充滿了含混、緊張和多義。借用蘇軾對王維的精妙點評「詩中有畫，畫中有詩」，我們也可以說，周牆在陶藝和詩歌這兩種藝術類別間的創作態勢，大約可以戲稱為「詩中有陶，陶中有詩」。因為他把陶藝開拓成一種開放性的、多義性的藝術語言，通過對陶藝語言符號的重新組合，周牆將中國陶藝推進為一種相應於先鋒詩歌的，具有前衛文化特徵的藝術樣式。

2010

文學／寫作

從修辭化的歷史到歷史化的修辭

> 這就是□□□主義帶給美學的政治形勢。□□主義的回應是將藝術政治化。
>
> ——班雅明（此處引者刪五字）

　　在不同的歷史語境下，班雅明的格言似乎有不同的（假如不是完全相反的）對應。無論如何，只要有足夠的敏感，誰都不難發現，當代中國的宏觀歷史是美學化的、話語化的、修辭化的歷史，而這也正是所有嚴肅的中國當代寫作者所面對的。本書收集了作者近十年來對當代文學狀態的描述／論述，這些文章大都基於對這樣一個問題的思考：文學如何切入社會歷史？

　　文學與社會歷史的關係有多種，最普遍的是簡單地呈現歷史，似乎歷史的客觀性是不證自明的。這裡的悖論是，「寫實主義」實際上蘊涵了最為徹底的（儘管也是最為簡單的）主觀主義，因為只有絕對地信任和依賴主體呈現客體的能力，才有勇氣宣稱文學寫作能夠準確地再現現實。在所謂的寫實中，表層世界的一個角落被文字化了，深處的或別處的盲點依舊無法觸及。寫實主義所寫的不可能是完整真實的社會歷史，而只可能是遭到思維篩選的、經過主體過濾的歷史想像。從理論上說，寫實主義無法區分什麼是原生態的現實，什麼是面具化或包裝化的現實。而歷史的邏輯（或無邏輯），往往就淹沒在這種主體化的現實之下。那麼，在眾多情形下，這種自我依賴的寫實主義便有可能把歷史簡化成黑白分明的神話。這就是現代中國主流歷史寫作的輝煌業績，似乎歷史的辯證法僅僅存在於絕對正義與絕對邪惡的對抗過程之中，而寫作主體永遠代表著正義的歷史主體。

這種寫作的罪愆在近年來要麼從主流話語成功地進入了大眾視聽文化，要麼急速轉向另一個極端，也就是說，對歷史意義的虛無主義理解徹底拋棄了歷史的深度模式。商品時代洶湧的暗流有力地推動了對歷史的閒適把玩：時間的距離使劇痛昇華，凝聚成懷舊的收藏或古玩。歷史中的創傷被有意無意地掩蓋、忽視、裝點和塗抹，歷史遺物僅僅提供了趣味和自娛。從實質上來說，這是膽怯地逃避歷史一種方式，儘管歷史在材料的層面上獲得了重視。對歷史的抽空在某種程度上是主流話語失效後的後備策略：歷史的隱秘的動力機制（不管是否能夠真正認知）被再度規避了，另一種幻覺瀰漫在後歷史的迷霧之中。

作為語言的構築和修辭的產物，歷史（書寫的、口傳的或哪怕是影像的）從來就沒有絕對的真實。相反，修辭化的歷史是不斷的曲解、掩飾、捏造，那麼，當今無法避免的迫切課題便是，如何解除語言的遮蔽（魔法），如何解構主流修辭（包括宏大敘述）的文化壟斷。這種解構不是置身主流修辭模式之外剝奪其合法性（這種另置主體中心的企圖再度落入了主流歷史模式的窠臼），也不是置身歷史之外的超然觀賞（這種缺乏自我意識的間離往往拋棄了歷史的道德判斷而從邪惡中掘取樂趣）。解構的要義在於從作為歷史的修辭和作為修辭的歷史之中（而不是之外）開啟其無法彌縫的罅隙，而這種罅隙在我看來正是當代歷史用修辭來掩蓋的東西。

當代文學再度顯示了修辭的力量，只不過這一次，修辭以自我否定的面目出現。這種否定也是對美學化的歷史情境的自我反觀，常常呈現為反諷和戲仿。這樣，修辭就不僅是一種文學技巧，而是訴諸歷史記憶的一種文化努力，是同過去、同他者和自我的詰問或對話。

廣義地來說，修辭作為文學模式（或文化模式）所規定的不僅是語言思維的基本形態，而且也是社會生活的基本形態。也就是說，是文學的形式本身，而不是形式所包含的內容，具有直接的社會意味。中學語文式的文學批評常常習慣於遊移在形式批評和社會批評之間難以落腳。儘管「怎麼寫」（形式）的問題越來越受到寫作的關注，然而一旦涉及到社會

歷史，批評總是毫不猶豫地求助於「寫什麼」（內容）的問題。這當然不是「形式社會學」的理論闡述，但它試圖通過批評實踐來探討文學形式（修辭和敘述模式）的社會歷史意義。

1999

反語言：先鋒文學的形式向度

　　一場改革的風暴如果僅僅在生活的表層領域，而沒有在生命的深層結構上生成並驅動的話，社會的進步將會失重和傾斜。當今社會裡先鋒文學擔當起的任務似乎不是自覺的，但至少是自主的；從它的自主性方面來看，它對傳統的反叛就必須意味著一種超越文學文本之外的社會心理變革。

　　正是在這樣一種社會心理基礎上，而不是在「為藝術而藝術」的精英主義旗幟下，先鋒文學的語言形式成為對固有語言秩序的撕裂，或者說，是在業已規則化的文壇競技場上的一次惡意的嬉鬧。很顯然，傳統語言對意識的規範已經超出了語言本身的職能之外，從某種程度上說，在今天，不是傳統意識支配著語言，而是傳統語言準則支配著意識。因此，當文學也默契地成為某種帶有欺人性和自欺性的日常語言的守護神之時，人作為語言的佔有者一旦意識到對虛假的語言囚籠的專制不可忍受，一場自內而起的語言暴動便在無法遏制的憤怒下發生了。

　　似乎語言在被人創造之後就脫離了人自身而成為獨立的、難以駕馭的自動裝置。在這種情況下，語言和技術可以相類比：它們都是為人製造的，但又反過來成為統治人的異化物。語言的可交往性在一體化過程中變成了抽象的，甚至是空洞的外殼，語言反過來統治了人自己。人越來越無法控制一體化語言的到處傳播，這種傳播最終成為一種壓抑機能：人通過語言表達不了真實的內在感受。於是，人的意識不是被強權，而是被自己的語言鉗制了。這時，語言執行了精神分析理論中的「父法」的職能，它執行了象徵性的去勢功能（這種「鏟平」在語言的特殊境況裡也意味著對人的個體性、獨特性的滅絕）。

很難在一篇較短的文章裡對日常語言的虛假感和壓抑性作過多的實證剖析，不過至少人們逐漸相信，如人際交往中的禮儀語言，廣播電視裡的新聞和廣告語言，或者文藝節目中那種故作歡快的、故作傷感的、甚至故作激昂的矯飾語言的確在很大程度上掩蓋了生命的真實內容。當人的感覺被對象化的語言變成異化的、施加於人的壓抑機能的時候，換句話說，當一般語言不再是可信任的，不能表達人的真實情感和意向而成為規範化的、僵化的聲音或文字模型的時候，文學對語言秩序的破壞便很難看作是一種無意義的耍弄。或者，即使文學被看作遊戲，那麼也只有這種遊戲表現了在傳統語言秩序下的反抗姿態，顯示出同外在的、偽飾的語言紗幕的決裂。正是在這個意義上，先鋒文學對語言規範的有意識破壞是對「父法」的挑戰，它的成熟只能通過把攻擊性反指向這種「父法」並自居於它。因此，文學只有通過反語言——對語言的重塑——才能祛除語言法則的壓抑。先鋒文學的語言形式正是在那種語言的罅隙中顯示出對傳統意識的批判，建立一種反中庸、反整一化、反偽飾性的新藝術樣式的。這樣，文學語言的形式向度就不再是純粹的本體意義的擁有者而成為具有社會意味的文化內驅力。

因此，先鋒文學的語言叛逆不僅僅是藝術本體論的要求，這種本體論只能置於整體的社會語境裡來考察。這樣我們才能夠理解，為什麼洪峰的〈湮沒〉和〈奔喪〉不再具有一種傳統的悲劇性內涵而代之以將冷酷的現實（把女友推入湖心或觀察父親的遺容）轉化為輕描淡寫的敘述話語。在這方面，徐曉鶴的一些作品當然更具代表性。他在〈達哥〉裡的性描寫既不是浪漫奔放的，也不是猥瑣卑劣的，更不是色情挑逗的，而是用一種冷漠而坦然的筆調顯示出對普遍意識的衝擊。徐曉鶴的另一個短篇〈標本〉在探究性的、貌似好奇的，但又是直陳的客觀語言中考察人狗關係間「狗的癥結所在」——狗的毛色、屎、行為等等。事實是狗的現實性絕無絲毫意義可言，那麼這樣一場語言實驗根本上也就是將某種抽象的關係、虛假的現實性、意義和功能反嘲式地摧毀掉。語言在這裡變為反語言後，

不再呈現給人一種熟悉的但卻是偽飾化了的內容，先鋒文學用語言形式的本體元素化合成一種新的感性和意識。

先鋒文學剝奪了語言的虛假貞潔，它寧可通過玷污它、蹂躪它來激發它的感性魅力。殘雪和莫言在「醜」的語象製作中對抗了現實語言虛假的美。我之所以要稱之為「語象」，是因為這裡沒有意象、心象、形象和物象可言，一切僅僅存在於語言之中。殘雪的語象絕對是沉浸在輕鬆愉悅中的感覺的一種殘酷刺激，她的小說沒有平滑的、穩健的現實圖景，其中的恐懼與其說是抵禦性的、不如說是激發性的，是用反叛的語象剝制而成的惡夢標本（如老鼠或狼亂竄，牆或窗上冷不防戳出一個洞，母親融化成黑水或肥皂沫）：殘雪的語象充滿了新異的色彩和怪誕的體驗（莫言在《紅高粱》中對割下的耳朵在瓷盤裡血淋淋地蹦跳的描繪也有類似之處），這種語象完全撕去了日常語言的通俗感受，她似乎是用積木搭成的地獄重建了一個獨特的語象國度，在這個語象國度裡，固有的語言法則和秩序失效了，你會發現被現實語言掩飾並忽略的荒誕感和戰慄感無情地凸顯，它並不可怕，但它決不能被欺瞞。

可以說這種反語言的文學態度在先鋒詩人的作品中達到了頂峰。從本體意義說，詩就是要創造出一種異於現實語言的自為的語言；而先鋒詩歌徹底拋棄了傳統詩歌中對現實語言的內在認同，當它從矯情、盲從和無知的欣快症中逃離出來之後，詩唯一的可能就是用獨特的語象呈現組合成一個嶄新的反語言實體。海男的組詩〈女人〉一開始就淡然地說：「我們偷聽目光落地的聲音」。一反傳統語言，「目光」一詞的安置（不但「落地」，竟然還能被「偷聽」）顯然突兀地打破了日常語感序列。在這裡我們完全不必顧及詩句的隱喻含義，單從語象的營造上來考察，就可以發現先鋒詩歌對日常語言和傳統詩歌語言的討伐。同以上這個詩例不同，不少先鋒詩歌用貌似口語化的詩句反諷化地挖空了口語中的虛幻內涵。另一位女詩人丁麗英的組詩〈巫術〉中有這樣的句子：「阿扎老弟／我坐著航空母艦回來／掀開毯子探出幾顆腦袋來愛你／我拐彎抹角地溜進你的呼吸／翻過這口氣看另一口氣／我仍舊淹死在某個很髒的日子裡」──這裡完

全沒有運用通感、詩化的修飾語等技巧，但整體語象組合成口語性框架內的形式張力，它甚至比遠離日常語言的詩化語言更具反叛力量：它披著口語化的外衣幹著顛覆傳統語言的勾當。這樣的詩歌甚至用詩意化的粗鄙實現了對現實語言中溫文爾雅的庸俗的決絕，如在安然子的組詩〈頌歌〉裡有這樣的句子：「她說／夜裡我這裡有老鼠絕妙的踢踏舞／她說／我愛你——一百年前我就玩命地愛上了你——我和另一個／男人生了98隻老鼠她說為我驕傲吧安然子她說／我一下子就他媽陽萎了……」。我們足以想見丁麗英和安然子由對日常語言的焦躁不安而頓起的破壞語言的歹念。

先鋒文學的反語言特性不僅是語象和語式上的微觀重塑，同樣也是整體語言結構的崩潰。馬原的小說似乎最早急不可耐地將邏輯因果性、敘述過程的完整性拆成碎片。從這個意義上說，馬原假冒了敘述者的角色，他的敘述遊戲在暗地裡嘲笑了那些日常語言中虛假的完整表面：那些用日常語言人為地粘在現實之上的補丁被馬原悄悄地撕掉了。於是語言不再呈現出無裂隙的、無矛盾的、同一化的表象，寫作成了對語言的隨機處理，而這種隨機性事實上也是現實的本真狀態。馬原不露鋒芒地而且頗有風度地塗抹著故事塊面，在這種對整一化語言的偽飾功能的蔑視下，馬原小說的結構內涵當然就超越了形式上的巧智而具有了反語言的動力效應。因為它寧願呈示給你一種殘缺的生活形式而不願用被模塑好了的語言構造將生活過程完美化。在一些更超離現實語言的小說作品中，如孫甘露的〈訪問夢境〉和〈信使之函〉、格非的〈陷阱〉和〈褐色鳥群〉等，語言遊戲達到了極致。他們的小說顯然帶有詩化的嫌疑，但卻是冰涼的，並沒有患上偽浪漫主義的炎症。這樣的小說敘述同樣基於對傳統語言範本的棄置，它們用超現實的語象潑灑成的奇異故事構成了一個脫俗的伊甸園。

這樣我們又回到最初的論題上來：對傳統語言的破壞正是先鋒文學通過反語言的形式顯示出來的社會姿態，它並不應當僅僅是文字玩具，潛心於自身的優越感中超離於現實之上。相反，反語言正是語言自身的辯證要求：這種辯證法體現為自我否定，並在否定中塑造出新的生命。語言如果沒有這種自我否定的勇氣，那麼在語言律法下的壓抑心態將永遠不能獲得釋

放。然而社會心理革命的基礎恰恰在於對現實語言的革命，這是反語言的先鋒文學的社會意味，也正是處在變革時代的我們不斷否定壓抑，創造新文明的唯一指向。

1988

先鋒主義：語言中的政治

中國美術館裡的兩聲槍響意味著什麼？在龍年臨終的時刻，它是不是對這個惡毒的年曆表的一次象徵性擊斃呢？我們沒有獲得任何關於這方面的闡釋訊息，但無論如何，留在畫面上的那兩個槍眼是對那場電話通話（無休止的、滲透性的、柔軟的語言聒噪）的強行打斷。

這個藝術案件被判定與政治無關顯然有其特殊的人際背景。撇開這點不談，今天的藝術觀賞者們至少應當留意到，先鋒文學和藝術並不是像某些遲鈍的、一無所知的批評家所推測的那樣，僅僅是晚會上的一檔高雅節目，或者盛宴上一道難以下嚥的菜。恰恰相反，先鋒文化拒絕高雅，它的精英主義姿態僅僅是為了同媚俗的大眾趣味保持批判的間距，這種趣味正是由舊有的政治規範培養起來的，認可並沉淪於現實原則而喪失獨立的、創造性人格的一種鴉片劑。從這個角度說，先鋒文化參與了變革時代的政治是毫不足奇的：它是對某種腐朽的政治規範的棄絕，它表現了所有年輕的文化精英的政治意識：一種自由，一種對到處滲透的統治性權力的反叛。

政治就其質的方面來看是對權力的操作，在現實權力的基點上，語言以及作為語言的文化無疑是最根本的權力體系。操作一種語言便等於操作一種權力，語言的政治含義永遠存在於它的執行方式，而不是它的外在語義上。任何一種語言體系都規定了（以強權的方式）思維或行動的可能與不可能，而社會的一元化的語言規則正是某種權威主義的政治遺產所滋養的。很顯然，和「語境」不相符的語言將被認為是非社會的、不合理的。在上述那個案件中（一種文化語言或行動語言），槍聲越過了戰場

的界域而抵達城市的文明建築內（尤其是在一次莊嚴的高貴的藝術展覽上），成為驚人的、對語言權力的挑戰。

什麼是腐朽的語言？什麼是革命性的語言？只要人們能夠稍稍理解在那種行動美學中的挑戰力，就完全不難體味到先鋒文學的語言政治是在一個怎樣的層面上發生的了。

如果徐曉鶴的小說語言不是在一種反諷過程中把在「文革」裡達到巔峰狀態的強制性、欺騙性的語言囚籠扭曲成一個荒誕玩具的話，我是不會對他一次次表示如此的敬意的。這個玩具裡隱藏著一種虛無性，一種對生命在語言權力的箝制下腐爛洞察和反叛。無疑，攻擊一種語言權力同時也就是建立另一種語言權力，不管它是民主的或無政府主義的。總之，這是語言政變的徵兆。張頤武對余華小說的解構主義式的分析同樣確切地指出了余華小說中語言對語義的分裂及其挑釁姿態，這種語言的革命性在我看來甚至也暗隱在像孫甘露的小說這樣的作品裡。後者由於完全摒棄了現實語言的操縱，而變成了在固有語言法律下的謀反者。當然，真正的先鋒性文學在今天仍然是十分孤立的，並未像有些人想像的那樣壯大（它的確也不可能在一片商業目光的簇擁下成為核心），但只要有這一點聲音，我們就能夠相信，優秀的藝術家們正在以其驚人的語言創造力成為現實歷史的驅動力。至少，在率先而起的先鋒詩歌中，諸如在何小竹、歐陽江河、李亞偉、廖亦武、萬夏、楊黎、孟浪、宋琳等一大批青年詩人的作品裡，作為生命的語言篡奪了作為工具和制度的語言的權力，一種語言的覺悟客觀上首先指向了政治的覺悟。

1989

超越現代主義

　　或許中國的當代文學從來就沒有，也不可能出現真正意義上的現代主義作品，諸如卡夫卡、艾略特所留給我們的那些現代經典。但是，如果因為中國的當代作家把目光過於迅速地轉向西方後現代主義的黑色幽默和新小說，就指責他們對現代主義的批判意識缺乏把握，恐怕也是失之公允的。

　　中國當代的新潮文學正是在超越了現代主義的意義上從後現代主義那裡獲取某種新的批判意識的。應該承認，在當今中國的土壤上，要培養起真正的現代主義作品是很困難的，除了魯迅的部分作品外，我們沒有從巴爾扎克直到陀思妥也夫斯基的批判現實主義傳統。不過，中國當代文學的後現代感，與其說是傳統來的，不如說更是從歷史現實來的，因為正是文革的殘酷現實把這些作家的意識從神話狀態猛然拋向了後現代，正如二次大戰的廢墟使西方文明從現代轉向後現代那樣。於是，現代主義對於批判意識能夠直接成為認識和實踐的幻覺破滅了。人們重又回到藝術是幻象的傳統觀念上來。但這種幻象最終是作為中介，作為一種批判的精神力量，指向認識和實踐的。

　　實際上這就是中國當代文學中現代意識的精華。它們缺乏悲劇感，缺乏處於某種殘酷表象中的絕望感：像在殘雪的一些夢魘般的小說裡，那些扭曲、怪誕的世界是用即興舞蹈式的物象輕鬆地拼搭出來的；或者像在徐曉鶴的許多作品中，荒誕沒有被悲觀主義地形而上化，而是作為一種反諷的語象體現為丑角狂歡節日。但是，如果這樣的作品被認為是某種精英主義的作家為賞玩製作的精雅鬧劇，那將是極大的誤解。事實是，當代文學中的佯狂意態不像舊式現代主義那樣通過絕望的嘶喊急切地超離世界，

它反而自己跳入荒誕或無意義的泥淖中去快悅地體驗生活的真正含義，以換取生存的更大勇氣。這裡也許的確有著民族內在精神中的道家意蘊：那種對「在螻蟻」、「在屎溺」中存在著真理的信仰。但是這一部分傳統意識恰恰已經被現代意識冶煉過了，因為在今天，這種清醒的、有意識的沉醉無論如何不是對異化的屈服或認同，相反是對一種更強大的封建傳統意識的否定，這種傳統意識是以膚淺的樂觀主義和一元論的社會理性為特徵的。因此，即使是在表面上毫無批判性的馬原的小說，也是通過要求在現實和思維中確認偶然的、瞬息即逝的、微不足道的事物的權利，用非同一性反叛一體化的傳統理性的。

當代文學的改革從根本上說是文學意識的改革。但是，如果把現代意識狹隘地局限於現代主義模式，卻是不恰當的。今天的新潮文學不會回到舊式現代主義的路上去，這是毋庸置疑的，而它的集遊戲和批判性於一身的獨特魅力不會淪落為唐老鴨式的代表文化拜物教的卡通喜劇，這也是可以確信的。

1988

瘋子‧狂人‧真假魯迅

　　1924年11月13日九時許，陳舊的日色下，一個陌生人頭戴灰色禮帽，身穿藏青色布衫加西褲布鞋，脖子上纏了一條雪白圍巾，手裡捏著一隻鮮豔的鉛筆盒，神色異常地躦入北京阜成門內宮門口西三條胡同（一條陰冷骯髒的泥巷），敲開了二十一號那個四合院的大門。鼾聲如雷的主人尚未醒來（大概還在夢裡一邊吞雲吐霧一邊唇槍舌箭），而女傭卻不合時宜地來報告這位北京師範大學教授，大名鼎鼎的文字音韻學家楊樹達的不期而至，於是主人不得不揉眼起床，恭迎來客。

　　在這個用借來的八百塊大洋購置的房產裡才住了半年的主人是遠比腐儒楊樹達更負盛名的文豪魯迅。然而，當魯迅打開房門，卻瞠目結舌地發現，來者並不是什麼楊樹達：他不但看上去比楊教授要年輕二十來歲，而且操的一口山東口音也和楊教授的湖南韻味大相徑庭。魯迅的不快油然而生。更令魯迅不快的是，這位冒楊教授之名前來拜訪的青年並無興趣請教什麼文學寫作的問題，對時世的險惡也不置一詞，甚至面對北窗的時候也沒有留意後園牆外的那兩棵將要流芳百世的樹木（一棵是棗樹，另一棵也是棗樹），反而蠻不講理地勒令魯迅把已經扔掉的學校通知（證明是明天而不是今天放假）搜羅出來。不過，這些魯迅都打算一筆勾銷，畢竟，說話率直的陌生人至少比起翻臉不認人的親兄弟來要無辜得多。

　　讓魯迅大驚失色的是，這位自稱楊教授的青年亮出了來意：討錢。不僅如此，他還知道魯迅一手領取薪水一手搜刮稿費，理應放點血來「救救孩子」，尤其是像他那樣貧窮的下一代。魯迅乾脆地回答：「錢是沒有。」（潛臺詞：命倒是有一條。但還要「我以我血祭軒轅」，並不隨意「俯首甘為孺子牛」。）這話也不假，魯迅借許壽裳等人買房的債一直要

等到日後去了廈門方才還清。青年卻死纏不休，連《晨報》的稿費都不放過，只可惜又沒擊中要害：魯迅記得清清楚楚，那篇譯文的稿費至今尚未收到，這一點，我們不必查閱帳目詳細的《魯迅日記》便應相信他的記性。直到聽見青年威脅說還要去找不久將成為論敵的陳源以及新近與他反目的二弟周作人，魯迅終於寬慰地微笑起來。他拉開窗簾，以便放心地端詳青年的瘋態，免得浪費了為寫作而觀察的大好時機。他甚至奉陪青年去廁所撒了一泡於他原本並無必要的尿，可惜最後連青年兩手攥著褲襠是不是在扣扣子也沒看清。

不料，青年用隱喻和反諷的修辭術，指著女傭剛端上來的熱茶感慨世態：「多麼涼。」這大大提高了魯迅對其智商的估價，但也引起了對此人來歷的疑慮。魯迅甚至開始認真揣摩他在面朝北窗時突然冒出的話：「我朝南。」他是不是一個惠施式的詭辯論者呢？如果北就是南，白就是黑，狗就是羊，他會不會像更晚輩的詩人那樣胡說「而魯迅也可能正是林語堂」呢？

魯迅最後的結論卻是：裝瘋賣傻。而裝瘋賣傻的目的，據魯迅揣測，則不外乎是「侮辱和恫嚇」，用「無賴和狂人」相加的面目逼迫他收起那枝惹是生非的筆桿子。這「侮辱和恫嚇」以及「無賴和狂人」之類的語詞，是魯迅在當夜寫就的一篇文章中所用的描述，這篇題為〈記「楊樹達」君的襲來〉的文章在十天之後便發表在創刊不久的《語絲》週刊上了。用這樣的回敬來恫嚇恫嚇者，當然是魯迅最拿手的了。

事態的發展又大出意料。文章尚未發表，魯迅便已風聞，那位真名叫楊鄂生的青年是真瘋，不是裝瘋。要臨時撤下文章已經來不及了。為表歉意，魯迅只好當即草就了一篇短文補發在下一期的《語絲》上，承認對於裝瘋的推斷是他本人的「神經過敏」，當然，也因為他對初發狀態精神病患者缺乏研究，「很容易有看錯的時候」云云。

如果我們沒有記錯，忽視初發精神病患者症狀的仙台醫專肄業生魯迅，是以寫「供醫家研究」的精神病患者起家而一舉成名的。〈狂人日記〉的原型，魯迅的姨表兄弟久孫，雖然不一定是「初發」患者，卻也畢

竟因為在魯家住過一夜，又由魯迅送至醫院並多次照看，而在日後轉化成了第一手的觀察資料。從〈狂人日記〉對狂態的逼真描繪，我們是否可以這樣推斷：沒有久孫，大約也就沒有光輝的狂人。

這個虛構的狂人，根據歷代注家的闡釋，發出的是魯迅本人佯狂的聲音：狂人是眾人皆醉我獨醒的典型，狂人說出了歷史的真理。然而，這類經典的佯狂者形象對於新文化的幹將魯迅來說實在是過於陳舊：從《論語》記載的楚狂接輿，到魯迅為其編過詩文集的嵇康及其朋友阮籍，到東方式的狂禪，在魯迅看來可能都無非是迂執之徒而已。這位勸青年人不讀中國書而已悄悄地熟讀了古書的新文化旗手魯迅終於不情願地陷入了傳統的巨大泥沼。狂逸，狂狷，狂宕，狂誕，等等，的確給狂人籠罩了一層層特殊的光暈。以致最終淪為宮廷弄臣詩人的李白在窮困潦倒之際也會吟誦「我本楚狂人／鳳歌笑孔丘」。

這恐怕正是狂人之所以被命名為「狂人」而非「瘋人」的最大原因。不過，即使被命名為瘋（如凌叔華的小說〈瘋了的詩人〉）或命名為癲（如沈從文的小說〈山鬼〉），以「瘋癲」來超越俗世的價值依然如舊。的確，魯迅如果不是林語堂，至少也可能是凌叔華或者沈從文。他大概不敢相信（或者蓄意遺忘了）世界上還存在著真正的精神錯亂。即使像棄絕了理性或遭到理性棄絕的徐渭或尼采，也許都只能視為佯狂精神的延續。尼采在《愉快的科學》裡所描繪的狂人更是宣告了人類已殺死了上帝的先知。1924年11月13日，以佯狂著世的魯迅睡眼惺忪地把瘋子也認作佯狂的敵手：他把瘋子稱為「狂人」，大大抬舉了那位病態的青年。

他不但沒有料到那個被他視為佯狂的青年確實失常，更沒有料到自己在這場兩狂相遇勝負難決的精神搏鬥中暴露了真正的瘋態。事後，他不得不汗顏地承認，那篇〈記「楊樹達」君的襲來〉的文章揭示了「他對我和我對他──互相猜疑的真面目」。瘋子的「猜疑」從何談起？無非是還想保留一點自憐的受害感罷了。但魯迅至少把自己放在一個和瘋子互為映象的位置，儘管他本人的妄想比起瘋子來實際上有過之而無不及。1924年11月13日，瘋子楊鄂生指著自己翹起的一隻腳朗聲大笑時，魯迅極富想像

地認定這是「在嘲笑我的鞋尖已破」。這恐怕正也是他所謂「侮辱」的所指。

魯迅的妄想顯然超出了他輕描淡寫地稱之為「神經過敏」的範圍。假如在1924年11月13日的魯迅和1918年4月2日魯迅所創造的狂人之間稍稍留意地加以比較，我們會驚異地發現，狂人的確就是魯迅，但不是歷史理性的代言人，反倒同樣是瘋態畢露的妄想狂。1924年11月13日，魯迅用這樣的眼光注視著他所面對的「恫嚇者」：「他果然有所動作了，是使他自己的眼角和嘴角都顫抖起來，以顯示凶相和瘋相，但每一抖都很費力，所以不到十抖，臉上也就平靜了。」（〈記「楊樹達」君的襲來〉）那些充滿「威脅」的食人肉者在1918年4月2日的狂人眼裡是這樣的：「果然！我大哥引了一個老頭子，慢慢走來；他滿眼凶光，怕我看出，只是低頭向著地，從眼鏡橫邊暗暗看我。」（〈狂人日記〉）魯迅及其狂人的妄想症的契合幾乎是不言而喻的。

這種契合意味著什麼？不是魯迅獲得了同狂人一樣對瘋狂的豁免權，倒是狂人和1924年11月13日的魯迅一樣暴露了不可否認的妄想。比如，〈狂人日記〉中的狂人認定「七八個人，交頭接耳的議論」是準備對他下毒手（甚至連多看他幾眼的狗也是幫兇），大夫囑咐「靜靜的養幾天」，「趕緊吃罷！」是養肥他的肉早日宰食的暗號。這些，都足以證明被吃的恐懼僅僅是幻覺。

而建立在幻覺上的，建立在對世界的誤解之上的，卻是新文化運動的里程碑。1918年4月2日的狂人是自信而妄想的，正如1924年11月13日的魯迅：他們總是站在歷史的高度，一舉洞察（或妄想）了世界的罪惡。這自信的洞察所遺留下來的誤讀的盲點至今未能徹底清理。而無論如何，一切妄想症患者們所期待扮演的，往往正是這樣的角色。

1928年初，杭州西湖邊上，一位把自己妄想成魯迅並扮演起魯迅角色的狂人脫穎而出，終於使魯迅嚐到了遭到他人妄想的滋味。當時，杭州的青年中盛傳魯迅抵杭，並在蘇曼殊墓前題詩一首，還約了數位文學青年夏天的時候到曲院風荷聆聽他的講學。最早對此事略有所聞的是魯迅移居

上海閘北景雲里之後的鄰居葉聖陶。但魯迅對傳聞並未在意。2月25日，魯迅又接到上海法政大學女學生馬湘影的來信，信上說「一月十日在杭州孤山別後」，不免令近十年未到杭州的魯迅頓生疑慮。馬湘影接魯迅回信說明後造訪了魯迅，當然，她看見的不是孤山依依惜別的那一位。

魯迅隨即派在杭州任教的魯派門徒許欽文稽查此案。許欽文不敢怠慢，找了章廷謙陪同壯膽，趕到西湖邊風景秀麗的松木場小學，拜望這位自稱因不見容於世而遁隱西湖的現代狂士。只見他身穿白褂，腳蹬草鞋，揮著教鞭自報「魯迅」家門，「悔其少作」式地貶抑了一下暢銷八萬冊的《彷徨》，臨別時並表示，今後許章二人若需文學指導，他將不吝賜教。

魯迅一定閃過這樣的疑心：這是不是反動派為了敗壞他的聲名而製造的小小伎倆呢？如果甄寶玉當面能克賈寶玉，真魯迅是否也要以當面對質來制伏假魯迅呢？由於接受了上一次的教訓，魯迅採取了異乎尋常的低調處理。在隨後發表的〈在上海的魯迅啟事〉一文裡，他巧妙地聲明：一個也姓周，也叫魯迅，也寫過一本叫《彷徨》的書的人並不是不可能存在的，只是，他和「在上海的魯迅」，那個所著的《彷徨》尚未銷至八萬冊的魯迅無關。無論如何，假魯迅很可能正和假楊樹達一樣，無非是又一個試圖以假託名人來滿足自戀的日常瘋子罷了，不必較真。

擺脫了妄想的魯迅的確身手不凡得多。更為不凡的，是在私下轉告杭州市教育局的官員，從官方管道（哪怕也可能是反動當局）制止假魯迅繼續行騙。同年七月，難得閒適的魯迅到杭州「微服私訪」，和許廣平度了一次早已許願的杭州蜜月（按：僅四天而已）。他沒有去找假魯迅，而是在許欽文的午宴上吃壞了肚子。肉身凡胎的魯迅要可愛得多：畢竟，他這次是主動要去上的廁所。

佯狂或反諷雜耍
──論徐曉鶴的〈瘋子和他們的院長〉

成功的作品不是在虛假的和諧中解決客觀矛盾的那種，而是在它的內在結構中通過將純粹的和無法和解的矛盾具體化，否定地表現和諧觀念的那種。

──阿多諾《棱鏡集》

自波特萊爾以來，眩暈成為偉大的現代詩歌中的中心感受。

──阿多諾《否定的辯證法》

和他的湖南同鄉不同，徐曉鶴小說中的怪誕意象既不來自韓少功式的野村古鎮，也不來自殘雪式的近乎噩夢的潛意識，而是來自一個荒謬可笑的瘋狂世界。他的中篇小說〈瘋子和他們的院長〉作為他更早寫的一個短篇〈院長和他的瘋子們〉的續篇，似乎是「增熵」的某種暗示。在上一個瘋子故事的結尾處，由於院長的退休，瘋人院變成了學校，雖說院長不肯甘休，企圖再辦一個「集全村瘋子之大成」的瘋人院，但終於沒辦成。〈瘋子和他們的院長〉竟然使院長的希望死灰復燃，這個「集大成」的瘋人院不但辦了起來，並且擴大了隊伍，更加浩浩蕩蕩。於是，〈院長和他的瘋子們〉中稍嫌孤零寂寞的癲狂行動變成了〈瘋子和他們的院長〉中永不衰竭的無序的嬉鬧，只不過這種嬉鬧完全不是生命之泉的自然噴湧，而是鬼魂附體的死亡舞蹈。在這篇小說中，徐曉鶴漫不經心地設計了一個供瘋子們演出的露天劇場，而當這些瘋子把他們的快活、悲切、希冀、失望、焦躁、詭詐、熱情和憤怒赤裸地展示給我們的時候，我們不禁暗暗吃

驚地發現自己早已陷入了同樣一種境地———一種既可笑卻又為我們樂於生存其中而不願拋棄的境地。但一旦我們開始意識到徐曉鶴筆下的瘋子和我們自己的某種冥契的時侯，事實上我們卻是第一次從自己的瘋症中清醒過來。徐曉鶴的小說正是一面讓我們審視自己的鏡子，既能觀賞又能參與，而不是兩面必擇其一的風月寶鑒：因為我們既為這種瘋狂的遊戲所陶醉，又為這種荒誕的事實而憎惡。

在英格瑪‧伯格曼導演的影片《假面》裡，護士和受護理的精神分裂症患者這兩個角色隨著影片的發展越來越趨於同化，最終我們發現護士的精神病症反而更為嚴重。同樣，在〈瘋子和他們的院長〉中，院長和瘋子們在性格上幾乎沒有什麼差別，甚至可以說，正是瘋癲的院長激發了處在壓抑狀態下的瘋子的瘋癲。這是我們應當首先注意到的，否則我們便無法瞭解整部作品。是院長「帶領瘋子一個一個站在魏公塘洗不完的澡，將一池水捅得波瀾壯闊」，又是院長「一舉領導了那次著名的東征」。東征做什麼呢？直到我們讀完整部小說還是一無所知，只知道那個「朝自己的茅屋裡看了最後一眼，挺起肚子毅然加入東進的行列」的張金娥的娘，那個「領頭奔逃得望塵莫及，跨過一個又一個的障礙物」的古月胡，加上「一下子跑到前面，指引著正確的方向，一下子跑到後面，喚起必勝的信念」的院長，所有的人都把所謂的「東征」看作是一次重大的歷史性行動，然而，從這個顛三倒四、七拼八湊的故事裡我們卻始終無法找到「東征」的偉大意義來，除了一一跨過那些「鐵桶、鋼錠、木箱、四輪推車、淅水缸、汽車輪胎，」再回頭跨過「胎輪車汽、缸水淅、車推輪四、箱木、錠鋼、桶鐵」，除了在夜幕中「聳動的屁股左邊擺右邊擺」地匍匐前進，除了最後沿著鐵軌「合力推一個火車丟棄的車廂」之外，無非是「擤了一把鼻涕，一看沒哪裡好揩，就胡亂地抹在身上」，或者「伸手去胯襠邊捫住蟲子隔了褲子只一搓，立即碾成齏粉」。但正是這些猥瑣的瘋子事件和抽象的偉大「東征」的對比形成了反諷的巨大張力，而這種反諷也可以說是從赤裸裸的現實和偽飾的虛假意識之間的辯證法衍生出來的。它不是具體意義上的諷刺，不是對任何人、任何事件的單純嘲弄，而是發自矛

盾的內心深處的空洞笑聲，一種對生活既讚歎又疑惑的動力性本能。從整體效果上來看，這種反諷同約瑟夫・海勒的《第二十二條軍規》的黑色幽默頗為相似，二者都試圖用一種「可笑的嚴肅」指明一般的荒誕狀態；所不同的是，徐曉鶴的來自楚文化傳統的奇詭的語言風格是他的美國前輩所沒有的。

〈瘋子和他們的院長〉中的反諷功能首先是由作為藝術本體的小說語言所負載的。通過被閱讀，這種獨特的語言技巧所產生的張力又不斷牽引著閱讀的興趣。比如小說中有這樣的句子：

> 瘋子們從悲愴憂憤中昂起不屈的頭顱。鬼一陣慌亂，時刻準備著屁滾尿流。

我們不妨對這段話作一些微觀的分析。這裡，「悲愴憂憤」一詞的悲壯感對瘋子來說顯然是不恰當的，在我們閱讀的時候，暗隱著的潛話語會立刻湧起「荒唐的癡狂」的瞬間感覺（這種感覺當然不是明確地訴諸意識的）；再往下，用「不屈的頭顱」來形容瘋子的倔勁也帶有明顯的冷嘲意味。儘管如此，我們的這種感覺依然是脆弱的，因為一旦我們根本的疑惑──「悲愴憂憤」和「不屈的」所本有的英雄主義價值究竟在何、為何存在──突然滲透到我們的閱讀過程中，滑稽感和悲劇感便會奇妙地、新穎地同一起來。不管我們怎樣認定「悲愴憂憤」和「不屈的」的莊嚴性不放，徐曉鶴的小說語言確確實實是把我們從詞語的抽象本質中解放出來，這樣做當然不是翻轉這種抽象本質的涵義，而是否定這種本質的存在，並且反過來也確定了像上述詞語中的那種莊嚴感的偶然的有效性。從結構的韻律上來看，如果說這一句是「揚」，那麼下一句便是「抑」。「鬼一陣慌亂」，立刻把先前僅有的一點悲壯感一掃而光；而接下來的「時刻準備著屁滾尿流」就更為有趣，作者又通過打破漢語語彙的習慣性搭配，在通常被用於描述一種臨危不懼精神的「時刻準備著……」後面接上「屁滾尿流」，這不僅是喚起「奇異感」或「震驚感」的有效手段，更是對上一句

所引出的反諷意味的強化。我們的閱讀經驗最終被攪得六神無主，可笑和莊嚴、卑瑣和英勇被嫁接出一種超現實的奇特生命。

　　類似的例子還有許多。又如：

> 瘋子們興高采烈要唱很多的歌。院長夫人義正辭嚴不准他們唱，他們只好不唱。裝作沒一點事的樣子嗯嗯呀呀，其實心裡充滿了激情。

　　瘋子心裡「其實」充滿了激情，顯然是很荒謬的。然而，誰又能否認這不是一種真正的激情呢？而當我們發現這種「裝作」和「其實」原來也同樣是我們的日常經驗的時候，我們更為這種始終伴隨著我們的詭論所激動，甚至在一種強烈的認同欲望下，我們會發現這些瘋子正是我們自己。要麼瘋子的激情同我們的一樣合理，要麼我們的激情同瘋子的一樣荒謬。徐曉鶴的〈瘋子和他們的院長〉始終讓我們在這樣的兩難境地中暈眩，直至我們放棄這種非此即彼的選擇，而在承認這種詭論的必然性的境遇下暫時平衡下來。

　　可以說徐曉鶴對於能夠達到這種效果的反諷語言的把握是十分聰穎的。當然尤其值得一提的是他對成語、習語的破壞性運用。我們知道，日常語言中慣性最強的成語、習語的語境要求是極其嚴格的。因此，摧毀這些成語、習語的常態語境，肯定是文學語言產生乖戾的、反諷的效果的基本手段。在〈瘋子和他們的院長〉裡，除了我們以上所舉的一些例子之外，還可以信手拈來以下一些句子：

> 院長鼻子從裡面黑到了外面，汗在頸根上車出一道道螺紋。依然是壯志未酬的樣子。
> 蛐蛐在聳過屁股的地方忘情地謳歌。
> 地上有一塊乾乾的尿跡，引一隊螞蟻歡喜若狂。
> 往左！往左！院長在後面指揮。前頭瘋子們卻轟轟烈烈朝右邊去

了。無奈只好跟了右邊去。

院長深謀遠慮地看著太陽怎樣落下又怎樣升起，感到肩頭的責任越來越重大。

男女瘋子在橋上會師，紛紛地只是握手。

（以上重點號均為引者所加。）

這些句子根本不用細讀，它們的反諷意味是在閱讀瞬間裡不斷迸發的。這裡正如法國後結構主義理論家雅克·德希達所說的，寫作，偏偏就是由文本間的差異和延宕所決定的。徐曉鶴的小說就是通過用創造性的語象對傳統文本的破壞來達到他的強烈的反諷效果的。從這種反諷的超越文本的意義上來說，虛假意識，或許正是部分地由於抽象語言的強權統治而產生的，就如另一位法國後結構主義哲學家米歇爾·傅柯所指出的那樣。生活形式生產了語言，而異化的語言又反過來以它的規範暴力地制約了生活。因此，顛倒這個抽象語言世界的秩序和倫理律法的努力，比如，抽乾「悲愴憂憤」或「不屈的」的悲劇性精髓，實際上也就是搗毀虛假意識統治的一次反叛的實踐。

不能否認〈瘋子和他們的院長〉中的荒誕感同時也是由小說中的基本事實組成的反諷內容所決定的：一方面是奔忙的、激奮的崇高使命感，另一方面是可笑的、卑瑣的無聊行動。徐曉鶴的反諷，正如我們先前所說，透徹地揭示了這種生存的困境。它是作為現代寓言機智地嵌入生活狀態的逗趣，同時又是以對這種玩笑的深刻否定將人們喚醒到更高的生活層面上來的有力嘗試。只有徹底地體驗這種玩笑，了悟到這種玩笑的內在恐懼，才能超越這種恐懼，用語言的法術祛除它的壓抑；同樣，也只有再次異化的語言才能扭轉異化的意識，因為在異化的意識面前，任何傳統化的批判或簡單否定都被證明無濟於事。當然，從一種意義上說，揭示荒誕是對荒誕的某種抗議；而從另一種意義上說，這種對荒誕的輕描淡寫或者戲擬卻是超越荒誕事實之外的荒誕遊戲，沒有任何對異於荒誕的理想實體的內在要求。徐曉鶴的小說正是這種否定實踐和否定遊戲之間的衝突的典型

表徵。

　　需要指出的是，徐曉鶴的寓言決不是來自抽象概念的哲學演繹，恰恰相反，這種來自客觀生活的感受是這個社會經歷了「文化大革命」之後的噩夢般的反省。這個噩夢用貌似諧謔的笑聲噁心地塗抹自己的嘴臉，明確地告知人們它所畫的臉譜，從而殘酷地把沉溺於甜蜜幻想中的讀者喚醒到它的隱秘現實面前來。它啟示性地展示給我們的那種殘酷並不是對於荒謬行為的絕望體驗，而是積極投身於這種行為之中的快悅和茫然無知。在他的另一篇小說〈宣傳寶及其他〉中，徐曉鶴現實地描寫了一個被十年浩劫扭曲了的精神病患者的形象──宣傳寶。宣傳寶能手持紅色喇叭筒，在大街上把什麼社論、重要講話、新聞公報、委員名單「背得落花流水」，「只偶爾把按姓氏筆劃為序的名單搞倒了一下，馬上又能自己糾正。」而〈瘋子和他們的院長〉中的人物行動正是這種現實疾患的極端化的荒誕宣洩。像對「宣傳」的嗜癖一樣，瘋子們充滿荒誕意味的「會師」，院長的炮製噴出五顏六色焰火的地雷和扯著皮尺偵察莫名其妙的案情，都幾乎無法否認就是某種畸形現實的真實呈現。這種畸形現實曾被「正常」的華麗光彩所遮蔽，如今卻被刺破了硬化的表面，在這些瘋癲的破碎事實面前，我們終於看到了自己被虛假意識佔有了的異化形象。

　　美國馬克思主義文藝理論家弗雷德里克・詹明信從文化分析的角度把精神分裂定義為「歷史感的喪失」。瘋子只存在於此時的瞬間，無法跳出現存來審視他的歷史存在，而這，事實上也就是虛假意識統治的歷史原因。瘋子無法揭示虛假意識，但我們能。「春天多麼好！言午許在前面謳歌了一句。院長暗暗著急，又拿他毫無辦法。『多麼好！多麼好！』瘋子們齊聲合唱。院長只得認了，春天確實是好。（領）『好得不得了！』（合）『不得了！不得了！』」當然，任何人也無法剝奪瘋子對於春天的美好享受，哪怕這種虛幻的幸福感在旁觀者──正常人看來是多麼荒謬可笑。是的，當虛假意識的統治被普遍接受的時侯，沒有任何荒謬事實能被察覺，正常與乖戾的區分只有在除絕了虛假意識的更高一個層次上才能理解。然而，什麼是虛假意識卻是一個永遠無法證明的問題，因為我們永遠

處於自己的層次系統中，那麼根據哥德爾定理的深刻的推論，這樣一種自我相關的判定顯然是不可能的。於是徐曉鶴選擇了一個本質上是假造的、因而是低於現實的系統——藝術，在那裡，被推向舞臺中央的荒謬——這無非是虛假意識的情感化術語——被我們感知的光束照亮了。

　　既然韓少功筆下的丙崽可以和魯迅筆下的阿Q相比，那麼徐曉鶴筆下的「瘋子」和魯迅筆下的「狂人」也許可比性就更強。在魯迅那裡，「狂人」是作為穿透歷史的宣諭者來揭示社會的獸性的冷漠和殘忍的，如果我們審慎地考察一下作者和作品的關係，就會發現，在〈狂人日記〉裡，「狂人」是面具，而面具背後的表演者，那個激憤的控訴者則是魯迅本人。而徐曉鶴的瘋子卻完全不是作者的代言人。與用第一人稱的〈狂人日記〉不同，〈瘋子和他們的院長〉選用了第三人稱的敘述角度，這樣至少有兩點是可以肯定的：首先，似乎作品的客觀性被強化了；其次，作者的不介入（不是演員而是導演）反而更能顯示出他的態度。沒有任何敘述方式能把這種「客觀的」對瘋子事件的把玩更有意趣地傳達給我們了。這種把玩是一種「佯狂」，它並不內在地意味著對歷史的忘卻，相反，這樣做恰恰是歷史所教給它的；也就是說，那種表面上的病理學的「記憶缺失」卻正是被歷史剝奪了的「記憶缺失」，是歷史的恰當表現。有效的也只能通過把玩和愛撫去軟化那種荒誕。因為小說的客觀性並不意味著作者和瘋子的混沌一體，雖然粗看起來似乎作者並不比瘋子清醒多少，但實際上，不可能有任何一個瘋子會有意識地這樣去展示他們自己，只有清醒的作者才能以佯狂的姿態去透徹地感受這一切，並且意識到他在感受。從這個意義上說，這樣的不參與事實上是一種更深的參與，只是他感受到無法同瘋子截然分離，從而只能自療式地用這種近乎精神分析的宣洩來擺脫他的困境；這就好像禪宗的公案：意識在剎那間的一種非邏輯的、甚至嬉笑怒罵的情境下頓悟了。

　　於是我們可以看到那種用面具式的瘋狂大聲抗議的狂人（這種歷史的吶喊反而把「正常」社會翻轉為瘋狂）和那種把抗議貶值為瘋狂的戲謔的瘋子（這種倒楣的竊笑幾乎要把所有人都拖向恍惚、癡癲的濁流中去興

奮和嘔吐）二者之間的差異正是社會歷史的座標的差異。如果說在魯迅的狂人背後還隱約矗立著某種英雄主義的悲觀精神的話，那麼徐曉鶴的瘋子則甚至喪失了這種悲觀的勇氣，寧可將悲觀和樂觀都置之度外而專注於那種頑皮放縱的無知之中。

正是通過這種佯狂的無知，通過將末日般的悲劇兒戲化為世俗的鬧劇，徐曉鶴用他的作品同現實建立了一種更富於現代感的批判和否定性間距。但正如我所暗示的，這種批判或否定不是構築在唯心主義、本質主義的理念基礎之上，它挖空了否定的本質或目標，本身就以文字歷史的面貌懸宕在我們面前，成為瞬間即逝的，但又是可不斷重複的反諷式語言雜技。

不過無論如何，〈瘋子和他們的院長〉中雜耍般的反諷意象絕不是一場逃避主義的純粹的感官遊戲，它的恣意縱橫、變化多端的藝術語言決不是麻醉式的流行曲，相反，它好像是被潑了一桶冷水的尼采式酒神，儘管還在熱烈舞蹈卻狼狽不堪。徐曉鶴沒有一點掩飾這種狼狽的動機，他反而把這種狼狽呈現在大家面前，正如加繆所說：「自從荒誕被承認以來，它就是一種激情，最令人心碎的激情。」只要我們把這種激情理解為徐曉鶴的，而不是瘋子的，那麼一切都很清楚了：不可能有真正的、徹底的同荒誕的決裂，甚至祛除荒誕的努力本身也在某種程度上處於荒誕性之中；但是與其屈從於荒誕，還不如傾注出全部的力量去否定它。儘管這是一場無休止的否定遊戲，卻仍然值得我們用否定的嚴肅性去看待，這也許就是〈瘋子和他們的院長〉這篇小說的基本接受前提。

哈姆雷特說：「演戲，這就是我抓住國王的良心陷阱」。國王因為在哈姆雷特安排的戲裡看見了自己而陷入慌亂，同樣，我們因為在徐曉鶴的瘋子戲劇中看見自己而感到震驚。哈姆雷特和徐曉鶴同樣以佯狂的方式展示了某種隱秘的真實，這種真實雖然叫人難堪或無法忍受，卻又是不可否認並且應當自我清償的。但是，艾略特的詩句「人類／不能忍受太多的真實」或許可以從另一個角度來解說：如果我們把這種不能忍受的真實用戲謔的、自嘲的形式呈現出來，那麼真實本身就根本不需要「忍受」，因

此，徐曉鶴的瘋子遊戲喚起我們的不是丹麥國王式的惱怒，而是對荒誕意識的淨化感。從這個角度來看，徐曉鶴的小說正是瓦爾特・班雅明所說的作為「辯證意象」的「廢墟的寓言」，它是用藝術的破碎形象的語言魔力贖救人生的一種啟示。

　　和聚集了出奇的癲狂精神的〈瘋子和他們的院長〉不同，徐曉鶴的另一篇短篇小說〈浴室〉相比較而言是在冷峻中體驗荒誕的出色作品。在赤條條的一群正常人那裡，籠罩著的依舊是一種荒唐無聊的氣氛：一個漢子在浴室裡的體操「帶有明顯的抒情現象」；洗澡時，「你瞟我一眼我瞟你一眼，大家都沒有什麼話好說；」「一個人在洗自己的腸子。沖一沖又甩兩甩，還扯起來對準光線照，大約怕漏氣。」這些夢境般妄誕的意象不像〈瘋子和他們的院長〉中那麼富於動感，卻在靜默與閑散中滲透著荒誕感。徐曉鶴在評論別人的作品時曾經說：「他小說通篇一個『閒』。盡是一些『空頭路』。但仔細一想，人世間究竟有幾件事不是空頭路呢？」這段話當然也可以看作他自己作品的註腳。不管徐曉鶴怎麼寫，他都是要驅散我們固有的被傳統理性所製作的「意義」，他通過對「意義」的漫畫化將它置於荒謬境地。需要強調的是，這裡不存在任何淺陋層次上的玩世不恭，因為這種對無意義的戲弄（這和馬原小說的意味極為相似，儘管徐曉鶴是通過反諷的語言效果而馬原則通過拼貼式的故事結構）不但是對生活表象真實的展示，同時也是對它的超越。

　　我當然並不認為這種對意義的棄絕同時也是對現實的棄絕，否則徐曉鶴小說中那種諧趣效果便是徒勞無益的。或許可以這樣說，正是這種非意義的現實被揭示才是使現實如此有意味的原因，也正是這種對意識的非意義化使現實從乏味的、僵化的虛假意義中解脫出來，歸返於有意趣的真實世界。瘋子的癲狂不在於無意義，相反卻在於「認為有意義」，而清醒的對無意義的耍玩和混沌的置身於虛假意義中的辛勞正是〈瘋子和他們的院長〉的作者和讀者與瘋子的根本差異。只有認清這一點，我們才不至於因為自己和瘋子的某種契合而惶惑不安，也只有擺脫了這種惶惑不安，我們才領略到徐曉鶴小說的真正魅力：一種對荒誕意義的頓悟和否定同時也

是荒誕形式的遊戲。徐曉鶴聲稱他的作品是「速朽的」，但正是這種對遊戲的速朽性的確信超越了速朽的荒誕意義而蘊涵了不朽的可能。

在〈瘋子和他們的院長〉中被徐曉鶴似乎是隨意地又似乎是蓄意地選擇了的那個瘋子群體中的各種荒謬事件，當然完全不是劉索拉〈你別無選擇〉中的森森、孟野或李鳴諸君的狂放行動。在本文結束的時候，我想強調的正是這一點：對那種有意識的佯狂和那種無意識的癡癲的區分同樣也是對徐曉鶴或徐曉鶴的讀者和他的瘋子的區分。也只有瞭解了這一點，我們才能最終明白為什麼我們尚有從這種荒誕中掙脫的希望和努力而那些瘋子卻完全沒有。

1988

戲謔化的冷酷
——讀洪峰的〈湮沒〉與〈奔喪〉

說實在的，我對洪峰後來那些馬原小說的仿製品感到憾意，因為在〈湮沒〉和〈奔喪〉這樣的作品裡，他曾經顯示了一種絕無僅有的語言態度，因此，重新喚起人們對這兩篇作品的注意，我想也許可以使他不至於被「馬原第二」的名聲所「湮沒」。

無論如何，這兩篇小說給人以獨特的強烈印象：那種近乎瘋子般的冷酷在人性被壓縮到最低限度的層面上施展法術。比如在〈湮沒〉裡，「我」不動聲色地很平淡地把未婚妻拋入湖心，並且等她「美麗的頭顱再也不曾露出來黑亮的明眸再也不曾看我柔長的手臂再也不曾伸出水面搖晃」時，才在這「最好的時機跳下去」，「然後開始十分仔細地在湛藍涼潤的湖水中尋找我的未婚妻。」小說到這裡戛然而止，不用說我們不知道救人的結果如何，甚至在他先前的一次見死不救和後來的幾次三番想把各位女友推下水之間也找不出正常的邏輯線索。似乎洪峰並不打算告訴人們這些，他只想在這種特有的語式和結構中，造成一種把冷酷的事實從形式上荒唐化，戲謔化，無聊化的效果。

讀洪峰小說的感覺有些接近於讀徐曉鶴的，只是徐曉鶴更多一些閒散中的冷嘲而洪峰卻用閒散的語姿做出十分濃郁的故事。他們的作品先前都經歷過一個英雄主義的階段，徐曉鶴有過〈野豬與人〉，而洪峰也寫過類似的〈生命之流〉。但不久這種英雄主義似乎是在生活的博弈中輸得精光，於是物極必反，他們作品中的人物不但失去了崇高感，甚至失去了清醒的理智，成為「精神分裂的反英雄」。所不同的是，洪峰小說的錯亂形態不像徐曉鶴的那樣始終處於調侃式的黑色幽默中，他的不斷的新奇可笑

的想像或境遇總是和殘酷事實的暗流襲擊融匯在一起的。

　　那個〈湮沒〉裡的主人公第一次把將女友推下水再救起的想法告訴她時，得到了戀愛告吹的結局；而後來的那個未婚妻則還沒有來得及反抗就真的被推入湖中。這究竟是殘忍呢，還是無聊得發膩以至於精神錯亂呢？洪峰〈奔喪〉裡的「我」在我看來和加繆〈局外人〉裡的莫爾索有根本的不同。如果說加繆想在人物荒誕性的背後體現一種對非人性的悲歡的話，那麼洪峰則乾脆對人性本身的莊嚴感表示了疑惑。〈奔喪〉裡的「我」在父親去世的消息傳來後卻還回憶著兒時摸姐的乳房的事或想著要去驗證爹的遺容如何勝過一件古典雕塑。從情節看似乎和〈局外人〉相近，但問題是洪峰的語言絕沒有乾枯沉重的負罪感，相反卻趣意橫生，而這，正是他和加繆的差異所在：荒誕本身被平常化了，而不再顯示為對傳統人道主義失落的執著控訴。當大姐叫一聲爹哭泣著喃喃而語「你為什麼不等女兒回來為什麼就這樣心狠之類的話」時，「我」卻想：

　　　　我不明白姐為什麼要說這些。人死了你何必要埋怨他呢？他又不是
　　　　高興在這種天氣死，況且等你回來死與不等你回來死又有什麼區別
　　　　呢？他死了發臭我們還活著怎麼他就心狠了呢？

　　在這略帶裝瘋賣傻的昏話裡，既有反諷的意味，但同時又蘊涵了某種清醒的真理。事實上不是他選擇了迷狂，而是迷狂選擇了他。這就是不可避免的現實性所在，也就是說，他的真實（或真理），只有在這種戲謔的迷狂中才能把冷酷的現實性清醒地呈現出來。洪峰敏銳地把握住了「反英雄」的歷史特徵，在渾渾噩噩的語言裡透露出十分的玩世不恭，從而把批判意識嵌合在賞玩意味之中。而在揭示這種永恆矛盾性的同時，悲觀主義和樂觀主義的兩難選擇被超越了。

1988

一半是自戀，一半是受虐：解析王朔

　　王朔這個全面商業化（包括他的小說、電視劇本和根據他小說改編的電影）的文化名字已經很久以來被誤讀為東方後現代主義的象徵了。這種誤讀確切地指明了當代批評的無力和盲目。批評的下賤還在於它不但無法察覺到在王朔對「特深沉」的嘲弄背後所具有的對精神麻木的擁抱，反而仍然不厭深沉地把王朔解讀成一種反叛的符號，負載著歷史的重任。當王朔調侃著所有的精英主義和現代主義的時候，極少有人意識到其中同官方意識形態的共謀性。我注意到一些極少的例外：老愚在1993年1月30日《中國青年報》上的題為〈一隻色彩斑斕的毒蜘蛛〉短文裡對王朔的讀者提出了警醒；又，陳平原刊於《二十一世紀》第十七期的文章裡也提及了王朔的反精英主義同當代中國政治的主流傾向的吻合。從這個意義上看，王朔可以說是對中國大眾文化的經典化：他似乎遠離了官方文化的體系，然而卻以一種更為隱秘的方式使那種體系的價值模式歸然不動。

　　慣於逗樂（不管如何粗陋）的王朔多年前製作了催淚式的《渴望》這個事實似乎並不令人困惑。「尋根」理念中（雖然不是所有「尋根」作品中，韓少功的小說就是例外）所潛在對某種文化價值的正面探詢（而不是負面質疑）正是一種矯情的「渴望」，渴望對母體的回歸，渴望真實的消逝。可以說，《渴望》顯露了王朔對矯情的真正愛好（這一類愛好在他早期的〈空中小姐〉中已初露端倪，爾後又遮掩起來）。這種矯情對於我們熟讀官方文學的一代是並不陌生的，它正是用來教導這個民族的每一個人成為良民的有效方式。矯情的道德劇的大眾化的潛能無疑同黨的文藝政策一拍即合，因為它教導大眾把災難和不幸歸咎於個別人性的腐惡而忘掉歷史的以及歷史在個體自身內部埋下的衰敗的種子。同時，它把希望寄託

在純粹的「善」那裡，這種「善」在今天幾乎可以成為整個政治或意識形態體系的壯陽劑。我在下面還會指出，在王朔那裡，純粹的、真實的惡是不存在的，或者說，是需要我們忘卻的或否認的。

王朔和他的擁戴者們或許將會否認《渴望》能夠「代表」他的作品傾向，但是這部在一次種族災難之後匆匆出爐並迫切地企圖使人徹底忘卻歷史傷痛的電視劇不能不說是一次輝煌的幫閒活動。即使在後來的《編輯部的故事》裡，我們仍然可以這種情節劇對道德催淚的癖好。動情故事加上廉價牢騷的確是一種昇華，使每一種憤怒和疑懼在簡單的發洩中消退，而憤怒和疑懼的歷史基礎或根源卻無人問津。從這個意義上說，王朔文化是順民主義的傑出代表：它往往通過適量的牢騷、無傷大雅的玩笑消解了叛逆的欲望。即使這種玩笑大到把「入黨」同義於「入襠」，我們所能感到的也僅僅是一種粗鄙的有趣，而絕不是面對荒誕政治現實的絕望的大笑。這種有趣的確是生命中不能承受的輕佻，因為它是對恐怖和暴行的調情，雖然不同於《渴望》裡淑女式的道德的、偽善的肉麻，卻以同樣肉麻的風騷的、打情罵俏的方式抵擋了一切嚴肅的對現實災難的透視。因此，儘管那種被誤認為具有先鋒性、叛逆性的因素往往從具有笑料的調侃的場景中挖掘出來構成了王朔主要的面貌，我們必須注意的是，王朔的幽默卻恰恰同樣是以對傷痛的堅決否認為代價的。被王朔的幽默所調侃掉的恰恰是對嚴重的荒誕性的意識，這種意識需要首先觸動現實與理念之間的反差與不諧和。當然，王朔對這種不諧和是一無所知的。他只是通過對理念的膚淺嘲弄，似乎把理念看做是一種不值一提的、不屑一顧的東西，從而回過頭來徹底地擁抱了現實，當然也在同時真正地屈服於支撐現實的意識形態基礎。在他的名作，曾改編成同名電影的小說《頑主》中，主人公于觀（或楊重）一邊奚落被醜化成虛偽的知識份子的趙舜堯的教訓，一邊自鳴得意地自稱從「不煩惱」，業餘時間無非是玩牌、看錄影、睡覺。很明顯，這種「不煩惱」是建立在對內在和外在現實的自我意識的沉睡的基礎上的，而不是建立在對傳統文化壓制的真正認知上的。王朔小說中主動的對自我意識的拒斥必須同真正的先鋒文學中對自我意識的無法把握的焦慮

和無力嚴格地區分開來。因為先鋒文學中的主體的罅隙、疏漏以及移置卻正是對煩惱的本體性經驗和體悟，是對現實壓制的顛覆。假設王朔的作品與後現代主義還有些微聯繫的話，這裡的差異似乎也可以被看做是通常所謂反動的後現代主義與反抗的後現代主義的差異。如果說作為反抗的後現代主義，先鋒文學揭示了主體在歷史中的有限性，通過展示主體的破裂或慘敗來表達對生命的關切，那麼王朔的反動的後現代主義則正好相反，它是一種對無主體的歷史的歡呼，一種對烏托邦向度徹底消失的熱烈讚美。王朔當然不是現實主義的，但他的沒有「典型性格」的人物既不是現代主義的隱喻符號，也不是後現代主義的欲望之流，他們是一些木偶卻企圖顯示為活生生的人，而不是以批判的方式表現木偶的蒼白性。王朔也許企圖成為一個豁達的作家，一個看破紅塵的作家，然而正是這種姿態在現實歷史的語境中顯得做作、矯飾，缺乏任何反叛的力量。從根本上說，王朔是缺乏幽默感的，那種牽強的、肉麻的幽默不是經驗中本有的，而是為了有意要顯示出態度的優越感而製作的。然而恰恰因為我們所處的現實是一個試圖不斷提供給我們虛假豁達感和優越感的陷阱，王朔帶領著他的讀者走向這個陷阱的愉快旅程無非是那些政治獵人所夢寐以求的文化動向。因為這樣可以避免血腥的場面，一種隱秘的、無聲的捕捉也不至引起森林之外的文明國度的驚呼。

從根本的意義上說，王朔文化的確和「尋根」文學共用了儘管粗淺，卻深刻地繼承了中國文化遺產中的可恥部分：以一種表面上超拔的姿態游離於現實，通過不接觸真實的現實在暗中鞏固了現存的體系。一言以蔽之，王朔的幽默是出於對於自身的和歷史的困境的無知而不是超越或把玩。我們只要比較一下莫言晚近的作品就可以明白王朔幽默的廉價。在莫言的《十三步》和《酒國》裡，那些令人捧腹的場面必然伴隨著一種真正的痛感，一種對社會和個人存在的荒誕性的可笑探險。徐曉鶴的喜劇敘述當然也是關於歷史與書寫的裂痕的，這種裂痕促使我們對於話語壓抑性與疏漏性的把握。這恐怕就是李歐塔的「崇高」（sublime）的觀念，一種快感和痛感的奇異混合。而王朔的笑是單向的，儘管他有時也會自嘲云

「千萬別把我當人」，他對這種非人的的處境也完全沒有任何疑懼或驚恐，反而徹底地擁抱了這個境遇。題為《千萬別把我當人》的小說甚至通過嘲弄簽名請願的「頹廢的詩人兼手淫犯」來重申官方的人權理論，也通過嘲弄西方的個人主義並呼喚民族的「全體騰飛」來複述規定好了的政治口號。從這段幾乎墮落為御用文章的章節中可以看到，自願地成為非人，自願地受虐，正是王朔小說的秘密所在，因為非人可以以表面游離於這個秩序的威脅的方式順從甚至協助這個秩序。〈橡皮人〉，一篇以自稱「非人」的方式描寫「正常人」的小說，通過將「非人」廉價化，歌唱了改革開放時代的經濟動物。這絕不是卡夫卡的甲蟲。對於主人公「我」來說，竟然「除了公安局，也就是這軍營安全點。」這種在國家機器面前受惠或者受寵的癖好一直延伸到小說的末尾，這個在篇首被描寫為「在恐怖和抑鬱中度日的男人」「被送進精神病院」之後，似乎加倍感受到「悠哉遊哉，自得其所，漸至無欲無念、不哀不怨之佳境」，如魚得水地投入了傳統精神價值和文化體系的懷抱。危險始終是短暫的，惡夢始終是臨時的，醒後的現實不是友人「那咄咄逼人的目光，變得溫和、平淡」，就是恐怖的黑影化作「熱乎乎的嘴唇壓在我嘴上」的情人。因此，我們可以發現，在王朔小說裡，任何不安或衝突都是虛假的，作業於傳統規範的軌道上的。以《我是你爸爸》為題的小說也最終總結於兒子馬銳在父親馬林生「懷抱」裡熱淚盈眶的現實主義承諾：「你是我爸爸，我是你兒子」。這是一次親切的認父儀式，通過確認秩序的等級來加強順服的願望。可以說，馬銳的每一次出軌都僅僅是對馬林生的忍耐力的測試，因而終於小心翼翼地回到了規範的位置上。不幸的是，這種怯懦的美學並不僅僅停留在自娛的階段，它大量地拋射到大眾文化的市場上，被誤讀為對傳統和現存價值的離異。然而，通過諸如此類的文化產品，任何貌似弒父式的倔強反叛都在虛晃一槍之後實際上引向對父法的絕對認可。當然，我們有理由對簡單反叛的英雄主義提出質疑，但是我們更有理由質疑那種喪失反叛衝動之後對壓抑性體系的徹底承納。

　　據說王朔的反叛性在於他對主流文化的不認同，通過對那些痞子人

物的自然主義描寫（或所謂「新寫實主義」）動搖正統的價值觀念。一種最為簡單的判斷方式如下：由於王朔棄絕了傳統敘述模式中對不道德的價值評判，他的作品便具有了某種反叛的意味。這裡我們需要警惕的是，王朔在什麼地方對價值標準進行挑戰？更明確地說，王朔在從某種價值話語那裡出走的時候，他是否真正走出了那個話語體系？很明顯，如果說傳統的價值話語是對現存秩序的維護的話，王朔的走向並沒有造成多大的差異。而他所代表的大眾文化也往往成為主流文化的一次回聲。因為他的人物陷入了同一類的秩序，在那裡外在的無價值掩蓋了內在的價值取向，因為某種同質的、沒有生命力的、缺乏個體性的行動最終是為總體性秩序服務的。正如〈頑主〉裡為人民服務的三T公司，似乎採取了遊戲的姿態，事實上卻恰恰是作為社會的一個螺絲釘發生作用的，無價值感的表面變成了絕對的價值感，貌似的反叛化為赤裸的順從。由此看來，于觀和楊重可以說是披著痞子外衣的雷鋒，用滿口牢騷或俏皮話來表達忠貞，以不在乎的發洩來掩蓋或平衡屈膝的羞恥。〈一半是火焰，一半是海水〉也同樣涉及了具有內在道德性和諧的現象，而不是相反。一個浪子回頭的陳腐故事，終結於對「廣袤的國土」的「壯麗山川」的抒情描寫，掃盡了任何「反主流」潛能。描寫對現存秩序的背離在這裡是缺乏自省的，從而使整個背離的努力失去意義：因此，張明的回歸並不出人意料。可以說王朔作品中兩種似乎相反的層面（一種是對道德的矯情，另一種是對不道德的矯情）恰恰產生了同一類的功能，它們同樣掩蓋了真正的生存困境和現實威脅，用人造的、無個性的哭或笑代替內在情感和自我意識。暫時的對傳統價值的游離成為極為做作的姿態，每每曲終奏雅，以妥協來取代所有的價值標竿。由於從一開始，某種輕佻感就陷在盲目的、自戀的狀態裡，王朔的痞子沒有任何對價值秩序的壓抑性的切膚之痛，因此他們並沒有對現實提出真正的挑戰，相反，即使那種被誤認為挑戰的因素也無非是另一種形式的投降罷了。那麼，從根本上說，連把王朔的小說稱為痞子文學都有抬舉之嫌，因為沒有一個王朔的痞子具有真正的痞子色彩，他們僅僅是偽痞子。如果說痞子尚有對社會現存秩序的瓦解傾向的話，王朔的人物通過絕

對的「玩」認同和妥協於他們所處的社會，「沒煩惱」正是對受虐的一無所知甚至默許。讓‧熱奈之所以被沙特稱為「聖者」正是因為他觸及了邊緣人的存在境遇：這種境遇不是王朔的自鳴得意或自暴自棄的主人公所能想像的。當然，沙特的主體理論遭遇了自我意識潰敗的困境；而王朔的無主體卻成為對壓制主體的外在體系的徹底默許。實際上，王朔從來就沒有反抗現實體系的企圖，他僅僅反抗一切對現實的反抗：他小說中多次出現的對文化精英、對民主運動的簡單嘲諷絕不是自省的、批判的解析，而恰恰是站在現存體系立場上的捧哏式的幫腔（這大概是喜愛相聲的王朔自我界定的角色）。這樣，王朔的平民意識同一切蓄意的平民意識一樣，無非是順民意識而已。這種平民／順民的特徵是：無個性而僅僅是群體──三T公司（〈頑主〉）、海馬創作中心（〈一點正經沒有〉，不是王朔本人參加的那個實際組織）、「全總」（《千萬別把我當人》）等等──中的一員，用詼諧的牢騷解除對牢騷之源的憤怒，以對傳統的表面棄絕來維護傳統價值，等等。這種平民／順民的經典代表是阿Q。而可笑的是，王朔的眾多阿Q們正被悖論式地表彰為當代社會中反英雄的英雄。王蒙在一篇盛讚王朔的文章裡（《讀書》1993年第2期）倒是洩露了王朔的秘密：「他把讀者砍得暈暈乎乎，歡歡喜喜。……發洩一些悶氣，搔一搔癢癢筋，到也平安無事。」這種平安無事當然是建立在下面這種滑稽的畫蛇添足的說明上的：王蒙在括弧裡鄭重指出王朔的流氓痞子們的犯罪或準犯罪傾向，不過，「（當然，他們也沒有有意地幹過任何反黨反社會主義或嚴重違法亂紀的事。）」這兩段話的綜合意味在於：那種表層的不安定因素無非是讓讀者輕鬆發洩的機巧罷了。這樣，王朔的人物可以等同於大眾文化中的所有典型：藍波、宋江、黎明，即使他們有些人曾經「嚴重違法亂紀」。

　　的確，王朔的人物曾經作為社會邊緣的畸形兒，揚揚自得地嘲弄著傳統、道德和價值。然而這種選擇幾乎成為另一個版本的英雄主義：他們用肯定性的方式沉溺於對自身的信任中，以陶醉的方式對待歷史的壓迫，或者說，在受虐的同時通過自戀來獲取快感。在確認王朔作品的反先鋒性

的時候，最重要的就是要指出這種用自戀來表達受虐的傾向。也就是說，如果我們對這種受虐有哪怕一丁點的意識，就不至於如此自信地以為王朔擁有了某種反對傳統價值的力量：因為王朔文化代表了價值觀上的阿Q，用不得已的嘲罵來對付傳統和現實的耳光，而在內心卻一心想回到那個傳統或現實中去。由此，我們就能毫無困難地把《渴望》、《編輯部的故事》、〈頑主〉、〈空中小姐〉、《千萬別把我當人》、〈一半是火焰，一半是海水〉等等看做是同一類型的作品，它們無不表達了一種對現實的認同，哪怕是試圖發出嘲諷的聲音的時候也只能落入貧嘴的窠臼中，被現實的體系徹底捕捉。從這點來看，王朔的命運也是當今新平民主義、新古典主義或新寫實主義的命運：一種對「主流文化」的簡單拒絕如果沒有堅決從內部揭示那種文化的傷口，只能在它向外游離的實驗中發現變成主流的一部分，變成極權的同謀。

1993

非政治的政治性：關於高行健戲劇的斷想

高行健

1. 政治的，太政治的！

　　從某種意義上說，諾貝爾文學獎委員會這次扮演的角色不僅是宣判者，而且（出乎意料嗎？）還是預言家。在頒獎辭中，馬悅然教授和他的同人們斷言：高行健的劇作既使當權者惱怒，又使民運人士感到不安。不過這一次，使雙方不滿的除了高行健的作品之外，還有瑞典皇家科學院獻給新世紀的授獎決定。果然，中國的外交部和官方作協抨擊高行健獲獎是政治考量的結果，而有的民運活動家（比如諾貝爾故鄉的茉莉女士）則厲聲指責高行健的反理想主義所代表的消極政治傾向。由於高行健近年作品流傳範圍的有限，政治性似乎成了他獲獎之後的中心（假如不是唯一的）話題。這對近年來竭力逃避政治羅網的高行健來說頗具反諷意味。

高行健本人在最近的談話中明確表示他討厭一切政治，因為政治總是對人民的玩弄。在幾乎同時的另一個場合，在一篇題為〈我心中的荒謬〉的文章裡，高行健堅決首肯了文學對抗社會（包括官方意識形態和大眾品味）的寫作理念。那麼，在一個全球化的時代格格不入地堅持個人的寫作，堅持與政治無關，堅持與社會價值相左，是否意味著象牙塔式的自我欣賞或自我愉悅？

文學藝術作為社會的反題，是阿多諾在《美學理論》中反覆強調的文學藝術的政治功能。對政治的拒絕，由此不能不被看做是一種個人的政治姿態，高行健的作品的非政治性可以說恰恰是他政治理念的表達。毫無疑問的是，高行健對政治的反感來自他個人經驗裡的政治生活所留下的心理創傷。對於這種心理創傷，我們或許應當遵從佛洛伊德的方式，從沉默、否認或隱喻中去指認。

拒絕政治，恰恰是因為異議政治在話語方式和操作方式上與主流政治的同謀。（試想，二十世紀前半個世紀的共產黨不也是異議政治的代表嗎？）從這個角度來說，中國官方的擔憂或許並不是絕對的愚蠢。

2. 元歷史之死：從主流政治到邊緣政治

說高行健的作品題材與政治完全無關當然是不確切的。但說高行健的作品過於政治化則更加離譜。比如，六四後寫的〈逃亡〉一劇明顯挪用了時事政治的題材。不過，細讀之下不難發現，作品的意義遠遠超出了政治吶喊或道德評判，政治的背景用以烘托的不但是政治對人性的影響，而且也是人性對政治影響的重新界定。政治事件變得不那麼重要，或者至少是不那麼具有統攝作用：這在當時的歷史旋渦中多少顯得有些迂腐，但也唯其如此才使文學具有了某種間離的效應。

高行健1980年代中期以後的其餘劇作都毫無當代中國政治歷史的線索可循。（小說《一個人的聖經》可能是另一個例外，但那似乎帶有相當的非虛構性或自傳性。）相反，高行健的早期作品，比如《絕對信號》（1992）和《車站》（1993），雖然沒有涉及具體的政治背景，也不是直

接闡述某種政治意念，但和當時的政治話語體系卻不無關聯。《車站》雖然挨批，我們卻仍能發現歷史發展主義的樂觀情調，一種對行動或參與的讚美，對旁觀或疏離的揶揄，同當時的擺脫社會／精神停滯、投身四化建設與尋求歷史進步的主流思潮是一致的。而《絕對信號》在一場驚心動魄的外在與內在衝突之後，終於表達的也是「咱國家不是好起來了嗎」的「光明的號角」。

　　1980年代中期是中國文學的轉捩點。高行健的寫作從某種程度上映射了當代文學史的發展歷程。先是「尋根」潮流中的代表作《野人》（1985），然後是《彼岸》（1986），一部頗具狄倫馬特風格的荒誕劇。《車站》中所表達的對歷史目的論的迷戀和信任在《彼岸》裡轉化成個人在群體面前的無望。對「彼岸」的虛無性的探索同當時先鋒派小說中對不確定性和自我懷疑的開拓具有一致的傾向。高行健的戲劇從《彼岸》開始擺脫了主流話語的統攝，此後的一系列作品，尤其是1990年代以來的《生死界》、《對話與反詰》和《夜遊神》，都凸顯了人類交往的困境、烏托邦的虛幻和元歷史的瓦解。

　　什麼是元歷史（metahistory）？元歷史是具體歷史之上的歷史「知識」，或者說是統攝無數現實歷史的一種人類歷史「規律」。《絕對信號》中的列車或多或少象徵著這樣一種單向的、前進的、經過阻難奔向終極的社會歷史進程。到了《對話與反詰》，高行健採用的上下兩場的結構不是把下場作為上場的發展：下場成了上場的「亡靈」，一次「後歷史」的遊戲，一次歷史經歷暴力之後的追憶和失憶。這裡的歷史不再是集體的、宏大的、民族的歷史，而是一次男女之間小小的邂逅，以及微觀的、非理性的誘惑、攻擊和殺戮。而這裡的後歷史失去了反思歷史的理性，歷史變得不可拯救，不可「揚棄」，而只能在言語的不可理解的重複與聒噪之下陷入絕境。劇中唯一明朗的存在是不時在男女背後表演默劇的和尚，用禪宗公案的方式解構了這對男女在前臺的種種行為。和尚豎立棍子和置雞蛋於木棍之上的不倦實驗幾乎是對人類理性生活和歷史的一次戲仿，不可能的目的變成了行動的唯一目的，同男女之間時而認真時而胡鬧的語言

交流相對稱。

在這裡，一切社會行為的理性基礎都遭到了質疑。質疑，但不是反對。在死後的那場裡，男女二人被幻覺和夢境纏繞，最後發現「門後什麼都沒有」，連記憶都沒有，夢都沒有，有的僅僅是自己都「不明白講的什麼」空洞言語。高行健試圖探討的是語言表達是否能夠抵達所謂的真實，是否能夠成為行為的理性基礎。茉莉對高行健的批評錯在結論，而不是解說。在我看來，高行健的懷疑主義和「虛無主義」正是理想的唯一可能：歷史告訴我們，一切自以為的絕對的、必然的理想主義卻難免一元化的極權。

3. 欲望的政治／神話

從一般的意義上說，高行健1990年代的戲劇作品同這個時代的後殖民與後現代思潮沒有任何關係。我們從他的作品裡看不到對文化霸權的反抗，看不到對社會公正的呼籲。他的內斂的、非社會歷史的、訴諸夢幻的寫作態度是在撒母耳・貝克特和英格瑪・伯格曼這條線索上的。實際上，文學中任何一種對反抗的直接訴求都將落入另一種話語霸權。而這正是高行健所清醒意識到並刻意規避的。這也就是為什麼他一再強調對政治的疏離。

如何深入地，而不是表層地理解這個生活在法國的，放棄了本土國籍的劇作家的地緣政治，是對漢語文學批評的一種挑戰。新批評之後的社會歷史批評往往對文學與社會政治體系之間的直接性有一種過度的信任。在漢語文學批評界，未曾有過新批評傳統的結果是對細讀的徹底忘卻。不過，面對高行健的作品，面對一種必須從語言形式而不是從意念上著手才能捕捉其意味的寫作，解讀如果不從風格學的、修辭學的角度出發，也許的確只能斷言其政治的盲視。

首先，什麼是當代中國所面臨的文化霸權？在本土社會主義的政治體制和跨國資本主義的經濟規範後面，是什麼主導了這個社會的文化形態，壓制了異質文化的聲音？文化中心的權力是建立在什麼基礎上的？嘗

試回答這些問題可以有多種視角，視角之一則是探討現代性的話語基質。假如社會主義和資本主義都把抽象的欲望作為社會發展的動力——只不過社會主義關注的是集體的欲望，而資本主義借助的是個體的欲望——那麼我們或許的確有必要對欲望的理性化作一番清理。從現代性的角度來看，欲望只有獲得理性化才能成為歷史的推動力。而這似乎正是毛鄧主義的現代性話語連接大眾需求和社會理念的秘方。這種現代性無論有多少傳統的根基，本身並不是本土資源的產物，而是西方啟蒙話語的產物。二十世紀中國的社會革命和經濟改革都是一體化全球文明的一部分。

也許正是從這裡，高行健沿著（後）現代主義前輩道路的寫作具有了某種形式意義上的社會政治性。在高行健的戲劇舞臺上，欲望理性的神話遭到了質疑：每個人的欲望都變得不可捉摸，沒有方向，充滿矛盾。在《對話與反詰》和《夜遊神》裡，男女之間的情欲或殺戮衝動完全是隨機的、無常的、易變的，缺乏情感邏輯的。這種隨機性的欲望無法昇華為歷史發展的動力，也並不作為阻礙歷史的反理性遭到否定或貶斥。高行健展示是欲望理性的神話的破滅，讓同現代性無關的初始欲望回到一種混沌的和駁雜的境遇中。

有意思的是，高行健用以反思現代性所發掘的「本土資源」是佛教禪宗的公案。從某種意義上說，禪宗是佛教中的解構主義，是對教條、偶像和絕對化的挑戰。禪宗對無意義的探究破除了對宇宙絕對真理的信任和膜拜，但同時也沒有製造另一個，哪怕是個人欲望的絕對真實（破「我執」當然是佛教的中心思想）。高行健在經歷了集體欲望的災難之後也並沒有試圖建立一個個體欲望的神話（而這種神話可能正是當代中國社會腐敗的理論基礎之一）。相反，通過禪宗公案式的對理性語言和理性思維的消解，高行健質疑了一切總體化的欲望和政治模式。

4. 抽象的身份，分裂的主體

從《野人》和《彼岸》開始，高行健後期劇作中的角色大多以類型為名（除《週末四重奏》外）：男人、女人、旅客、妓女、夢遊者、

痞子，等等。具體的、活生生的人消失了（這也許就是當代社會的特徵？），個人被抽象化為職業、性別等符號，再度顯示出現代制度下被剝奪了個體性的生存境遇。在集體主義的毛時代，個人是制度機器上的螺絲釘；後毛時代的現代化規劃認可了個人的物質需求，但同時把需求制度化、一體化，同樣抹殺了差異，並且以官僚體制來操控任何出軌的、異質的事物。身份化的角色命名的確體現了高行健戲劇的寓言性。當《絕對信號》裡「小號」和「蜜蜂」到了《對話與反詰》中被稱作「男人」和「女人」的時候，僅有的寫實性消失了。甚至具體的屬類也消失了，剩下的是基本的共性，或者說，抵達個體生命的「名分」在這裡並不存在。這種共性在展示壓制個性的同時展示了人性中趨同的一面：一個人的命運成為所有人的宿命。

但關鍵在於，這些抽象的身份在高行健戲劇中並不是固定不變的，而是可以互換的。換句話說，高行健最終揭示的是抽象身份的可疑與不確定。在《夜遊神》裡，高行健在人物表上特意註明：扮演旅客、老人、年輕女人、青年人、漢子、剪票員的演員又分別扮演夢遊者、流浪漢、妓女、痞子、那主、蒙面人。也就是說，旅客的角色在火車車廂之外的場景裡成為夢遊者，年輕女人的身份移到了街景下就變成了妓女，青年人遇到夢遊者和妓女時成為痞子，等等。旅客／夢遊者、年輕人／痞子、老人／流浪漢或者年輕女人／妓女似乎只是同一個人的兩個側影在不同的時空戴著不同的面具。也就是說，旅客就是夢遊者（旅行／遠征和夢遊的區別不再），正如年輕女人就是妓女（凡女人都有「妓性」？），而青年人總是痞子（內心墮落的普泛性？）。甚至，身份的曖昧使命名實際上變得不可能：年輕女人的性暗示早在角色轉換成妓女之前就已演示，而老人在頭等車廂裡就已經是無票的、找不到地址的、帶口音的異鄉人了。

我們不難發現高行健對抽象化、體制化身份的解構策略。這種解構顯然沒有回到對具體的完美的個體性的想像中去，沒有許諾任何重構的完整主體。相反，這種一元的主體在高行健晚近的劇作中被不斷地分裂、剝離、增殖為多元的甚至自我瓦解的主體。《生死界》，一部只有一個人物

（女人）說話的話劇，在說話的背後安排了丑角和舞娘所表演的各類無言的角色。女人的訴說不時地被身後的幻影的動作所切斷和導引，語言背後所隱藏的種種——無意識？內在化的他者？無法同一的自我？——紛紛登場，不是作為女主角的配角，而是作為主角的多重部分，挑戰了獨白的權威。《對話與反詰》中沒有臺詞只有動作的和尚同樣是以一種異質的行為方式游離於男女二人的話語之外，用一種同主角的語言截然不同的寡欲而費解的姿勢與動作同男女主角形成一種錯迕的對稱。

　　這也許就是一種無聲的、他者的語言：對主體無意識的多義性的揭示可以看做是對中國現當代戲劇（從《屈原》到《於無聲處》到《格瓦拉》）中的絕對歷史主體的反動。從這一點上來說，高行健否決了一切以武斷的表達方式成為話語中心的可能，無論是統治的，還是反統治的。

　　另一種「去中心化」的可能樣式是當時被稱為「複調」戲劇的《野人》：音樂、舞蹈、巫術、歌詩、默劇、造型等等紛紛登場，形成了表演和話劇結合的舞臺奇觀。從巴赫汀的意義上說，《野人》與其說是「複調」（多聲部）的，不如說是「眾聲喧嘩」（多樣化風格）的，因為話語的衝突在《野人》一劇的末尾被總結為對神秘自然的理想化，人與原生態的和諧交往。《野人》在風格上的包容性或綜合性似乎也令人想起瓦格納式關於的總體藝術（Gesamtkunstwerk）觀念。《野人》的舞臺（北京人藝）雖然沒有拜羅依特的神聖，但畢竟也是從文化古都對神話境域的嚮往。

　　高行健的自然神話同瓦格納的英雄神話還是有相當的區別。經歷了混沌和喧鬧，高行健近期的劇作從樂劇般的宏偉退回到室內樂式的內省，也就是從瓦格納式的總體主義轉化為威伯恩式的簡約派（minimalism）。從多言到寡言，甚至從交流到獨白：但並不是主體中心論的演說（比如在郭沫若的《屈原》一劇中），而是展示了主體罅隙的囈語。這是獨白的自我反諷和自我瓦解。甚至那個有人跡和交往的世界也僅僅是獨白裡的想像：《夜遊神》的主要劇情是從旅客一個人的閱讀開始的，似乎閱讀滋生了事件，說話生產了現實（這也是在終場時毆鬥之後剩在地上的「翻開

的」書本所暗示的）。高行健的戲劇最終以對一體化話語真理和話語主體的除幻（disenchantment），用言說的曖昧與可疑拒絕了永恆絕對的政治話語模式，表達了這個時代最激進的政治意念。

2000

大陸先鋒小說開拓者：馬原

馬原

　　馬原這個似乎漸趨沉寂的名字在大陸文壇曾一度無人不知，言必稱之。直到今天，我們仍然不會忘記他是大陸新潮小說的重要開拓者之一，說他是大陸後設小說的第一人，似不為過。後起的小說家如格非、余華、孫甘露大概都不會否認馬原的影響。

　　馬原的成名作是1985年發表在《上海文學》上的中篇小說〈岡底斯的誘惑〉，寫的究竟是什麼，說不清楚。三個沒有任何邏輯關聯的故事片段，從不同的敘述者那裡，似乎僅僅是由於各自敘述的偶然而忽隱忽現地、無組織地插在一起，好像是後現代藝術（勞申柏，Robert Rauschenberg）裡的拼帖術，甚至同屬一個故事的片段也由不同的人稱來組接。馬原的時代正是一個「寫什麼」的問題開始被「怎麼寫」所取代的時代，以至於馬原第一篇創作談也以〈方法〉為題，提出他的「不邏輯」

和「混沌」的世界觀與方法論。不過，這篇小說的題材也不無特殊。三個胡亂交錯的片段都與西藏有關：藏人窮布對打獵活動的講述、漢人看天葬未果的經歷、以及一對藏族兄弟的愛情故事。小說所描繪的異族風情的特有神秘和小說敘述方式的突兀不測恐怕都是這篇小說引人注目的原因。馬原的風格受到法國新小說客觀描寫的顯著影響，把主觀情感的因素壓到最低點，這使這篇小說同大陸以往描寫「少數民族」的那些大多富於政治／欲望的煽情性的文學作品產生質的分別。同時，馬原又追隨他景仰的阿根廷作家波赫士（Jorge Luis Borges），不但在行文中不時穿插對寫作活動的提及，更在小說接近結尾處突然跳出了作者對該小說結構的自我分析與質問，開啟了後設小說（大陸稱為「元小說」）的濫觴。

馬原生於1953年，東北大漢。作為知識青年「插隊」多年後進大學，1982年畢業後去西藏工作，於是有了數十篇以西藏為題材的作品，後來大都收在《西海無帆船：馬原西藏小說選》一書中。其中知名的還有：〈虛構〉、〈遊神〉、〈疊紙鷂的三種方法〉、〈拉薩河女神〉、〈西海的無帆船〉、〈塗滿古怪圖案的牆壁〉等。〈疊紙鷂的三種方法〉和〈岡底斯的誘惑〉有相似之處，就是把無法黏合的故事片段雜揉在同一篇小說裡，其中故事A可能只是故事B裡的人物所敘述的。〈遊神〉則更明顯地從霍格里耶（Alain Robbe-Grillet）那裡獲取靈感，以貫穿的懸念（搜尋西藏古幣及其鋼模）增加了小說的可讀性，然而又讓這個懸念最終無法完成懸念所擔負的功能。小說的結尾把懸念變得不可索解，鋼模被「遊神」契米二世扔到水底一去不復返。由於所有事件的原因都無跡可尋，讀者被留在了永久的疑惑和空白中。值得一提的還有〈西海的無帆船〉，其實這篇小說總的來說敘事風格並不突出，也許算不上馬原小說的傑作。只是倒數第二章整章用斜體字標出，插入小說中的人物姚亮對整篇小說真實性的否認和對作者馬原捏造事實、損害他姚亮人格的指控。這種小小的詭計，當然是馬原自己玩出來的（因為姚亮本身也不過是馬原的小說人物而已），意在提醒讀者對文字敘述以及一切言說的真實性的根本懷疑，這無疑衝擊了大陸文壇當時占統治地位的現實主義理論。

　　1987年初馬建在《人民文學》發表了一篇有關西藏的小說，不意觸怒藏人（中共並藉此擴大知識份子領域的「反自由化」），馬原因與馬建姓名容易混淆又更以寫西藏小說知名，在藏區陷入屢遭誤認的困境甚至危險中，只能狼狽逃回老家。之後他發表了以「知青」（毛澤東號召的「知識青年上山下鄉」）為題材的長篇《上下都很平坦》。這篇小說風格迥異於1980年代初的「知青小說」，不再表現對追求烏托邦的熱情的懷舊感，甚至完全擺脫了烏托邦的陰影。小說中的「知青」人物再也沒有「文革」所造就的使命感，他們在愛和死的不可理喻的生活中和當地農民們一起折騰，一舉消解了毛澤東「接受貧下中農再教育」的神話。小說的敘事再度體現了馬原特有的和蓄意的隨意性和偶然性，所述事件的因果關係被搞得一團糟，甚至乾脆有因無果或有果無因。所有這些從馬原開始的形式實驗作為大陸新潮小說的基本傾向都蘊涵了一種政治潛能：就是質疑官方敘述風格的與話語體系的虛假合理性。

　　可惜馬原近年來再沒有任何出色的作品問世。是他純粹的形式創新無法再進一步，還是他引進的後現代主義被後來者更成熟地融入的本土意味所取代，將是當代文學史家值得探討的問題。

1993

尋根或掘根：韓少功

韓少功

　　韓少功在1985年以中篇小說〈爸爸爸〉出現在大陸文壇的時候並不是一個嶄露頭角的新手。不過，〈爸爸爸〉引起的空前矚目才使韓少功一時聲名大噪，批評家立刻把這篇小說和魯迅的〈阿Q正傳〉相提並論，小說中的主人公丙崽被視為新一代的種族原型。〈爸爸爸〉是一篇寓言性的作品，那個作為背景的邊遠村寨雖然近乎蠻荒，人們的原始而古怪的生存方式卻離我們的文明並不遙遠。透過那些具有神話色彩的外觀（環境、衣飾、建築、儀式），我們可以隱約看到自身的姿態和欲望在活動。韓少功通過擬神話把對民族性推到一個抽象的時空，避免了把衝突、危機和災難局限於表層而輕易地理解和解決。

　　〈爸爸爸〉的主要人物丙崽是個天生的白癡，小老頭，他唯一會說的兩句話就是「爸爸」和「ⅹ嗎嗎」。當雞頭寨裡的人準備用他祭穀神的時候，天上突然打了一陣令人發怵的雷聲。加上隨後與鄰寨鬥毆的失利似

乎也與丙崽在戰前占卜時的污言穢語有關，丙崽忽然被認作「丙相公」、「丙大爺」、「丙仙」，他僅有的兩句跟父母有關的罵人話也被當成是「陰陽二卦」的體現。可以看出，丙崽並不是一個孤立的符號，他的複雜性在於：一方面，〈爸爸爸〉裡的大部分人物由於他們對丙崽的無意識認同，都可以看做是丙崽的化身，另一方面，丙崽本人也必須處在這樣一個丙崽式的社會群落裡才發揮其功能。雞頭寨成為一個寓言式的社會群落，諸如上述事件那樣的表面的禍福與矛盾都蘊涵著基本的種族心理結構：比如對白癡話語的具有「形而上」意味的崇拜可能甚至觸及了荒誕現實的隱秘根源。

　　1953年生於湖南的韓少功同殘雪、徐曉鶴、何立偉、蔣子丹等在當時被稱為文壇的「湘軍」。韓少功是其中不遺餘力地鼓吹「楚文化」的一位。差不多在〈爸爸爸〉出現的同時，韓少功發表了〈文學的「根」〉、〈楚文化的源頭流到哪裡去了？〉等文章，和阿城、李杭育、李慶西等人在文壇掀起了一陣「尋根」熱潮，宣導文學中對傳統東方文化以及民族精神的弘揚，以矯正對西方文化的時尚的膜拜。不過，韓少功的小說作品卻同他本人和其他人所提倡的傾向並不一致，甚至可以說正好相反。〈爸爸爸〉與其說是尋根，不如說是掘根／絕根。也就是說，當韓少功的小說創作企圖實踐他的理論的時候卻發現他所尋到的根絕不是想像的那麼茁壯，倒似乎頗為腐朽。除了〈爸爸爸〉之外，韓少功小說題材大多並不回到遠古時光或蠻荒地帶。不過，他所試圖探索的「楚文化」的意味還是可以從語言的選擇上凸現出來。出現在〈爸爸爸〉次年的中篇〈女女女〉，在現實背景上描寫了兩個具有歷史差異的女性形象：老朽的么姑同「摩登」的老黑，二者成為同一個種族在兩個不同方向上墮落的象徵。么姑所操的濃重的湖南土語似乎成為一種驅之不去的腐爛氣味，而頗具反諷意味的是在這種理應純粹的鄉音裡竟不時夾雜了共產黨的高尚語辭。么姑同陷入放蕩的現代生活方式的老黑相反，不但用耳聾表明對任何外在影響的生理拒絕，還用對吃（從醃製的食品和乾貨到草鬚和泥土）的迷戀顯示了種族文化的退化，並最終變成了魚（人類遠祖？）樣的生物。

這樣的「根」自然不免令人喪氣。1987年底，韓少功徹底棄「根」於不顧，同其他幾位湖南作家一夜間變成「海南作家」，到新興的海南島經濟特區辦雜誌。可貴的是，韓少功此後仍然不時拿出優質的作品。晚近的〈領袖之死〉同1985年的〈歸去來〉屬同一類，展示了那個制度下人的荒誕境遇。〈歸去來〉講述一個久別歸鄉者被村人們誤認，歷史的混亂引起了人際的錯迕，最終使他自我身分產生疑惑，搞不清自己究竟是「黃治先」還是「馬眼鏡」。〈領袖之死〉則敘述了在毛主席死後數日間的紀念活動中，一個「出身」有問題的人對自我的「階級立場」不斷懷疑而又莫名其妙成為政治紅人的荒誕故事。從疑心別人從他的口誤裡發現「反動」內容而終日惶惶，到由於哭得出色而被上級提攜，主人公長科總是無法把握生活的邏輯。他和〈歸去來〉裡的那位一樣，最終真正地、全身心地投入到外在現實把他扯進的那個角色中去，完全成為自我分裂的人。也許只有在這裡，韓少功才探索到了現實生活的真正的「根」，這個根存在於一個自我解體的紊亂歷史中的社會結構及其意識形態中。

1993

瘋狂與戲擬：余華

余華

　　余華1960年生於浙江，一度以牙醫為生。這使我們想起棄醫從文的
魯迅，因為他們後來都把對於病痛或潰爛的高度敏銳轉移到了人性和社
會方面去。由於偶然翻到卡夫卡的小說，余華拋棄了他早期的範本川端康
成，寫出了他的成名作：1986年底的短篇〈十八歲出門遠行〉。一個少年
走出家門尋找自由，卻被一系列不幸事件所打斷：為了阻止別人搶司機的
蘋果而遭到毆打，最後自己的背包反又被司機搶去了，成為一無所有的流
浪漢。關鍵在於，余華沒有採取悲劇性的敘述方式，而是用平實、流暢的
第一人稱敘述來同事件的嚴重性作對比，營造出現實的不幸和少年的內心
純真之間的張力。整個故事的錯位還在於少年遇到的善立刻會轉化成惡，
少年所懷有的生活價值倫理在出門之後顯得徹底無效。那個紅背包顯然是

一個關於理想的隱喻，但直到敘述的末尾余華才寫到了它的起源，並且在提到之後戛然而止，似乎在提醒人們對「未來」或「理想」的警覺。

余華的其他篇什無不充斥著不可測知的危險、死亡和厄運，它們隨意地發生，它們在日常生活中縈繞不去。據說余華本人就整天被各種日常事態甚至音響所驚悸，夜間又常被夢魘所恐嚇，忍受著自己對世界的超常敏感。余華的小說可能是大陸文壇迄今為止最有心理寓言色彩的作品，因為它們並不是以描寫暴力為宗旨，而是在對暴力的不可窮究的的暗示中顯示出暴力在人性深處的持久威脅。在1987後三、四年余華創作的巔峰期裡，他留給我們十幾篇這樣的中短篇。

〈一九八六年〉講述的雖然是「文革」開始二十年後一位受迫害致瘋的刑罰學家自戕的故事，「文革」的創傷仍然是心理現實中殘酷的陰影。和以前的「傷痕文學」或者「反思文學」文學不同，「文革」這個心理背景只是在小說開頭時提及，而最令人震驚的段落卻是發生在當下的1986年。小說對自戕過程的巨細靡遺的血淋淋的描繪以最為平淡的口吻講述，也完全沒有與具體行為直接相關的前因後果。這樣，暴行並不來自我們通常能夠輕易想到的某種政治力量，而往往來自自我內部對過去暴行的推遲的反應，這使余華同一切直接指控專制的寫實作品相區別。因為余華所要探討的是那種制度下的生活狀態所引起的人性深處的內在破裂，而不只是輕易指出外在的現實壓迫。〈現實一種〉和〈難逃劫數〉兩個中篇也延續了〈一九八六年〉的敘述策略，用平淡甚至抒情的風格來描寫親人或朋友間的殺戮。當暴力在與之無關或相反的方式下表現出來的時候，我們才能警惕到，不管是由於制度還是人性本身，罪惡可能以日常的、甚至詩意的方式或精神出現在生活或歷史中。

在余華的〈世事如煙〉和〈四月三日事件〉裡，暴行不是在故事中被遺漏的敘述內容，就是永遠追隨而無法確知或避免的生命威脅。〈四月三日事件〉中的主人公一直無法擺脫對他生日那天來臨的災禍的莫名恐懼，這篇夢境般的小說便展開在他與同學之間的徹底無邏輯、無目的的生活軌跡中。〈世事如煙〉中的人物有司機、灰衣女人、算命先生、2、6、

7、4和她的父親、3和她的孫子等（無序的、隨意的命名方式也暗示了人生的偶然與破碎），所有人也都活在災難的氛圍裡，神秘地失蹤、死去、或遭到不幸，沒有任何「唯物主義」的歷史規律可尋。這無疑是對傳統的或官方的敘述體系的反動：事件的殘忍和紊亂剝去了人工歷史的虛假邏輯與烏托邦光環。「事（件）」是余華小說的基本原素，但又是最不可即的原素。

余華還用對小說類型的戲擬（parody）來顛覆各種其他的傳統敘述模式的統治。〈古典愛情〉改寫了言情小說，〈河邊的錯誤〉改寫了探案小說，〈鮮血梅花〉改寫了武俠小說。但是，余華作品不斷的實驗性和前衛性到了1990年代似乎難以為繼。余華1980年代末進入魯迅文學院，學院式的寫作訓練似乎反而影響了他的創造力。從中篇〈夏季颱風〉到長篇《呼喊與細雨》，余華逐漸向傳統的敘述邏輯靠近，幾乎被大陸當時的所謂「新寫實主義」潮流席捲而去。

1993

幻覺與荒誕：殘雪

殘雪

　　殘雪女士一度居住在湖南長沙一個信件無法抵達的地方，因為那個住所從來就沒有被安排地址。一種離群索居可能並不只是對塞林格（J. D. Salinger）的拙劣模仿，殘雪從大眾社會的撤退意味著她從來就是「小眾文學」的代表，並且大概永遠不期望博得過多的掌聲。

　　殘雪最早的作品，中篇小說〈黃泥街〉和〈蒼老的浮雲〉，就已經形成了特有的風格，筆調極為老辣，幾無女性色彩（作品中用的第一人稱也大多是男性人物）。〈黃泥街〉以「文化大革命」為背景，描寫一個充滿著猜疑、攻擊和流言的街道群落在某種政治熱情的驅使下的癡狂境遇。〈黃泥街〉的線索之一是對王四麻這個人的不倦的探查，人人心中都懷著對「陰謀」的無始無終的疑懼。作為隱藏的「階級敵人」，王四麻可

能是任何人，區長，甚或自己，也可能根本不存在。在這樣一個群落裡，似乎人人都是別人潛在的敵人，而這種心理上不斷的互相襲擊卻建立在高調的、輝煌的言辭系統中，這個言辭系統就是共產黨意識形態統治所賴以生存的基礎。而〈蒼老的浮雲〉則把背景移到家庭間，描寫夫妻、公媳、鄰居之間的荒謬關係，這種關係同樣建立在互相的恐懼與驚悸中。主人公之一虛汝華最後把自己禁閉在小屋裡拒絕社會和他人，以致被幻覺的折磨拖向死亡。這種心理的變態感受成為殘雪小說的基本感性，在她另一個中篇〈種在走廊上的蘋果樹〉裡達到了極致。殘雪強烈的個人風格也招致了批評家對她「重複自己」的指摘。以至於一位批評家在不知道〈在純淨的氣流中蛻化〉的作者是殘雪的情況下，很合適地在評論中把她這部最新的中篇稱作「殘雪式的」作品。當然，殘雪也可以用納波科夫（Vladimir Nabokov）的話來辯解：「大師能夠模擬的只有自己。」

　　殘雪最好的短篇小說大多是一些對內心恐懼與幻覺的片段描寫，在這裡，我們終於可以看出女性特有的對外界的超常敏感，甚至可以說是感性過敏。〈山上的小屋〉整篇是出自一個人的內心幻覺：對於家人的詭秘行為的幻覺、對於身體被侵害被摧殘的幻覺、對於屋後荒山上小屋裡有個呻吟的人的幻覺。在〈公牛〉中，那只公牛說不出是幻覺還是現實，但無論如何是一種具有心理威脅的異象。在這一類作品中，故事情節都變得可有可無，而事件主要集中在一些基本的情境上：比如體內出現異物或乾裂，身體的某個部位長出腫塊，牆或窗被捅破，禽獸或昆蟲的騷擾和刺激，等等。這類被侵犯或被損害的情境沒有直接描述人的政治困境，但卻以迂迴的、隱喻的方式暗示了外部世界對肉身的不斷施暴和對心靈的嚴酷折磨與侵襲。在另一些短篇裡，特別是在一組題為〈天堂裡的對話〉的極富詩意的作品裡，殘雪小說的理想性的、明亮的一面得到了充分的展示。這組小說名曰「對話」，基本上是獨白式的愛的傾訴。但是，殘雪從來沒有臆想過童話般的愛情世界。相反，在不斷跳躍的潛意識的囈語裡，我們總是可以捕捉到心靈律動的不安，似乎追求與危險、愛與喪失、白晝與黑暗可能在同一瞬間裡降臨。

殘雪的第一部長篇《突圍表演》問世於1988年，可以看做是褪去了政治含義的〈黃泥街〉的延伸。故事的核心極為簡單，就是X女士與Q男士的若有若無的風流韻事。小說沒有任何直接敘述這件事的文字，所有的事件發展都出自作品中人物（「當事人」自己、朋友、街坊鄰居、親戚等）之口，由於眾說紛紜而顯得撲朔迷離。小說的精彩之處也恰在於此。包括X女士本人在內的對事件的評述最終都顯出了破綻，最後，我們幾乎發現似乎整部小說的內容都可能只是子虛烏有的東西。當然，《突圍表演》絕不是一場智力遊戲，也不是胡言亂語，殘雪企圖通過這樣的荒誕處理表明：我們的確面臨著一種歷史，對於這種歷史沒有任何歷史敘述是可靠而不容懷疑的。這種形式主義的實踐對於大陸占統治地位的官方話語所聲稱的絕對權威不啻是一次釜底抽薪。

　　目前專事寫作的殘雪1953年生於長沙，曾當過農村醫生、工人、教師和裁縫。然而，在經商大潮奔湧而來的時候，殘雪卻是大陸少數幾位不合時宜的堅持前衛文學的堂吉訶德之一，既不「下海」，也不願鬻文為生取悅讀者。她的另一部小說《思想彙報》由於在政治和商業上均不受歡迎，一直難以完整出版。

1993

當代小說巨匠：莫言

莫言

　　莫言是大陸新潮小說的幾位先驅者中至今有著像火山一樣的噴薄力量並且不斷突破自己的一位。從最初的〈透明的紅蘿蔔〉到《紅高粱家族》到晚近的《酒國》，莫言的創作軌跡似乎就是整個大陸新潮文學走過的軌跡。

　　即使在早期的「尋根」作品中，莫言的懷舊感就懷有某種不純粹的暗流。〈透明的紅蘿蔔〉帶有象徵主義的情調，主人公黑孩在小說中幾乎一言不發（「莫言」的化身？），他的純真和幻想總是被生活中的不幸所打斷。到了〈紅高粱〉，莫言那種野性的風格開始暴露。題為《紅高粱家族》的長篇是以原先單篇發表的幾個中篇〈紅高粱〉、〈高粱殯〉等集合

而成，這些在當時被看做重寫「革命歷史小說」的範例。《紅高粱家族》以莫言自己的家鄉山東省高密東北鄉為背景，寫的是抗日戰爭的故事，但不是共產黨的抗日，而是土匪的抗日，充滿了戰爭和愛情的血腥與狂暴。小說用「我爺爺」、「我奶奶」、「我爹」這樣的人稱敘說和渲染祖輩們年輕時的方剛血氣，具有明顯的突兀效果而又不無挑戰的意味。

《紅高粱家族》以後，莫言的風格變得和早期迥然不同，那種懷舊的、浪漫主義的色彩轉化成對歷史、現實或心理的紊亂和荒誕的呈現。他在〈歡樂〉、〈紅蝗〉等作品裡語言的放縱恣肆來自心靈對外部世界的特殊敏感，卻招致包括新潮批評家在內的非議。從莫言／寡言到聒噪／嘈雜，莫言漸漸從美學走向了「醜學」，而作品的內在洞察力變得更加銳利。1989年的長篇小說《十三步》就是莫言近期風格的開端。小說的情節主幹並不算太複雜，卻足夠荒唐：物理教師方富貴猝死之後又復活，被妻子認為見了鬼，只好讓鄰居和同事張紅球的妻子，一個殯儀館整容師，動手術把容貌換成張紅球，而真正的張紅球卻被整容師驅逐出去流浪街頭，遭遇各種倒楣事情。問題是，方富貴為了不讓妻子驚恐換成張紅球的臉，卻反而無法使妻子相信他的身份，而整容師本來就已厭棄張紅球，方富貴只好在明裡當了整容師的「丈夫」，而在暗地裡還試圖「勾引」自己的妻子，卻仍舊屢屢碰壁。從主題上來看，小說當然表達了一種卡夫卡式的主體的錯亂或喪失，不過不同的是，這種身分的危機在某種程度上不但是自我的選擇的結果，竟然還是不捨得輕易放棄的：方富貴在朋友之妻那裡獲得的別致的滿足對他來說並不引起良心的內疚。這種對人性荒誕性的揭示不能不說是莫言的洞察力的體現。小說的敘述採取了強烈的反諷手法：粗鄙的、卑劣的、不幸的現實生活被赤裸裸地展示出來，卻始終保持著愉快輕鬆的語調，形成強烈的反差。這種反差把生存的困境暴露無遺：悲劇總是以喜劇的形式出現，以致於人們每每自願地投身於悲劇之中。

莫言小說的成就在晚近的長篇《酒國》裡達到了高峰。這部小說堪稱當代大陸文學的傑作之一，因為它不但觸及了現實的最駭人的部分，而且表現了暴行在正義和理性幌子下的隱秘和不可窮究的本質。《酒國》

主要講的是檢察院的特別偵察員丁鉤兒到一個名為酒國，也確是喝酒設宴成風的地方去調查腐敗的政府官員吃嬰兒肉的事件。具有諷刺意味而又令人叫絕的是，這位偵察員在嫌犯招待他的筵席上終於不能自持，加入了吃嬰兒的行列（當然也因為主人聲稱吃的是「人工」的嬰兒），並且喝得爛醉。更為荒唐的是，偵察員陷入了同嫌犯妻子的桃色事件中，被活捉受辱，落荒而逃，最後落得個掉入糞池淹死的可悲而可笑的下場。小說的敘述同樣形成了高度的反諷：那種大陸官方宣傳所特有的語彙、句法，以及傳統文學裡過於高尚的辭章，以極不諧調的方式參與了對污濁和殘酷的現實的描寫，這使得小說的風格產生巨大的荒誕效果。同時，小說的複雜性還在於作者本人的出場，暴露其虛構、想像的來龍去脈。在故事主幹之外，作為小說人物的莫言同文學青年李一斗互通信件，討論作品《酒國》以及李一斗在整部小說中穿插的不可或缺的九個短篇。說到底，李一斗的作品也好，小說裡的莫言也好，無非都是作者莫言的把戲。不過這個小小的詭計絕不是玩弄形式。通過對作品（主幹部分及李一斗的部分）的清醒的游離，小說同時指出了一個同樣關鍵的問題，這是一個寫作本身的問題：文學對現實的再現是有限的，有時甚至是無能的。那麼，我們怎麼才能既清醒地揭示現實的罪惡，又避免把這種罪惡視為可以通過再現來明確定位並且輕易規避的東西呢？

1993

大陸文壇的三部世紀末寓言

　　一九九三年大陸最轟動和暢銷的文學書籍無疑當推賈平凹的《廢都》。不過，《廢都》似乎不是一種單槍匹馬的現象，在官方許可的現實主義文學落入窮途末路的時候，我們發現各類陣營裡的作家都開始嘗試寓言的寫作，期望用這種寓言概括整個時代的衰頹景象。這樣，在那些風格迴然不同的作品裡我們可以看到某種共同的傾向。除了《廢都》，近兩年來比較值得一提的另外兩部長篇是莫言的《酒國》（洪範書店1992年版）和梁曉聲的《浮城》（香港天地圖書公司1992年版），單就題目就可以看出這三本小說都頗具寓言的色彩，用「國」、「都」、「城」來標示某種半是虛擬半是真實的空間。

　　《廢都》描寫了有關莊之蝶及其狐朋狗友的人欲橫流的糜爛生活，這些內容已多有介紹。而小說的標題，顧名思義，指的是一個頹「廢」的、已成為「廢」墟的古老「都」城。莊之蝶，作為知識份子、文人、古都的精英，理應被描寫成民族文化的象徵，然而卻是這種墮落的象徵成為種族頹敗的寓言。對於數年前曾傾向於「尋根」思潮的賈平凹來說，這種墮落所蘊涵的喜劇性是不言而喻的。作者有意模仿「潔本」《金瓶梅》所插入的僅留有空格的色情段落是對大陸的書刊檢查制度開了一個極大的玩笑，用「不說」來達到比「說」既更有刺激又更有叛逆性的效果。也就是說，賈平凹一方面迎合而延宕了一般讀者的趨於鄙俗的好奇心，另一方面又拐彎抹角地抗議了對直言墮落的禁令。這的確以寓言的方式切中了大陸目前的政治現實的要害：一個人吃人的、不顧廉恥的社會卻還虛假地維繫或掩蓋於某種意識形態的理性規範之下。

　　相比之下，《浮城》所具有的寓言性似乎更加明顯。小說虛構了一個領土飄流的故事，用這種危險的「浮」來寓言化地暗示這個時代中人的「精神」漂浮的險境。這座城市在海上向東漂浮的過程中，國民們的唯一希望竟然是與「祖國」的隔絕，唯一的嚮往是走上資本主義幸福國土（日本甚至美國）的「金光大道」，從而在「理想」落空的絕境下發生了衝突、騷亂以至災難。梁曉聲曾是所謂「知青文學」的代表，在大量反思「知識青年上山下鄉」生活的悲劇性作品裡，始終保持著理想主義色彩。然而出現在1990年代的《浮城》卻顯示了截然不同的面貌。這裡，一種強烈的諷刺意識佔據了小說的主要篇幅，對「理想」的反諷式處理以喜劇因素掩蓋了也許原本應有的悲劇意蘊。梁曉聲仍然大量運用現實主義手法描寫「浮城」裡的芸芸眾生，以期讀者從這篇寓言性結構的作品中輕易地發現普遍的現實性。

　　不過，《浮城》對時代精神的揭示由於忽略對人性和社會的複雜性的認識，除卻整體結構外，筆鋒往往大多停留在簡單而外在的諷刺上。而《廢都》則時時流於輕佻，對《金瓶梅》的語言模仿也過於明顯而有媚俗之嫌。在這三部小說裡，最具挑戰性和歷史／心理深度的傑作是莫言的《酒國》。這部寓言小說的地理中心是以喝酒設宴著名的酒國市，那裡政府官員大吃大喝甚至到了吃嬰兒肉的地步。特別偵察員丁鈎兒到酒國市去調查，卻在嫌犯招待他的筵席上喝得爛醉，加入了吃嬰兒的行列。更為荒唐的是，偵察員陷入了同嫌犯妻子的桃色事件中，被活捉受辱，落荒而逃，最後落得個掉入糞池淹死的下場。作為寓言，小說在說故事的同時重點涉及了對故事的敘述本身，暴露其虛構、想像的來龍去脈。在故事主幹之外，莫言作為小說人物出現，同文學青年互通信件，討論莫言正在創作的《酒國》本身以及莫言收到的插入小說中的九篇「習作」，這些東西混在一起攪亂了小說整體的線索。這樣，作品就使讀者產生了某種警惕感，引起對文學的再現現實功能的思考，而不僅僅是看到小說對現實的「再現」。莫言似乎提出這樣的問題：文學有可能精確地揭示現實嗎？文學難道不應該在揭示現實的同時認識到這種揭示自身的限度、破綻和無能嗎？

因此，小說的敘述語言也採用了高度反諷的方式：大陸官方宣傳所特有的
語彙、句法，以及傳統文學裡過於高尚的辭章，以極不諧調的方式參與了
對污濁和殘酷的現實的描寫，這使得小說的風格產生巨大的荒誕效果，同
時指出了一種寫作的宿命：文學並不僅僅是對現實的揭示，而且應當是對
作為現實基礎的語言形態和理性形態的揭示。這樣，《酒國》的深度在於
它不但觸及了駭人的現實，而且表現了暴行在正義和理性幌子下的隱秘和
不可窮究的本質。

1994

真實或虛幻的重構／解構：
台灣當代小說中的歷史意識

　　一旦所謂的「客觀歷史」不復存在，對歷史的不同描述方式便意味著對歷史的不同理解方式，也就是寫作主體在當下的對歷史的不同參與方式。這裡我選取四篇台灣小說作品——陳映真的〈趙南棟〉，藍博洲的〈幌馬車之歌〉，楊照的〈黯魂〉和張大春的〈將軍碑〉——來試圖說明，對於不同的作者，歷史如何成為或是測量價值的標竿或是時間錯亂的徵兆。我們可以看到，同樣的時代背景——比如，「二・二八事件」——在不同的作者那裡通過不同的表現模式凸顯了不同的歷史意蘊。歷史可以成為把自我認同於歷史主體的小說角色所想像的宏大戲劇，也可以成為這種歷史主體在不由自主的變異過程中對這出宏大戲劇不斷質疑的斷片殘簡。

　　〈趙南棟〉的故事情節擺動於現在與過去之間。對陳映真來說，對過去的回憶是肯定悲劇性歷史的價值和匡正墮落的現代世界的一種方式。故事真正的核心人物是躺在醫院病床上的趙清雲（而不是趙南棟），他由於經歷了過多的歷史事件而成為負載了沉重歷史的符號。作為一個深受理性歷史觀影響的知識份子，陳映真為這樣一個人物賦予了推動歷史發展的歷史主體的地位，而這個歷史主體的價值是由同歷史客體的鬥爭所體現的。不過，這個革命者的形象卻同時卻自我拆解了歷史主體的主體性：他從根本上成為線性歷史客觀需求的工具。

　　呂西安・米勒在為陳映真短篇小說英譯本所作的序言裡曾經指出陳映真小說中「具有頗多的浪漫氣息」。通過回憶來召喚歷史的正面價值，便蘊涵著典型的浪漫主義式的對現代人性衰微的悲歡。這就迫使陳映真將

過去的為理想未來而鬥爭的生活加以理想化。比如，獄中生活並非描寫成非人的折磨，而是昇華成了為信仰而奮鬥的犧牲精神。在這個方面，我們在〈趙南棟〉和中國大陸革命歷史小說《紅岩》之間能夠找到驚人的相似之處。〈趙南棟〉的第一章表達了一種並無差異的美學－政治傾向：對獻身於理想和意識形態的歷史主體的讚美。在某種程度上，陳映真試圖演繹馬克思主義的信條。然而，真正的歷史悲劇在於，革命者所為之獻身的那個理應進步的歷史卻報答以當今的社會墮落。這裡，陳映真所代表的歷史觀形成了一個怪圈，因為墮落的標誌之一便是鬥爭與痛苦不復存在。沉溺於聲色犬馬的趙南棟，由於缺乏參與歷史的主體性，無法成為他父親所期許的那樣做一個「正直、剛健，蔚為民族所用的兒女」，而被陳映真藉他人之口描繪出一個基本負面的形象：「大膽、自私、溫柔而又粗鄙」。也就是說，趙南棟的生命僅僅在肉體自然的「表層」遊移而不再活在人類歷史的「深度」裡。另一方面，趙爾平被描繪成是一個商業動物，用不義的行為從另一個角度擊碎了歷史的正義價值。年輕一代被註定無法佔據歷史主體的地位，也沒有任何客觀的歷史目標需要他們為之奮鬥。只有在小說結尾處，當葉春梅稱呼趙南棟的小名「小芭樂」，似乎過去的時光又重新喚回，那個趙南棟的父母的鬥爭歲月重又凝聚於當下的片刻。陳映真用一種近似懷舊的方式再度證實了宏大歷史的意念效果和想像力量。

藍博洲在他的〈幌馬車之歌〉裡似乎捨棄了陳映真小說中一以貫之的單一作者的主觀聲音，而通過新聞紀實文體代之以多重聲部的敘述策略，形成一種圓桌座談的氣氛，不同的說話者從不同的角度涉及同一個人物。但〈幌馬車之歌〉的客觀性卻僅僅停留在表層。如果同黑澤明的電影《羅生門》（或芥川龍之介的小說原作）比較，我們就會發現，〈幌馬車之歌〉裡的各種個體聲音之間並沒有任何衝突，每一個聲音似乎都重合於作者唯一的聲音，這個聲音統攝了對歷史事件的理解。即使小說的紀實風格也難以掩蓋敘述主體的傾向性。比如在第一段中，犯人被「逮捕」、「腳鐐聲」這類字眼置於敘述者（或作者）所稱的「受難者」的地位，像「素樸的祖國情懷」這樣的章節標題也仍然囿於最常見的傾向性寫作模

式。對祖國的熱愛，對理念的忠誠，成為這篇革命者傳記的輝煌主題，成為對宏大歷史的標準詮釋。

〈趙南棟〉和〈幌馬車之歌〉裡的英雄角色仍然試圖以理想主義和浪漫主義的方式重構被現代歷史的災難性所瓦解的宏大歷史主體。相比之下，楊照的〈黯魂〉和張大春的〈將軍碑〉這兩篇小說則通過對心理錯位和時空失序的探索展示了對這種歷史主體的解構。根據德勒茲和瓜塔里在《反俄迪浦斯》一書中的理論，〈黯魂〉裡的嚴金樹和〈將軍碑〉裡的武振東的心理症狀可以分別視為精神分裂和妄想症。對於德勒茲和瓜塔里來說，妄想症和精神分裂代表了現代社會中的兩種心理傾向：前者意味著一種整合的、中心化的、一元化的欲望，後者則顯示出破碎的、異質的、廢墟的形態。社會的運動方式便是這兩種欲望形式的並存與交匯。

張大春〈將軍碑〉的中心象徵集中在那塊銘刻了武振東將軍光榮事蹟的紀念碑上：碑文通過權威的書寫確立了歷史的權力。可以推斷的是，武振東內心無形的碑以妄想症的心理方式建立起來用於抵制現實中的那塊碑：他可以「無視於時間的存在」，「穿透時間，周遊於過去與未來」。在精神層面的碑上，過去和未來都不復存在，整個歷史不過是當下存在的回憶與想像，他可以在其中同時經歷曾經發生的、正在發生的和將要發生的一切。在現實中，武振東保持著緘默，似乎是在拒絕歷史最終滑落到年輕一代的手裡。無論如何，將歷史總體化的企圖使他能夠在想像中建立起他自己的歷史紀念碑。只是他的想像無助於理想的未來，而僅僅壓制了歷史的進展。武振東永遠不能代表宏大歷史，相反，他的歷史功能遭到了深刻的質疑。在沉重的歷史負擔下，他發現自己無法成為推動歷史發展的大寫的主體，而不過是一個遠離歷史真實的荒謬昏聵的老頭，一個體驗著空洞的歷史時間的虛擬主體。

儘管在虛幻的層面上行進，武振東的歷史時間畢竟是他有意識地、孜孜不倦地演示的總體化的秩序。相比之下，楊照的〈黯魂〉裡的嚴金樹則無法控制意識或無意識的流動。他幾乎是被迫地接受和理解那個混亂的、災難的歷史。這就是為什麼他在聽見自己並未開口而說出的話時無法

抑制內心的驚愕，那個對歷史劫難的道白是他自己的，但卻在感覺之外：「然後，有人說話的聲音嚇了他一跳。一個沙啞的男聲說：『不，不是這樣的。他們都死了。』」……他這才發現說話的竟然是自己。奇怪的是，他知道自己在說話，可是卻沒有在說話的感覺」。他的記憶「被一股神奇的力量牽引出來」，被解釋成「神秘的本能」如果武振東代表了虛幻的、無法獲得的歷史主體，嚴金樹則是從一開始就被置於了錯迕的、自我分裂的歷史主體的地位上。他唯一清醒的意識是對死亡的預感，被精神祖先所命定的人類宿命。他隱居兩年，遠離塵世，卻僅僅目睹了各種死亡。歷史的瓦礫剝奪了他完成「偉業」的主體力量，這種「偉業」是他在年輕時曾經追求的宏大目標。

〈黯魂〉和〈將軍碑〉體現了傅柯所說的「譜系學的歷史」，那種斷裂的、隨機性的歷史，這種歷史充斥了「事故，細小的出軌，逆轉，錯誤，虛假的評估」，等等。在〈黯魂〉裡，嚴金樹的父親逃脫了入獄的厄運僅僅因為攝影師由於疏忽沒有把他拍進一張照片內。偶然性在這裡成為歷史的決定性因素，成為將歷史主體荒謬化的不可抗拒的力量。〈將軍碑〉中的荒謬性出現在武振東從火裡救出鴉片商的那一刻，這個鴉片商後來成為他的岳父。〈黯魂〉裡的嚴金樹及其父親的同志們的隨意的、古怪的死揭示了歷史進程的無意義性，而不再像在〈趙南棟〉和〈幌馬車之歌〉裡那樣，被昇華為崇高的悲劇。〈黯魂〉裡的各種死亡是掏空了歷史的理性或神性：歷史失去了進化或進步的邏輯，僅僅帶給人糾纏不清的屠殺、自殺、事故和災難。

本文討論的四篇小說各自涉及了死亡的事件。〈趙南棟〉裡的宋容萱和許月雲為理想的未來而壯烈犧牲。趙清雲死於一個精神性衰微的時代，但他的死仍然由於為偉業奮鬥的一生而籠罩了宏觀歷史的光環。和〈趙南棟〉裡的宋容萱和許月雲一樣，〈幌馬車之歌〉裡的鍾浩東也被賦予了英雄主義的光環。小說甚至在結尾處引用鍾理和日記中的歎息「啊！啊！和鳴，你在哪裡？」，最終給理想主義的宏觀歷史染上感傷主義的色彩。〈趙南棟〉和〈幌馬車之歌〉中的死亡都昇華為一種無私的獻身：宏

觀歷史在放大個體主體性的同時也吞噬了所有的個體。

　　〈黯魂〉所表達的是從末世學的角度所觀察的死亡。這種死亡甚至不是存在主義意義上的，因為存在與死亡之間的界限業已消失。對嚴金樹和他父親來說，死亡並不是期待中的未來，而是自身的體驗，是每一瞬間的現在。現實的死亡分崩離析了那個沉思死亡的「此在」的自律主體。在〈將軍碑〉裡，這種末世學的視角是以反諷的方式切入的。武振東既不把死亡看做歷史的輝煌總結，也不把死亡看做返觀生命的焦慮的源泉：死亡對於他來說具有一種文化的意義。小說只是在有關他葬禮和冥誕的部分涉及了死亡，真實的死亡本身似乎微不足道，死亡的意義僅僅存在於這些冠冕堂皇的卻又荒誕無稽的禮儀之中。他的兒子武維揚宣讀的那些不但是別人起草的，而且他自己根本不信。這樣，死亡作為武振東妄想症的一個因數，不僅未能整飭歷史的混沌，反而帶來了更多的碎片和雜亂。

　　〈趙南棟〉的情節展開似乎也不是直線形的，而是建立在閃回結構上的。這種過去和現在的並置從客觀上使作者理想中同質化的歷史失效。這裡，二元對立的結構展現出比受難的過去更令人無法承受的頹廢的現在，歷史的進步變成歷史的蛻化。儘管如此，小說絕沒有顯示出對歷史的悲觀，因為歷史的意義並不在於真實的歷史衰微之中：對於陳映真來說，是精神領域的對未來的理想和對過去的回憶構成了歷史的本質。而這種將歷史在理念中總體化的企圖，恰恰是張大春在〈將軍碑〉中所揭示的武振東的妄想症。只不過武振東的意念歷史中混合著刻意的否認和無意的誤導，標誌著歷史的真實價值的崩潰。

　　〈黯魂〉對歷史理性的叛離表達在對災難的重複性的探討。這種重複也是代與代之間的重複：精神分裂的因子一代代遺傳，以致嚴金樹在晚年時感到「一種與父親之間無法隔絕的親密」。從某種意義上說，嚴金樹和他的父親是同一個角色，前者似乎只是後者的一個副本：兩個人都是垂死的老人，兩個人都參與了導致災難的愛國運動，兩個人都幽閉起來拒見子女，兩個人都被迫目睹了眾多親友的死亡，等等。於是，歷史被展示為可怕的迴圈，無法走出災難的怪圈。

〈趙南棟〉和〈將軍碑〉所涉及的代與代之間的關係著重於衝突，而不是類似。〈趙南棟〉所悲歎的是下一代無法繼承上一代的精神遺產，或者用精神分析學的語言來說，兒子無法通過認同父親並替代父親的位置獲得主體的地位。趙南棟幼年喪母，只能在另外的女人那裡獲得母愛的代價。這裡，〈趙南棟〉中佛洛伊德主義個體發展模式的失調和其中馬克思主義社會發展模式的失調是相應的。不過，陳映真對主體衰落或甚至墮落的描繪是為了反襯理想的主體，這個主體在小說中以懷舊的方式演示出來。而在〈將軍碑〉裡，父親和兒子的歷史主體的地位同時遭到了質疑。俄迪浦斯模式的解構來自兒子不屑佔據父親的位置。當武振東帶武維揚去重返他的歷史經驗的時候，武維揚總是略帶嘲諷地說：「那是你的歷史，父親。」子一代的冷漠最終消解了父一代的妄想症。和陳映真不同，張大春在並沒有提供任何道德或價值評判，在目睹歷史主體消解的時候，並沒有一個全能的敘述主體凌駕其上，試圖在精神上重構這個主體。在〈將軍碑〉裡，武振東「重新翻修他對歷史的解釋，編織一些新的記憶，修改一些老的記憶」，由此揭示了不斷遭到篡改的歷史。在歷史真實的幻覺之上，敘述主體同樣陷入了無法自我確立的境遇。然而這同時也是一種更自覺清醒的觀照，一種質疑歷史主體和解構認知主體的自我意識。

1991

醉或醒：評一種陌生的小說意態

　　用一種佯狂的姿態去參與現實，這是當今一小部分作者在小說中表現出來的意態。我們從殘雪的夢魘般的小說裡，從徐曉鶴的關於瘋子的故事裡，或者從劉索拉、莫言等人的一些揭示這一代人的某種焦灼感的小說裡，會發現某種神聖的東西，因為這種佯狂而漸漸隱匿。那些悲劇性英雄主義或者人性崇拜的胚芽在他們的作品中呈現出了別一種形態。然而是什麼激發了這種迷狂？這並不僅僅是一個生理—心理學的問題，而更首要的是一個美學—社會學的問題。

　　殘雪小說中的這樣一類意象是值得我們注意的：一隻牛角在板壁上捅了個洞伸進來（〈公牛〉），蒼蠅從門洞裡伸出頭來（〈公牛〉），鄰居用煤耙子在牆上搗了個洞，風從洞裡往房裡灌（〈阿梅在一個太陽天裡的愁思〉），窗子上會看到被人用手指捅出數不清的洞眼（〈山上的小屋〉），等等。被捅穿洞眼的夢，是貞操被奪去的象徵。這是隱藏在每個女人心中的內在威脅。不過我無意於從這種角度為作者的私人經驗製造神話，我只想強調，如果有神話的話，那肯定是一個集體的神話，而對這一類意象的精神分析學的探討同時也是對它的社會學的探討。也就是說，這種被姦汙的感覺不是基於自然的肉體的基礎上的，而是對某種曾經在現實中發生的駭人暴行的隱秘恐懼。如果說處於一種貞潔自然狀態中的原始寧靜仍然是殘雪的深層理想的話，那麼對這樣一種失常感受的揭示就是可以理解的了：這是對自然人性被蹂躪的最深刻的抗議。洞的意象是在一種惡的描述中所呈示出的殘酷的感覺圖像。同樣，腫的意象也可以看作是殘雪小說中的基本意象：臉部腫起老高，整天滲出粘液（〈我在那個世界裡的事情〉），母親早上臉也不洗，眼睛總是腫得像個蒜包（〈阿梅在一個太

陽天裡的愁思〉），被母親死盯住的頭皮發麻而且腫起來（〈山上的小屋〉），等等。腫，作為肉體遭到鞭笞或蹂躪之後的必然反應，很自然地構成了一種被肆虐、殘暴所引起的意識紊亂狀態中的刺目形象。從這個意義上說，殘雪的感受一定來自文革瘋狂現實的記憶痕跡，她把痛苦令人作嘔地揭示出來，而同時，她又童話般地向這個噩夢的邊緣游去，遙望著某種超現實的浪漫世界。在〈我在那個世界的事情〉的結尾，殘雪想像著那個有著燃燒的冰雹，潔白透明的大樹和肉感的海水的世界，人與人牽著手在海上沐浴著冰的光焰，唱著聖詠般純潔的歌；在〈布穀鳥叫的那一瞬間〉中，殘雪所憧憬的布穀鳥叫的那一瞬間儘管尚未到來，但卻是暗隱在汙濁現實背後的自然而充滿童趣的境界；在〈公牛〉的結尾處，那揮動大錘向著映照出人間扭曲異化的鏡子的奮力一擊更表明了殘雪從混沌朝清醒的幻景超越的強烈欲望。當然，這並不是說殘雪的小說蘊涵了某種對於理想的清醒追求，而是說上述的那種欲望正是徘徊於醉和醒之間的矛盾所在。事實上，殘雪的小說也啟示性地體現了德國馬克思主義批評家瓦爾特・班雅明的理論：現存的那種殘垣斷壁的廢墟，崩潰的精神碎片恰恰是贖救的寓言：通過對這片廢墟的否定的理解，我們能夠重新獲得過去的經驗，即那種非物化的人與自然的冥契。在〈阿梅在一個太陽天裡的愁思〉的最後，殘雪正是在這樣的意義上寫道：「今晚要是颳起風來，那圍牆一定會倒下來，把我們的房子砸碎。」

儘管我們認定從殘雪的迷狂的噩夢幻象中會透視出清澄的自然境界，但事實上，她並沒有把對這場噩夢的展示僅僅作為手段。其實不難發現，殘雪似乎依舊是癡迷地和那些塗滿駭人油彩的角色們飾演一齣又一齣荒誕戲劇。這實在是某種難以擺脫的兩難境地：似乎殘雪意識到了，那種對扭曲世界的否定並不意味著對它的放棄，藝術當然也不是某種為未來的超度而進行的苦修，相反，藝術作為拯救的努力正是將這些扭曲的妖怪呼喚出來，讓人們在一種赤裸裸的變形生活中盡情體驗自身的淋漓盡致的宣洩。這就是殘雪的內在矛盾：她想醒，卻又寧願沉溺於醉之中，因為這種醉對於她來說的確是一種極度的快樂，只有通過迷醉狀態才能把自身的荒

謬無情地剝露出來，而這種剝露，對於任何真誠而敏銳的作品來說，肯定
是必不可少的。

　　另一位湖南作家徐曉鶴把精神變異者放回到現實中來，儘管仍舊賦
予小說一種非現實的妄誕氣氛。通過和瘋子一起體驗迷狂來刺破現實的
荒誕是徐曉鶴的靈感。這裡，徐曉鶴的顯而易見的佯狂與殘雪在噩夢中的
無法自制的心理變態有很大的不同。在〈瘋子和他們的院長〉中，他把烏
壓壓的一群瘋子佈置成處在恒久的興奮快悅中的鬧劇人物。這裡所有的角
色，包括院長院長夫人張金娥的娘共田八立早章雙木林圈吉周林大漢古月
胡口天吳彎弓張言午許一古腦兒都被某種莫名其妙的熱情所驅使，不知疲
倦地進行著所謂「著名的東征」。徐曉鶴一面毫不吝惜地使用諸如「艱苦
卓絕」、「心潮澎湃」、「沉著堅毅」，或者「悲愴憂憤」之類的語彙，
一面又盡情地通過描寫院長和瘋子們的種種無效的卑瑣事件把浮在這些事
件表面的崇高語言滑稽化。比如，在描寫張金娥的娘加入「東征」隊伍的
情景時，他這樣寫道：

> 不小心門板拍在她肚子上，只覺得腹中蕩漾了一下，襠裡立刻濕了
> 大片，這反而堅定了她的決心，彎下身把門口又壓了一塊冰涼的麻
> 石，朝茅屋望了最後一眼，扭頭加入了瘋子的隊伍。

　　這段描寫的魅力存在於那種由「堅定了她的決心」及「望了最後一
眼」之類的描述所引起的悲壯氣氛與前前後後的可笑行動之間的語言張
力。再如小說描寫到一個瘋子的鼾聲時有這樣一段：

> 鼾聲突然帶著強烈的感情色彩一吼，忽又出人意料地微弱下去。有
> 幾聲幾乎一點也聽不見了。但實際上並沒有真正消滅，而是於無聲
> 處積蓄力量從零開始從弱到強重又打得它氣壯山河。

　　這當然絕不是對鼾聲的讚美，甚至也不是對它的嘲笑；這裡表現的

是一種對癡狂者的感受的戲擬，戲擬的要點不在於模仿，若僅僅惟妙惟肖地呈示瘋癲只能造成與瘋子的同化；而戲擬則通過將那種無效的激情置於荒謬境地來達到批判的內省。徐曉鶴把這種批判用作為小說本體的語言形式反諷地遊戲化，使這種語言形式超越了作為內容載體的職能而成為內容本身。這樣，他把強烈的反諷意味在作品內部凸顯出來而不是像殘雪等作家那樣使之產生於作品與外部世界的關係中。於是徐曉鶴似乎是隨著那些可笑的瘋子沉陷到愚癡的深淵中，但實際上卻流露出他對這種愚癡的清醒意識，這是一種自嘲式的癲狂姿態。如果沒有這種在胡鬧的、粗魯的同時又被以為是一本正經的情境中翻滾的閱讀經驗，我們當然不可能掉入徐曉鶴為我們設置的荒誕遊戲的陷阱，當然我們也就無法從這種胡鬧中了悟到生活世界的狀態並且否定它的荒誕面。

徐曉鶴在小說〈浴室〉中同樣用一種看似迷醉的氛圍來警醒我們，不過這一次，與某種變態的熱情不同的是正常社會裡的無聊乏味。浴室被選為背景顯然突出了展露在讀者面前的角色的赤裸。在夢一樣荒誕不經的寂靜裡，每個人都在享受著某種「樂趣」，而這種樂趣，在徐曉鶴的反諷藝術中，是和乏味同義的。年輕後生「先從脫襪子做起，再脫褲，再脫衣，果然勢如破竹」，唱歌的「捂著牙痛，矯健地走了一個來回」，禿頂者則「將胯下洗得豪情澎湃」。這裡，用「豪情澎湃」、「勢如破竹」或「矯健」與它們所評價的對象相配合顯然是很荒唐的。在徐曉鶴扮演的「我」的迷狂感覺中，不但崇高和卑瑣難以分清，甚至視覺感受也是無法確定的：

> 年輕後生……只是最後一件汗褂子扯下來，方看出他年紀起碼過了五十七歲。
>
> 一些看起來很胖的人出人意料地瘦。一些看起來很瘦的人反而比胖人還胖。
>
> 呼嗤一聲，水裡射出一顆人腦殼。起先以為是到處長毛的人，後來才曉得確實是到處長毛的人。

徐曉鶴就這樣有意識地混淆著一般生活狀態下的清醒和迷濛，甚至把二者奇異地等同起來，通過種種語境的暗示，我們發現這個浴室恰恰象徵了生活中的某種困境。徐曉鶴的方式和殘雪的有很大的不同。它提供了另一種宣洩的可能：一種在無情的自嘲中獲取的釋然的了悟。

「醉或醒」的第三種模式是劉索拉的小說。相比於殘雪和徐曉鶴，她出奇地寫實（我是從較寬泛的意義上使用這個詞的），其中沒有任何超自然的行動和超現實的意象。從〈你別無選擇〉到〈藍天綠海〉到〈尋找歌王〉到〈跑道〉，永遠有一種焦灼感逼迫你，讓你隨著這種滾石樂一樣的節奏沉醉到現實中去。劉索拉小說中的角色總是被一種命運所追趕，既無法如願又無法逃脫，從而揭示出生活中某種不可抗拒的力量。〈藍天綠海〉中的歌星「我」和〈跑道〉中的丑角「我」顯然是同一類人物。他們似乎都是事業上的莫名其妙的成功者，在生活的激流中不知疲倦地奔忙和煩惱。在歌星「我」對好友蠻子的回憶作為意識中的潛流不住衝擊的同時，現實中她所面臨的卻是錄音棚裡無休止的強烈音響。劉索拉大概相信，沉浸在這種現代流行旋律和節奏中讓人繼續那個感傷的回憶會是一種詩意的享受，但無論如何，這種回憶已經喪失了淳樸的浪漫情調而變成麥當娜小姐式的淒厲的哭叫了。正像〈藍天綠海〉的開頭引的一段英文歌詞裡說的，「當我發現自己遇上了麻煩，瑪麗媽媽來到了身旁，她說著智慧的語言，由它去吧。」「由它去吧」，這句反覆唱的歌詞真切地表明了某種無力感和豁達感，似乎人是註定要在命運中被擲來擲去的，除非他無所企望，否則那種滿足與不滿足，渴慾與失落，快樂與焦慮之間的磁力將永遠吸附著他。

〈尋找歌王〉和〈藍天綠海〉的結構同樣都安放在兩條平行的線索上，如同音樂作品中的主部主題和副部主題：一面是現時的，甚至從某種意義上來說是「現世的」生活，是一個歌星在喧囂的城市裡流星般劃過的軌跡；另一面是純粹的回憶或幻想，但似乎不是作為現實的補償，而是作為對現實的超越努力而施展的精神魔力。對蠻子的無法斷絕的回憶和尋找

想像中的歌王有著同樣的動機，同樣是對某種價值目標的戀戀不捨或不倦追蹤。在這裡，女主人公儘管已經外在地近乎一個「龐克」歌手式的嬉皮士，內心卻仍然懷有某種真誠的理想和情感。從表面上看，現實生活是清醒的自我所在，而聯翩的想像則始終處於迷狂的潛意識中。然而事實上，小說產生的藝術效應也許恰恰相反。現實中的自我完全喪失了主體性，被錄音通知、黑壓壓的觀眾、美容師、賀信、老師、伴奏員、演出合同、電話等等扯得暈頭轉向，而靈魂唯一的寧靜的棲身之地是想像，是回憶，是夢幻。就這樣，夢幻反而轉化為「清醒的」自我的寓所，儘管這種清醒從根本上失去了它的實在的根基，也不再是古典型的理性存在了。它只能嵌在紛亂的生活平面中，成為在這幅後現代派拼貼畫裡隱隱透露的神秘、鮮豔的部分。

因此，劉索拉筆下的主人公總是在佯狂的行為背後蘊藏著某種否定荒謬的力量。從這個意義上說，劉索拉小說中的現實，無論怎樣與幻想對立，仍然是體驗生活的快樂意義的場所，這種快樂就存在於用狂放與焦躁來嬉弄生活困境的行為本身。當然，這種行為並不是達到寧靜的幻想彼岸的必由之途。在〈藍天綠海〉的末尾，主人公無目標地走到街上，沒有警察，也不知道十字路口在哪兒，心裡充滿了一種失落感（在陳村的一篇有類似風格的小說〈少男少女，一共七個〉的結尾，主人公「我」也同樣在匆匆的、放任的生活之後感到一陣苦澀）；而在這裡，意識到並且展示出自身的迷惘無疑是對處於迷惘中的茫然無知的徹底否定，這正是「醉和醒」的辯證的歷史體現。

在此，我無法略去莫言的中篇小說〈歡樂〉。這篇作品在我們論迷的這個系列裡是獨特的，通篇用內心獨白的形式記錄了一個高考落榜的二十四歲青年齊文棟在自殺前的意識流動。這裡沒有任何理智的敘述，他的意識流雖然不是《喧嘩與騷動》裡班吉的愚癡囈語，但也不像昆丁那樣憂鬱冷靜，他始終處在一種狂躁不安的變態心理中。小說的標題是「歡樂」，小說裡主人公的乳名叫永樂，但歡樂僅僅存在於捨棄世俗的那一瞬間，這是值得深思的。當然，在整個意識流動的過程中，也出現過「歡

樂」二字，不過那種「歡樂」似乎是比痛苦更刺痛人心的感覺：

> 乾燥、滑膩的藥粉憤怒地噴出去，如煙，如霧，似壓抑經年的毒辣
> 的情緒。你用力、發瘋般地搖動把柄，噴粉器發出要撕裂華麗天空
> 的痙攣般的急叫聲，你感到一種空前的歡樂！歡樂！歡樂！歡樂！

　　莫言在這裡淋漓盡致地嘶喊著，噴湧出一股不可遏制的焦灼，狹義地看是心理能量的釋放，而從廣義的社會學意義上來說，它更是對某種壓抑的解放。簡單地看，齊文棟之死只是由於高考落榜的緣故，然而那種人際間無形的世俗規矩，即圍繞著這個事件的一系列家庭、社會的意識鎖鏈（不但有希望和責任，還有輕蔑和嘲弄），卻是更深刻的歷史結構背景。它超越了個人際遇的範圍，從深層意識上推向了普遍化的內心焦灼。因此，莫言所摹寫的感覺不是游離於歷史之外的個人表現，這是許多人共同面臨的一種尋求解除心理壓抑而又難以遂願的激情。

　　莫言的〈歡樂〉和我們先前論述的幾位作家的作品的不同在於，後者展示了荒誕，並且把荒誕作為一種否定的遊戲去體驗它，從中獲得反諷的快感。而〈歡樂〉中的齊文棟——由於小說使用第二人稱，主人公又似乎要讓讀者自己去扮演——卻完全缺乏這種超越意識。他過於執著，即使在讓荒誕意識佔據的時刻也飽含淚一樣的辛酸。比如，莫言寫到他前往考場的路上：

> 你不敢走神了，已經是第五次參加高考了，勝負在此一舉。成則王
> 侯敗則賊！

　　另一處，莫言又這樣來描寫苦澀和玩世不恭的奇妙混合：

> 讓我們用一張張鮮紅的錄取通知書告慰馬老師的靈魂吧。複習班全
> 體同學放聲大哭。座中泣下誰最多？宋家豐年青衫濕！你淚水滿

腔，熱血沸騰；你知道在班長舉起拳頭那一瞬間，全班同學都是淚水滿腔，熱血沸騰。但是，墨寫的謊言遮不住血染的事實，一接觸到課本，你知道，起碼有一半同學與你一樣，沸騰的熱血逐漸降溫，最後停留在冰點上徘徊。

齊文棟的意識完全讓那個不斷逃逸的歡樂蠱惑得發狂，在毒藥的藥性發揮到極點的末尾，他自問：「什麼是歡樂？哪裡有歡樂？歡樂的本質是什麼？歡樂的源頭在哪裡？……請你回答！」於是他在迷狂達到頂峰的一剎那突然清醒了，看見了出生時的光明，看見了蝶群般的黃麻花，看見了魚翠翠豐滿的乳房，看見了大地、樹木、沙丘、雲層……。這種清醒是以無可挽回的迷醉為代價的，通過自嘲、自虐、自殺獲取了塵世間的瞬間快樂。他沒有勇氣用反諷的力量去消解不幸，哪怕這是一種無休止的努力；他也不是戴上了瘋人的面具，而是通過真實的、狂亂的內心活動來打破現實的壓抑，這的確是當代文學中表現了醉和醒的兩難性格的特異角色。

無論是殘雪式的妄想狂，徐曉鶴式的瘋子，劉索拉式的現代嬉皮士，還是莫言式的自虐狂，都不再有一般意義上的正常或清醒了。也許，將這種反常和迷狂揭示出來，為的是能在痛苦中醒悟人生。因此，這裡沒有絕對蒙昧的「醉」，也沒有絕對無知的「醒」，這是另一種困惑，而在這醉與醒之間，似乎展示了當代文學中一部份作者的思考走向。

1987

對文學先生與文學女士的看法

　　把文學先生與女士的稱號給了王蒙和張潔，顯然是有它的道理的。他們的組合代表了一種美好和睦的「家庭」形象，一方面對子女進行規訓，一方面對祖輩表達歸順。從這個角度說，選得好，選出了水準！如果是評選文學土匪和文學巫婆，那當選的才會是莫言與殘雪。

　　我更感興趣的是這個活動的社會學意義。用「先生」與「女士」來突出作家的性別身份，很適合商業運作的方式，一男一女搞在一起，總是很吸引人的。因為評選的不是男性作家和女性作家，而是「先生」和「女士」，突出的是後者，也就是性別，而「文學」只是小小的修飾而已。這樣一來，王蒙就成了文壇男性的代表，而張潔就成了文壇女性的代表，他們需要代表的不必是中國文學的形象，而是中國文學以至文化家庭的「夫妻」形象。所以給我的感覺是這種做法是拉郎配式的，很有喜劇性。評選方式當然可以多樣化，雖然從我的角度看，更有成效的評選方式也許是徹底的專家，或者徹底的媒體或讀者。混在一起的話，評選出來王蒙和張潔也是很正常的，既不是極端文學性的，也不是極端大眾化的。也許這樣才符合我們民族文化的中庸美德吧。

2003.03.02 趙勇根據電話採訪錄音整理

純文學與使命感
——關於吳亮和李陀論爭的跟貼

　　網路批評真是個好玩意兒，一來一去的，我倒覺得像是現代國粹乒乓球，這倒也符合中國式的短平快特色，有時李陀慢了些，有點像把吳亮的抽殺慢慢削回去，中間也暗含不少高難度的旋轉球，我等既無意於加入任何一方使之變成雙打的局面，又不想另開一桌浪費大眾的視線，更沒有文化官吏的權杖來充當裁判的角色，只好搗搗漿糊，在破壞規則中得到混戰的樂趣。

　　人類的（或者毋寧說中國的）習語裡往往有很多矛盾的東西，譬如「馬後炮」和「亡羊補牢」就是典型的例子。還有，「堅持自己的信念」和「勇於改變自己」也是如此。所以，李陀在文學理念下的變化究竟是否是負面的，倒是一個次要的問題。

　　堅持，就一定是好事嗎？

　　不次要的是，在同一時刻，矛盾處於何種狀態？在某些時候，李陀的確會陷入某種矛盾。吳亮說李陀引述太多，好玩。遂浮現記憶裡的逸事一樁：十多年前，我給了《今天》一篇文章，叫〈政治的修辭：中國先鋒文學中的反諷〉，後來發在1993年秋季號。李陀當時是《今天》的理論欄編輯，記得正在普林斯頓蘇煒家的某個晚會上，蘇煒突然把電話給我說李陀有話跟我說，說是文章不錯會刊用，但要修改，因為引用了太多的西方理論言說，淪入了「西方話語霸權」。這是我第一次聽到了此後氾濫的術語「西方霸權論」。我當時也有點懵，幾乎是本能地笑了起來，不大客氣地質疑說，你那「西方話語霸權」的語彙也是「西方話語」裡來的吧，不也是「西方理論話語」的一部分？說實話，從內心誰喜歡引用那麼多別人

的理論，我當即也答應修改，刪去所有的引語，那些本來就是為了取悅學院教授們的。不過，因為李陀還不算熟人，我用熟人間的說話方式或將引起不悅，事後想想頗有歉意，而鄭重道歉，又顯得過於刻意，好像陀爺還真那麼小家子氣。沒想到這次是李陀自己被指為引述太多了。前幾天連汪暉受到的批判，竟也是引文的過剩。混戰有意思，雖然都是以說道理的面目出現。

那麼，道理似乎還是要講，因為我們總是耽於理論、理論，訴諸理論，和別人理論，發現理論的漏洞，或製造更多似是而非的理論。但理論就是概括，概括就是抽象，抽象就是遺漏具體之物，遺漏就是自相矛盾……這是理論的宿命，而一切理論其實不是在抵達真理，而只不過是在躲避更偉岸的錯失。

前戲太長了。不過再前戲一下。為什麼去了國外的中國學人會左派化？第一類，沒有（或沒有完全）進入學院體制的，譬如李陀、甘陽，他們對美國的失望甚至仇恨更感性和本能一些。第二類，進入學院體制的，譬如我、張旭東、劉禾、劉康，左派的方式要比較學術一些，主要是和學院內的風氣有關，程度也有所不同。進入學院體制的，不能說就沒有感性的反思，包括本人在內，都會感受到西方「自由」中的壓迫。但好在我在出國前就種過法蘭克福的牛痘，阿多諾早就把資本主義和法西斯主義相提並論了，所以我自認為自己的左派病症要發作得輕一些。但，誰又不是左派呢？只要有謀求改變的意願，都有左派的傾向。前幾天碰到沈睿，也自稱是馬克思主義者。問題是，我們能對呼喚毛時代回歸的左派報以掌聲嗎？我們能在自由和非自由之間因為自由的非自由危險而選擇更為徹底的非自由嗎？李陀對毛文體的論說有不少精闢見解，想必也不會給予簡單的答案。

不能忘記張承志是紅衛兵的命名者。有些情懷是年少時就養成的，很難改變。張承志的暴力性使他在成為對立面的同時，與他所反對的並肩起來了。

至於「個人化」寫作和純文學，不妨從更大的文學寫作和研究的範圍內來看。二十世紀八〇年代中後期的純文學和先鋒派是對依附於意識形態的文學潮流的反撥。那麼關鍵在於，我們今天是否陷入了另一種意識形態？個人化的意識形態？全球化的意識形態？還是仍然是集權化的意識形態？事實上，「現代性」包含了所有這一切，現代性仍然是主流的意識形態，不管它表現在政治的還是經濟的還是思想的壓迫，也不管這種壓迫的最初來源。這一點，吳亮好像是不同意的。

　　純文學的問題在當年阿多諾對沙特的批判文章〈承諾〉一文中早已涉及，阿多諾要質疑的恰恰是「介入論」。阿多諾對我等的啟示是，介入是極端主觀主義的產物，往往會把作品當成觀念的載體。如果我可以再推進一步的話，現實主義的核心是唯心主觀主義，因為現實主義虛妄地相信主觀所具有的反映客觀的能力。

　　說到最關鍵的部分：作家的使命感。沒有使命感就不能寫出傑出的作品嗎？熱內是怎麼回事？有使命感就能寫出傑出的作品嗎？浩然是怎麼回事？把寫作主體認同為歷史主體，這樣的歷史陷阱還沒有讓我們嚐夠苦頭嗎？歷史主體永遠不是自發的，自然形成的。如果我們相信拉岡的話（尤其是via紀傑克），歷史主體永遠是被話語的「他者」所建構的。具有「使命感」的寫作者往往試圖在幻覺裡自我同化於話語他者所建立的權威，以絕對的聲音說話，而事實上它僅僅是話語他者的一個小小的衍生物——孫悟空的毫毛並非永久的孫悟空，但也聚合成絕對聲旨的洪流，曾經匯成過淹沒他人和自己的災難性歷史。先鋒派意識到了這一點，先鋒派所瓦解的正是絕對主體的聲音，因此才有了曖昧，有了自我矛盾，有了不確定的事件、不可解的隱喻、晦澀、偏離……。

　　所有這些，可以看作是文學對政治和哲學的回答。其實也可以說，文學沒有回答什麼，文學不需要回答，它的答覆僅僅是提出了另一些問題。這也許是文學的優勢，我是說，文學是狡獪的，它不必選擇站隊，它不必認可，甚至不必反對。它只需疑問，這就足夠了。因此我十分主張把回答的權利交付予其他的領域，因為這恰恰更能使文學具有批判的功能。

我理解的批判是阿多諾式的：並不預先選定一個批判的立場，因為任何的同一性都是不存在的，而硬要它存在，則是危險的。文學應當同音樂和藝術站在一起，甚至就是它的非社會性才真正說出了具有社會意義的真理（抱歉，又太阿多諾了）。

　　所以，說到底，純文學是脫離社會的嗎？譬如孫甘露（八〇年代的那些，是否堪稱純文學的典範）？我以為不是（我曾有一些細讀的文字，但是英文的）。九〇年代以後出現的，就更不是了。即使是汪國真、瓊瑤的文本，也不能不看作是社會的產品，帶有鮮明的社會歷史符號。其實我們真正想探討的也許是：怎樣與歷史對話？我的想法是，歷史早已成為拉岡的「符號域」，與歷史的對話只能是與其符號的隱喻性的對話，除此之外，一切對話都將陷入歷史的詭計。

2005

走向後主體的文學

　　近日，不甘寂寞的「思想界」因為看不慣（或者更準確地說，是看不懂）當代文學，替中國的「文學界」診了幾樣病症，開了幾帖藥。（我雖酷愛思想，卻非「思想界」中人；不輟寫作，但並未加入「文學界」──故而冒昧議論一二，也不至有伐異之嫌。）細看之下，這些「思想」大夫的診療術還是幾十年前學來的，開出的也大多是幾十年前的過期（過氣）藥品。比如，某位「思想家」搬出了早已失效的「反映論」的陳腐標準來評判面目全非的當今文學，抱怨「看不到我們每天都要面對的真實的生存圖景」。我驚異於這位或許從來也沒有讀懂當今文化理論的「思想家」竟然仍然抱住「真實」的本質面貌不放，完全看不到他所謂的「真實」必須在現實卸卻其「真實」的符號化或話語化過程中才能被捕捉的辯證法。他那已經被徹底程式化的「思想」慣性以為那個「每天都要面對的」表面現實就是真實本身，因而只能哀歎於那個他看不到的真實，或者說，那個已經變形了的，甚至非邏輯化了的，從而落在他理解力之外的真實。

　　當然，「思想家」們是不會反思自己的思想的，於是他們要求文學「與這塊土地共命運」，也就是說，在國族有難的時候用作品痛哭流涕，在國族有福的時候用作品狂笑不止。據說，惟其如此，我們才能貢獻一兩個索爾仁尼琴和布羅茨基。但我可以斷定，任何一首布羅茨基的詩，假設署上中國的作者名字，都不會博得「思想家」們的青睞，因為布羅茨基的詩從來就沒有對「土地」這樣高度意識形態符號化概念的直接歌頌或悲泣。我猜想布羅茨基式的隱喻化寫作擺在這些思想家們的面前只能是一堆廢物，那麼中國當代文學在他們的眼裡也絕無可能達到其應有的高度，也只是因為莫言的名字不是馬奎斯，殘雪不姓卡夫卡，韓少功也不叫昆德

拉，多多更永遠不會被看作是布羅茨基。

　　顯然，我們的「思想界」所要求文學表達「歷史的使命感，社會進步的責任感」的說法把文學當作了觀念，陷入了馬克思所反對的席勒式寫作。說到底，「思想界」所期望的文學，是要回到那種高調的、拯救性的歷史主體那裡去。但現代歷史已經證明，那種自以為是的、指點江山的高亢寫作正是現代性絕對主義的一部分，因而才英雄遲暮，常常落入被嘲諷、被戲仿的境遇。儘管我們的「思想家」們無法辨別，這種歷史主體破裂的聲音卻恰恰傳導了這個時代最精確的聲音。

　　很不幸，對於余華的《兄弟》向屁股和處女膜的墮落，我們的思想界人士是嗤之以鼻的，正如阿多諾所批判的沙特厭棄畢卡索描繪妓女的《亞威農少女》。但也正是從這一點出發，阿多諾在那篇題為〈承諾〉的文章裡反擊了沙特關於「文學處理意義」的斷言，明確指出了作品絕非作者觀念的載體，因為藝術中的低俗、荒誕、絕望是以否定的方式來表達烏托邦的潛能。其實，在他的《否定的辯證法》中，阿多諾明確地表明：「人們在『糞堆』和『豬圈』這樣的詞裡，要比在黑格爾的哲學章節中更接近絕對知識。」而當代左翼理論家紀傑克也告訴我們，只有從與表面現實相對的真實域中遺漏出來的精神殘渣中，我們才能把握內在的歷史創傷。我不知道這樣的創傷是不是「思想家」們所刻意要找到的東西，但如果僅僅從曾經風行過的傷痕文學中去找，他們看到的只能是一種至為粗陋的簡單摹寫，一種迅即痊癒而昇華的悲苦。而生活、歷史的真正創傷和裂痕，卻是我們的思想家們所不易察覺的：它們就瀰漫在寫作符號和文學話語的種種與歷史現實幻象的搏鬥和自我搏鬥中——可以說，甚至那些貌似無意義的先鋒主義形式運動，也恰恰體現了最深刻的社會歷史意義，因為社會歷史的現實感正是由符號和話語的持續運動所構成的。

　　或許正是由於「思想界」的盲視，中國當代文學的深刻意味被遮蔽了。甚至可以說，相對於當代中國文學，當代中國思想為人類所作的貢獻之貧瘠才真正值得我們歎息。

2006

世界文學語境下的中國後現代

　　毫無疑問，二十世紀以來西方範圍的（後）現代主義文學，無論是卡夫卡、喬伊斯、艾略特、普拉斯，還是馬奎斯、卡爾維諾、阿什伯利、沃爾科特，都是對西方社會歷史文化語境下現代性的一種回應或重寫。我們當然不會忘記卡夫卡在《城堡》、《審判》等小說裡如何揭示現代社會體制的壓迫，我們也不會忘記在《百年孤獨》的一開始，馬奎斯如何從前現代社群的視角來描繪現代科學文明所帶來的衝擊。在這個意義上，當代文學，無論是小說還是詩歌，都站在同一條起跑線上，不是因為東西方的社會境遇有多麼大的相似，而是因為現代性的基本法則——啟蒙法則、歷史目的論法則、同一性主體法則、科學理性法則、社會總體化法則，等等——是現代東西方主流社會的共同綱領。那麼，幾乎所有二十世紀以降的重要文學作品和潮流，都是對這樣一些現代性綱領的挑戰。

　　在這個意義上，中國後現代文學同樣是對本土語境下的現代性的回應。和世界文學內的情形相似，那些能夠以深入、複雜、創新或甚至另類的回應方式來處理當代精神（雖然不一定是當代題材）的當代漢語文學作品，已經站到了世界文學的最前列。在中國當代文學裡，像莫言的長篇小說《酒國》、《生死疲勞》、《蛙》等是對當代中國的政治、社會、文化、精神歷史的創造性書寫，以獨特甚至極端的方式揭示了中國現代性的種種面向和遭遇。但莫言的《酒國》探討的主要不是商業社會的邏輯，而是當代社會的黑暗之心，其中偵查員丁鈎兒所代表的司法體制永遠有一個作為真相的，不但無法摧毀而且必須依賴的深層權力結構。頗具諷刺意味的是，甚至司法體制也和當代的政治社會體制一樣，通過它的代表（丁鈎兒）指向了世俗生活的種種享樂，而結果便是丁鈎兒被他的偵查員身份

（能指主體）和腐敗行為（所指主體）所分裂，無法完成社會歷史交給他的高尚使命。丁鈞兒（及小說中其他人物）的享樂體現了剩餘快感的基本意涵：小說中的通姦（丁鈞兒和女司機、余一尺和女司機等、甚至亂倫未果的岳母和李一斗……）、酗酒和暴食（包括嬰兒宴），可以說都是快感溢出的某種方式，是過度、放縱的性交和飲食。宴席上的嬰兒可以說是典型的小它物，作為一種過剩的美食活動，滲漏於貌似規整的文化符號秩序。而它的真假始終沒有被確認，從而以某種空缺建構了欲望。

　　閻連科的長篇小說《受活》則以寓言的方式回應了中國現代性的兩個重要面向：一方面是主流政治符號及其體系，一方面是主流商業符號及其體系。受活莊的柳縣長想用重金購買列寧的遺體來發展旅遊經濟這件事，表面上是主流符號被利用為商品，在更深層的意義上，這也表明了商業文明體制仍然不得不建立在對某種主流符號的仰賴上。列寧遺體這個物件占據了拉岡理論中的欲望對象小它物（objet a）的位置，最終把受活莊分裂成作為能指的主體（為表達而存在的絕術團）和作為所指的主體（掌握了內在意義的圓全人）。列寧成了代表了商品的物件，這本身就是對一位共產主義實踐者的諷刺性處理。列寧遺體，作為小它物的空洞，被描繪為一個誘惑的陷阱，一個對受活莊所有人來說都充滿了神秘色彩的快感源泉。這樣的快感當然是一種快感的盈餘，一種超出了正常範圍的快感，也是一種不可能的快感（在小說中，購買列寧遺體的計劃破產了，列寧的遺體也就最終沒能運到中國，受活莊的列寧紀念堂成了一堆廢品）。閻連科對於現代性符號體系的複雜性進行了超現實處理，抵達了相當的深度和高度。

　　這個被廢棄的、荒謬的列寧紀念堂的符號，也完全可以看作是對宏偉的、紀念碑式的主流政治符號的戲仿。在二十世紀以來的世界文學裡，戲仿（parody，或稱諧擬）可以說是現代主義和後現代主義的最為突出的要素之一。琳達・哈琴（Linda Hutcheon）在《後現代主義詩學》裡將戲仿定義為「帶有批判間距的重複，從相似性的核心表達出反諷的差異」。戲仿的複雜性體現在它一方面占據了擬仿對象的位置，一方面又將這個

位置撤空。換句話說，它不是單純的批判，也不是單純的擁抱，而是表達了一種兩難的境遇。喬伊斯的《尤利西斯》對於荷馬史詩《奧德賽》的戲仿，巴塞爾姆對白雪公主童話的戲仿，多克托羅的《拉格泰姆時代》對多斯·帕索斯《美國》三部曲的戲仿，都是十分著名的例子。在當代漢語文學中，我們可以發現大量對於主流政治話語、主流知識話語、主流社會話語、經典文化話語和傳統民間話語的戲仿段落，特別是在莫言、殘雪、劉震雲、閻連科、余華、李洱、張大春、駱以軍等人的小說裡，包括莫言的《酒國》、《生死疲勞》，殘雪的《黃泥街》、《五香街》、《思想匯報》，劉震雲的《故鄉面和花朵》、《一腔廢話》，閻連科的《受活》、《風雅頌》，余華的《兄弟》、〈古典愛情〉、〈鮮血梅花〉，李洱的《花腔》，張大春的《四喜憂國》、《城邦暴力團》，駱以軍的《遣悲懷》、《西夏旅館》，等等。也可以說，這樣的戲仿便是對現代性（或前現代性）的重寫。

　　類似的戲仿式重寫在臧棣、蕭開愚、陳東東、孟浪、李亞偉、周倫佑、胡續冬、夏宇、陳黎、唐捐、焦桐、陳克華等人的詩歌裡也俯拾即是。在蕭開愚的〈舊京三首〉（之三）裡有這樣的句子：

胡辣湯辛酸無度，哲學王
當農業銀行分行長，收支不已。

女兒有狂風形狀，跟媽貌合神離，
夢嫁一門嗷牙的外語。

　　這裡，首先引起註意的是第一節裡的「辛酸無度」和「收支不已」兩個短語，因為它們明顯地戲仿了「……無度」（必須用於「荒淫無度」、「揮霍無度」等固定詞組）和「……不已」（必須用於「悲慟不已」、「傷心不已」、「欷歔不已」等固定詞組）的詞法模式。應該說，「收支不已」一語要比「辛酸無度」更加突兀，因為「……不已」的組詞

法只允許「不已」之前的詞語是意指心情的形容詞；但在這裡，蕭開愚卻引入了「收支」，一個金融詞匯，它的功能並不在於成為某種心理意念的縱向隱喻，而恰恰在於橫向的、換喻的置換過程本身，在於這種置換所抵達的戲仿效果。這裡，戲仿所形成的空缺或裂隙，體現為欲望的動力，只有在這樣的裂縫中，我們才會來體認──哪怕是在直覺的層次上──一個經濟至上的社會背景上（即現代性非凡的統攝力量下）的情感喪失，而經濟活動竟然也可以像情感活動那樣形成「不已」的狀態。這裡，「不已」的快感可以被認出其「剩餘快感」的典型面貌──需要強調的是，並非情感的「不已」具有「剩餘」的特性，而是溢出情感範圍的那部分，也就是在「收支」與「不已」之間的錯裂，顯露了「剩餘快感」的扭曲表情。下一行的「狂風形狀」置換了「女兒有……」這樣的起句所令人期待的接續，同時「……形狀」的詞組又以「狂風」來置換了有固定形狀的實物，使一個短句包含了氣象萬千的效果，催動了起伏洶湧的欲望之流。惟其如此，一個當代少女的性格才不僅僅是字面所意指的輕狂或狂野，而更是由「狂風」和「形狀」的戲仿過程所形成的裂隙所開啟的豐富的闡釋可能。

　　或許我們只能通過這樣詳盡的、理論化的細讀才能體認當代中國文學通過其語言的卓絕努力，面對本土和全球現代性所能達到的表現的複雜度和精神的高度。這種精神高度往往逃離了大部分詩歌批評家的關注，因為它得以表達的方式已經不再是直接道出「相信未來」或者「我──不──相──信！」。在今天，一首表面上看來並不對時代精神作任何直接表達的詩，反而可能蘊涵了對時代精神的更複雜、更深入的表達。臧棣的《紀念胡適叢書》明顯地戲仿了胡適的格言「大膽假設，小心求證」：

> ……
> 大膽自我表現，小心時代精神。
> 大膽現實，小心歷史。
> 小心歷史裡有一個白話的真相。
> 大膽生命，小心進化玩不過神話。

大膽雞蛋還在哥倫布的手裡，

小心哥倫布反對哥倫布。

大膽個人的經驗，小心何況做詩？

大膽夢有一個底子，小心淋漓盡致。

大膽假設。比如，假設人性是逼出來的。

小心求證人可以面對一切。

大膽文明於複雜的情感，小心新精神，

小心白茫茫一片真乾淨。

在這一系列的「大膽……小心……」之間，我們讀到的不再是以五四啟蒙精神為代表的現代性邏輯，而是無法即刻理解的甚至似是而非的「論述」，這些論述可以說首先是解構了現代性邏輯的單一和絕對，或者也可以說是挖掘了胡適式邏輯本身的不確定性，並彰顯出多重的、模稜的、可變的陳述。比如「大膽現實，小心歷史」一句就不可能被簡單地格言化，是因為它的意義絕非只有一種解釋。最表面的解釋或許是：我們可以豁出去在現實中實驗和革命，但是卻必須戰戰兢兢地對歷史負責任。但如果這個解釋可以做微妙的調整，我們也可以把這句讀作：任何在現實中的大膽作為，都要小心歷史的審判。緊接著的下一句「小心歷史裡有一個白話的真相」，給「大膽現實，小心歷史」提供了某些指向，因為「白話的真相」以胡適當年所倡導的「白話文」來暗示，歷史真相最終是最樸素的文字所承載的。如果說現代性的邏輯在這裡仍然占據表面主導的話，那麼再往下的「大膽生命，小心進化玩不過神話」卻提出了對現代性的警示，因為按照阿多諾和霍克海默的說法，「神話」本身就與「啟蒙」有著千絲萬縷的瓜葛。這樣，接下來的「大膽雞蛋還在哥倫布的手裡，／小心哥倫布反對哥倫布」就順理成章地突出了現代性的兩難和表達現代性的多義與自反。一方面，臧棣讚賞了哥倫布式的大膽探索和發現，不循常規的實驗——這些都是現代主義的基本要義——另一方面，這種現代性往往會產生自我逆反，這同樣是必須警惕的（毛時代的現代性實驗，不是引發了

巨大的災難嗎？哈伯瑪斯所維護的現代性，不是蘊涵了一定程度的保守意味嗎？）。甚至，從正常語法的角度看，「大膽」並不是用來連接動詞的副詞，而更像是用來修飾名詞的形容詞，「大膽雞蛋」才應當看作是一個偏正詞組──「大膽的雞蛋」。如果是這樣，後一行的「小心哥倫布」的另一種讀法是可以讀作偏正詞組──「小心的哥倫布」，因為「反對哥倫布」的很可能是一個曾經大膽的哥倫布式探索者，但如今卻變得小心翼翼，固步自封。在之後的詩行裡，臧棣甚至直接引用了「大膽假設，小心求證」的詞句，然而卻把它嫁接到一些似是而非的陳述上：「大膽假設。比如，假設人性是逼出來的。／小心求證人可以面對一切。」「人性是被逼出來的」當然無法成為一個科學定理，它可能更關乎於詩人臧棣自身坎坷的生活經驗──而從這個意義上說，那些對所謂「學院派」的誤解（比如認為這樣的詩脫離了現實生活）只是源自於對詩歌語言的隔膜與生疏。無論如何，這種似是而非的陳述是對現代性話語的內爆：臧棣通過戲仿式地重寫現代性的標準陳述，回應了中國現代性的話語邏輯，既保留了這種邏輯的創新意味，又質疑了這種邏輯的絕對規則。在一定程度上，這樣的漢語詩，翻譯成任何其他文字都將失去其原有的精妙含義。而這恰恰表明了當代漢語文學對世界文學的挑戰將要求全球範圍的讀者，只有通過漢語原文才能領略到漢語文學的奧妙。

　　這樣的文學話語對總體的社會政治現代性的回應是通過話語內爆的方式，通過將現代性的邏輯和體系揭示為某種紊亂，某種自我衝突，某種語焉不詳，某種曖昧不明，某種怪力亂神……中國當代文學因此挑戰了現代性話語的壓抑，以其美學形態顯示了文化政治的解放和解構向度。

2010

閱讀／書評

吳亮：閱讀城市

吳亮

　　如果我們見到吳亮把碩大的、沉重的頭顱埋在他零亂的辦公桌上，那一定是他激越的思想，他充滿活力的知性，從他慵懶的肉體中飛出窗外，翻動一頁頁街道、樓房和廣場，去閱讀他居住的那個城市。這是我闊別多年之後見到他的最初印象。

從文學／文本到文化／文明

　　吳亮的批評關注從許多年之前就從文學領域轉移到他自己生存的城市環境，成為城市文化批評的先驅者。正如吳亮自己早已意識到的那樣，城市也可以看成是一本書；但我們都知道，它的文字不是媒介，而是更直接的生存境遇本身。這樣，解讀城市就比解讀文學更為複雜，因為這種解

讀的距離感是雙重的。如果說作為文學批評家的吳亮僅僅是一個旁觀者，那麼作為城市文化批評家的吳亮同時也是一個參與者；或者說，作為文學批評家所無法體驗的是，文化批評家既然也是城市文化的一員，他在旁觀的時候將看見自己正出現在他的觀察中。這就是吳亮的《城市伊甸園：漫遊者的行蹤》一書所描繪的：以第三人稱出現的漫遊者所見到的另外一些角色可能就是他自身的映象，儘管漫遊者從一開始就竭力否認他對城市生活的捲入。比如，漫遊者描述了商場中的「真正意義上的」或「審美意義上的」漫遊者，這的確是一次自我觀照。這個漫遊者當然可以理解為吳亮本人：flâneur，被瓦爾特・班雅明勾勒出來的波特萊爾式的城市遊民，無所事事，被現代文明的不斷的新奇所痛擊。最重要的是，這個對城市一直抱有烏托邦幻想的人，不斷地目睹著烏托邦的扭曲和災變，從而不願承認在這個世界中的尷尬的生存。這類人就是吳亮在另一本題為《思想的季節》的書中所描繪的「城市裡的波西米亞人」，被城市文明裹挾又在精神上游離城市的人，同他巨大的環境形成了永恆的張力。

　　《漫遊者的行蹤》就是吳亮對城市的一次隨意而又敏銳的閱讀。其中涉及的大多是那些公共場所，包括商場、劇院、餐館、街道等，這些場所同大眾的關係構成了吳亮追蹤的焦點。的確，每一個場所都是一本可以打開的書，在已經安排好的場景裡看見各種人物和情節。但那裡的人物是變換的而非固定的，那裡的情節是片段的而非連貫的。這也使吳亮的敘述不同於一般的小說敘述：一個城市中的人物正是如此沒有身分地出現在某一場所，一次城市生活中的事件正是如此不知前因後果地呈現出來。這樣，城市被冠以的「伊甸園」之名便具有了一種反諷的意味：城市的「樂園」不再提供原初的、典範的人的生存境遇，城市人類是一個失去個人名姓的族群，他們所進入的敘述過程必然缺乏獨特的事件，所有的事件都是一般的、同樣發生在別人那裡的、無需被具體確認的。我們可以看到在吳亮的敘述中所出現的人物往往是符號性的：顧客、侍者、導遊、遊客、演員、觀眾、食客、情侶、學生、兒童，諸如此類。而書中的事件則在一種缺乏細節的狀態中被描述，這些事件不再有個別的意義，它們是共用的，

僅僅作為一種粗略的狀態被勾勒出來：這些似乎是每一個城市居民都已經或將要表演的生活戲劇。

處在歷史迷津上的城市

這種城市的生活戲劇在吳亮的描述中被神話化了，或者說，被賦予了宿命的、體系化的色彩。這是吳亮近著中城市文化批判的基點。也就是說，當吳亮把城市人類看做是一種個體性不斷消失的動物時，他的內在的（而不是簡易的）理想主義才煥發出激憤的光彩。但吳亮不是一個道德主義者。這使他對歷史的應有的指向避免了簡單的價值判斷：正是一種相對超然的描述排斥了任何歷史指向的有效性。儘管如此，這種吳亮式的描述並不喪失它的知性傾向，或者說，我們從中捕捉了作者所賦予的美學和歷史意味，儘管這種意味的價值性在多數情況下並不是單向度的。

吳亮對城市生存的基本概念出現在他更早的《城市筆記》一書中，其中最初的文字形成於大約一九八五年。這些概念包括「瞬間性」、「無背景」、「面具」、「角色更替」、「隱名狀態」、「組織化」等等。吳亮對城市生活的解讀往往引向了這樣一類從價值論上來看多少有點可疑的概念，這樣的概念由於同傳統生存常態的差異而成為城市文明的「症狀」。那麼，總起來看，吳亮對城市文明的判斷可以說是基於這種文明同人的「本真」存在的衝突的觀察上的。吳亮的批判激情在這裡同那些社會後現代論者的普遍的樂觀主義保持了距離：他不但感受到古老文化的衰微，也洞察了「新興」文明的危機，而這種危機是大多數社會／文化進化論者所刻意規避的話題。吳亮的文化批評和他的文學批評所具有的共同之處是他思想和文字的鋒芒，一種對事物的洞察，穿透了或紛繁或單一的表像世界，往往達到了一種更深的疑惑，一種浩大的驚愕，一種對當代人生存困境的歎息。當然，吳亮絕不是一個徹底的悲觀主義者，恰恰相反，正是他對生存的熱愛使他的修辭充滿了機智，這種機智避免了絕對的憤怒和和純粹的虛無。

向相當一部分段落裡，吳亮顯示出當代知識份子對現存的不妥協精神。在談到城市大眾文化的時候，吳亮犀利地揭示了它的媚俗、平庸和無聊，它的潛在的意識形態「既是一種溫柔的灌輸，又是一種強迫的灌輸」（《思想的季節》）。這樣的思考在《漫遊者的行蹤》裡更加具體。比如在論及「娛樂場」的段落中，吳亮敏銳地指出：「娛樂場是先於人們存在的，它不是符合人們的事先要求，而是人們必須迎合（或學習和適應）它的規定專案和程式（換句話說，它教會人們怎樣去娛樂，怎樣塑造自己的欲望和感性），這等於再次剝奪了人們的自由。」（《漫遊者的行蹤》）對吳亮來說，沒有比喪失個體性更可悲的城市現實了。就連愛的傾吐也變成批量生產的情人卡上「預先準備好」的「現成的臺詞」（《思想的季節》）。與此相對，吳亮對城市中具有反抗性的先鋒文化報以熱切的希望，儘管他看到先鋒文化也正因城市商業的瀰漫而面臨「偽化」的危險。

在這些文字最精要的部分，吳亮所著意強調的是歷史和現實自身的悖論，這種悖論是當代人面臨的根本困境。比如在談到城市的「神話和奇蹟」時，吳亮寫道，那些巨型的建築物「既鼓舞起我們的自信，以為自己無所不能，又極大地削弱了我們的自信──城市的龐大物群如此地膨脹，以致使我們變得愈來愈渺小，成為自己造物的臣僕。」（《思想的季節》）在《漫遊者的行蹤》裡，吳亮採用了一種更具自我解構性質的描述方式。比如，在有關「廣場」的段落裡，吳亮這樣論及空曠中的距離感的功能：「這種距離感是我們所期待的（它有利於抒情、感慨、緬懷、追思或者憑弔，並可以舒暢地呼吸），或者是所恐懼的（同人群遠離、孤獨、渺小、沒有依賴和形單影隻）。」對「或者」的使用表明了一種不確定性。在書的後記中，吳亮坦然地告知我們：「《漫遊者的行蹤》不希望提供更多的結論，或者，它的結論經常是相互抵消的。……它努力發出各種矛盾的、語焉不詳和缺乏上下文的聲音。」同波特萊爾式的漫遊者一樣，吳亮的漫遊者在城市的似是而非的烏托邦裡看到城市原有的價值取向不斷變質，偏離「歷史」賦予的「意義」，因為在城市中似乎任何確定的意義都暗含著相悖的可能。在吳亮看來，城市烏托邦呈現出一種「幻象和

奇觀」，這種人工造物營造了超現實的世界，而現實和真實變成了疑問（《思想的季節》）。城市的幻象和多變使主體在客體面前無法保持整體性。我們可以看到吳亮正是在這一點上表達了後現代寫作對主體一元性的消解，因為主體的觀察也處在自我懷疑的境地。例如，吳亮這樣寫到咖啡館裡的情侶：「人們永遠不知道這兩個人的戲劇中的臺詞，它可能娓娓動聽（或者謊話連篇）、幽默有趣（或者乏味冗贅），也可能是一種試探（無望的等待）、傾訴（引起同情）、埋怨（撒嬌）、講述（真實的或者經過篡改的）和回答（山盟海誓或者對一件小事的解釋）。」（《城市伊甸園》）吳亮用不斷增殖的括弧來顯示主體話語的內在的可變性：似乎沒有任何一種話語是不能打斷的，不容置疑的。這種話語的自我質疑正是吳亮用以對抗城市文明一體化的策略，它同時通過這種含混的指認把作為文明結晶的城市置於歷史的迷津。城市不再是線性歷史的巔峰，它當前的和未來的軌跡都不可逆料地錯綜和自我纏繞，它的理想性很可能正是對理想的背離。

1995

作為真實域的挫敗
——評石靜遠的《失敗，國族主義與文學》

石靜遠（Jing Tsu）《失敗，國族主義與文學》（Failure, Nationalism, and Literature: The Making of Modern Chinese Identity, 1895-1937）書影

　　國族主義可以說是從十九世紀末到二十世紀乃至二十一世紀從未間斷的中國主流思潮。而對於中國國族主義話語的探討，正如中國國族主義論述本身，長久以來也一直是一個熱門和響亮的話題。石靜遠（Jing Tsu）的英文論著《失敗，國族主義與文學》（*Failure, Nationalism, and Literature: The Making of Modern Chinese Identity, 1895-1937*, Stanford University Press, 2005）意圖並不是在於探索中國國族主義思潮的源流和脈絡，也不是在於總結中國國族主義研究領域的成敗得失，而是從一個獨特的角度觀察中國國族主義的精神動力和修辭策略。

　　這個「不是……而是……」（not…but…／rather than…／instead of…）的句式似乎也是貫穿了《失敗，國族主義與文學》全書的基本句式。當然，根據阿多諾（Th. W. Adorno）的說法，修辭本身就是站在辯證法的內容（而非僅僅是形式）這一邊的。可以看出，石靜遠的論述首先是對國族主義話語的重新闡釋，所以她在行文中必須一次次地打破固有或隱在的思維定勢。因此，本書的方法與其說是解構主義的，不如說是辯證法的，因為她不時從反面來觀察到那些通常只從正面看到的東西。

　　不過，《失敗，國族主義與文學》一書所依據的，與其說是阿多諾式的（Adornian），不如說是法農式的（Fanonian）辯證法。在本書的結語部分，石靜遠把她的方法溯源到法農在《地球上受苦的人》中所闡述的道理：擁懷自己的低迷，為的是喚起一種相異的、未被指定的理想性。因此，石靜遠將挫敗感視為中國現代性建構的關鍵，因為所有的現代化理想性，或烏托邦，都是首先通過對國族自身的負面理解才被激發的，而中國的國族身份也正是藉此形成而發展的。換言之，中國國族主義主要是基於某種危機意識，或者通過強化、誇張甚至操弄這種危機意識而發展起來的。理解了這一點，便理解了《失敗，國族主義與文學》一書的主旨。

　　值得注意的是，儘管本書的研究對象是中國國族主義形成的早期階段，也就是從1895到1937年之間的文獻，但研究的出發點卻無疑與當代的背景密切相關。書中所提到的中美撞機事件、電視劇《河殤》、小說《黃禍》、柏楊的《醜陋的中國人》等，都是當代中國國族主義的重要契機。而中國國族主義的起源論述，用某種拉岡式的起源學視角來看，也可以說是由當代國族主義的響應而創造出來的。儘管本書並未提及拉岡，但精神分析的視角提供了作者對文化心理如何構建社會現實的探究具有關鍵性的作用。比如作者在作為引言的第一章裡便用一種近似拉岡的口吻斷言：「正是國族主義才使得國族成為可能。」

　　當然，《失敗，國族主義與文學》並不是觀念的隨想，也不僅是理論的鋪陳。作為一部探討現代國族主義文化的研究著作，本書所涉及的材料跨越了不同的文獻領域，從康有為和梁啟超的社會哲學，到林紓的翻譯

著述，到潘光旦和張競生的優生學和性學理論，到郭沫若和郁達夫的小說寫作，可以說包羅萬象。不過，作為一個有機的整體，本書始終圍繞對中國現代思想中的自我否定傾向展開論述。而不同的文化表達，則是這種傾向在不同領域中的顯現：它們以各自的形態，但類似的思維樣式，參與到構建中國現代性的過程中來。

石靜遠對早期中國現代性的考察旨在說明現代的國族主體是如何由恥辱感所建立起來的，而進一步說，對「不知恥」的撻伐，構成了喚醒民眾國族意識的強大動力。以此為出發點，本書探討了清末思想家對種族落後性的初步論說，包括康有為、唐才長和梁啟超以膚色為標準的種族等級論如何設想通過與白種人通婚來實現種族進化，以及淺色人種在未來世界的主導權，著重發掘他們在論述中如何遊移在種族衰亡的危言與種族復興的信心之間。因此，國族衰落可以被理解為就是國族強盛的契機。而在林紓那裡，基於種族論的國族主義則是著眼於黃種人如何努力規避黑色人種受奴役的命運。

《失敗，國族主義與文學》還討論了「黃禍」觀的源流和脈絡。一個最初由歐洲人使用，作為對蒙古蠻族入侵恐懼的修辭，後來由西方作家構建為對亞洲崛起擴張的想像，反過來滿足了中國人的國族建構欲望。石靜遠分析了敘述黃種人與白種人大戰，最後以黃種人勝利而告終的晚清小說《電世界》中對中國強盛的想像，或者說，對黃禍的復仇式正義性的敘事鋪展。因此，這種做法實際上只需要挪用原先的黃種人原型，換上中華國族主義的角度，就能將災難轉換為想像強大中國的未來烏托邦。而另一部晚清小說《新紀元》則通過將鴉片戰爭以來清廷與外國所訂的不平等條約中的國別加以對換，便以阿Q式的精神勝利法歌頌了未來中國的凱旋，滿足了復仇的幻想。《失敗，國族主義與文學》試圖說明，晚清作家對中華國族強盛的想像恰恰建立在曾經被西方認作是獸性的修辭基礎上。

本書對種族話語的探討並未局限在文學與哲學的範圍內。對二十世紀二十年代科學話語的研究可以從另一個方面觀察中國知識份子如何試圖構建一個理想的現代民族性。由於異族通婚的文人式想像不易實現，到

了二十世紀二十年代，對科學的崇仰使得中國知識份子等對如何從科學的角度，或者說，通過科學地改良人種來振興中華，發生了濃厚的興趣。比如潘光旦所提出的方案與前人不同，對他來說，疾病不是隱喻，而是現實；精神的病症必須首先由身體的治療和種族的衛生來解決。不過，石靜遠也指出，不但對於周建人這樣的知識份子來說，身體改造的工程並非以捨棄精神運動為代價，即使是潘光旦這樣的中國優生學者，實際上也不得不回到對國民性改造的關注，因為根據潘光旦的說法，對疾病的無知才是最大的疾病。這樣，潘光旦的理論便與「新生活運動」的官方話語發生了關聯，而「新生活運動」正是意在振興衰落的中華民族精神狀態。而當抗日戰爭爆發之後，潘光旦又將他的理論改造成一種振奮民族士氣的理論，並為原先負面的民族性概念注入了相當程度的正面肯定。無論如何，這樣的改變似乎並不僅僅是時代強力的作用，也是理論邏輯自身發展的結果。《失敗，國族主義與文學》對優生學論述中內在的錯綜意味的發掘並未止於此。作為對照，張競生的優生學強調了美對於改造醜惡民族性的重要。不過本書試圖說明的是，儘管角度不同，張競生對於種族優化的論述在很大程度上應和了潘光旦，並且在細節上同樣契合了「新生活運動」的基本理念。而張競生對「新女性」概念的闡述，更是包含了改造傳統國民性的內容。不過，有意思的是，對張競生來說，如果「美制」是人種改良的關鍵，在這個過程中，監察和操控卻是重要的一環。本書並沒有深究，但讀者似乎更有興趣的是：淨化的理念不禁令人想起納粹主義，對除雜的籲求與壓制之間究竟有多遠？而這個問題也從中國現代種族論的開始就可能暗含了複雜的答案。而知識份子的優生論話語與官方話語的關係也應當是一個相當值得進一步探討的課題。

當然，將魯迅也置於致力於發現負面民族性的論述系列中，並不出人意表。但也正因為此，本書對《阿Q正傳》的評說並未提供太多的創意。不過，在文學考察的方面，本書的最後兩章似乎是全書的高潮，將焦點放在現代敘事所表達的內在苦痛上，意在探討這種個人的苦痛如何蘊含了對國族的悲憤與憂思。由五四時期作家對精神分析的興趣出發，石靜遠

評析了魯迅、郭沫若和郁達夫有關佛洛伊德理論的言說，尤其是對「受虐」的理解。對郁達夫小說〈茫茫夜〉的詳細解讀則是從具體文本內尋求自殘過程的主體建構性，以及它如何通過對敗落和羞辱的描寫來探索民族尊嚴問題。在這樣的情形下，作者敏銳地指出，受虐的變態心理與行為並不是對偏離的肯定，而是通過對痛楚的自我掌控，重新喚回了主體的力量。同樣，郭沫若的〈喀爾美蘿姑娘〉和郁達夫的〈沉淪〉中的精神自卑和懺悔只能被認作是國族自強的反動力。同時，本書還討論了廚川白村的「苦悶」概念如何轉化為中國知識份子的苦悶觀，或者說，魯迅如何將苦悶理解為一種受苦，一種批判現實的工具的。由此，作者認為，苦悶不是主觀型或感傷型作家所壟斷的，也是茅盾和葉聖陶這類自我定位為寫實主義的作家們所常用的，以內在的心理痛楚對應外在的社會政治壓迫：「苦悶不僅包含了性的折磨，也提供了革命的動力」。作者還指出，錢杏邨用集體政治話語來昇華或統攝個體性苦悶的規劃反而揭示了革命激情中的性的力量；不過可惜的是，這樣的精彩線索未能獲得更加深入的探討。

通過揭示失敗話語在現代中國國族主義形成過程中的特殊作用，《失敗，國族主義與文學》以成功的辯證策略發現了中國現代性符號體系背後的那個拉岡意義上的真實域。在這個具有拓展意義的開端下，值得我們繼續探討的當然是：究竟有多少創傷性的真實域幽靈出沒於宏偉的現代性話語的縫隙中？

2007

誰妖魔化了西方？

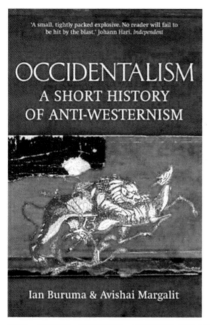

伊安・巴魯馬、阿維沙伊・馬加里特《西方主義：敵人眼中的西方》書影
Ian Buruma, Avishai Margalit: *Occidentalism: A Short History of Anti-westernism*

　　在美伊戰爭惡果連連，伊巴衝突血腥不斷的今天，英國著名記者伊安・巴魯馬和以色列哲學教授阿維沙伊・馬加里特的近著《西方主義：敵人眼中的西方》試圖從文化哲學的角度來探討當今世界的政治危機。很顯然，本書是對巴勒斯坦學者薩依德的名著《東方主義》的回應或改寫，不過從一個角度來看，也是對它的一次補充，而並非推翻。

　　薩依德在《東方主義》裡探討了東方是如何被西方所妖魔化和異域化的。但在晚年，他也注意到了阿拉伯的東方滑入一種盲目的反美情緒

中，而並不瞭解美國的社會狀況。巴魯馬和馬加里特將對西方的某種想像稱為「西方主義」。在他們看來，西方主義包含著一系列有關西方文化的假定：驕橫、世俗、膚淺、崇尚物質、缺乏深厚的歷史根基，而美國便是這些特徵的代表。西方主義的見解建立在許多哲學觀念的基礎之上，比如認為集體比個體重要，純粹比自由重要，民主會導致衰敗，消費會引起墮落，等等。西方主義者的結論不是西方社會不夠完善，需要改進，而是它本身就是註定有缺陷的，而被消費社會、自由民主所誘拐的的人們已經走上了不歸之路。

伊斯蘭極端主義分子把西方看成是必須摧毀的癌細胞。但作者認為，西方主義不僅僅是軍事伊斯蘭主義的產物，也並不僅僅是東方獨有的思潮。對美國帝國主義的類似憎惡和敵意具有漫長的歷史根源。在過去，同樣的敵意也針對過英國和法國帝國主義。本書的突出之處在於發現了對這些成見的塑造並不是源於東方，而是存在於西方自身對啟蒙的普遍理念的反應中，這種反應也擴散到東方的社會領域裡。因此，本書把西方主義的源頭追溯到近代歐洲的社會文化思潮那裡。

出於對啟蒙理念的不滿，理性主義的歐洲早就被歐洲人自己看作冷酷的機械化文明和殘暴的帝國主義的淵藪。由此，十八世紀末十九世紀初德國浪漫主義推崇鮮血、泥土和人民精神，來反抗法國啟蒙主義的普遍主義訴求和資本主義的興起，反對法國革命和拿破崙的戰爭侵略。這種「國魂」的概念也被十九世紀俄國知識份子所接受，用於攻擊西化分子，也就是改革派人士。類似的觀念在二十世紀三十年代不斷重現，被法西斯主義用於摧毀英國自由主義和無根的都市主義。德奧法西斯意識形態曾被稱為「反對西方的戰爭」。

這樣的反西方思潮也出現在日本二十世紀初的知識份子身上。比如，1942年，一群著名的日本知識份子聚集在京都開會，珍珠港事件雖然不是會議的表面主題，但他們的確是在為日本的戰爭使命作理論支持，也就是如何取代西方帝國在亞洲的地位。而會議的主題是「如何超越現代」，因此現代性是同西方帝國主義聯繫在一起的。他們認為，對於日本

精神來說，西化簡直是感染上的一種疾病；美國是敵人，日本應當保護舊的文明，反擊新的世界。所有人都同意，一個在日本帝國神聖統治下的整體主義的、傳統的東方將重新塑造一個有機的、精神健康的亞洲共榮圈。

作者認為，西方主義源於一種強烈的羞辱感，而羞辱感很容易就轉化為對純粹和元真的崇拜。西方特性中最令人憎惡的莫過於它對普遍主義的訴求。基督教是一種普遍主義的信仰，啟蒙對理性的信仰也是。拿破崙是一個普遍主義者，相信能用普遍的社會法則去統治他征服的所有地域。當今美國所代表的似乎是神賜的普遍價值也是要將民主法則推廣到世界的每一個角落。為了維護純粹性與元真性而清洗非元真性和非純粹性，導致了大屠殺的出現。反美和反猶的思潮也由此產生。無根的猶太人在全世界的流動也是被看成普遍主義病毒的一大原因。

書中最長的一章分析了那種將西方城市看成貪婪和腐敗象徵的觀點。在另外的章節中，作者還比較了西方的商人和東方的英雄，分析了不同宗教觀的效應，和對於婦女的不同態度。西方的自由主義對於宗教原教旨主義者和極端民族主義者來說是一種威脅。由此產生的不是簡單的亨廷頓式的文明衝突，而是某種跨文明、文化與宗教之間和之中的根深蒂固的緊張在不斷地消長。作者並沒有指出一條出路，但他們的研究顯示了這種緊張將繼續貫穿在漫長的暴力歷史之中。

不過，作者審慎地告誡道，在維護自由民主被摧毀的同時，要警惕以暴制暴的方式自我摧毀自由民主的根基。在安全和自由二者之間，不能為了前者而犧牲後者。用自己的不容忍來反擊敵對方的不容忍無疑是一場悲劇。而最值得警惕的，便是代表了自由的領袖利用我們的恐懼來毀滅自由。

2004

文學與自由

阿薩爾・娜費茜《在德黑蘭讀洛麗塔：書中的回憶錄》書影
Nafisi, Azar: *Reading Lolita in Tehran: A Memoir in Books*

　　伊拉克戰爭加深了美國讀書界對中東問題和阿拉伯文化的興趣。《在德黑蘭讀洛麗塔：書中的回憶錄》恰逢其時地填補了一個空白。作者阿薩爾・娜費茜在伊朗出生，在瑞士和美國受教育，在美國俄克拉何馬大學獲得過英語文學博士。她於1979年的兩伊戰爭期間回到伊朗的德黑蘭大學任教了十八年之久，卻因拒絕佩戴面紗遭到校方的解聘。

　　《在德黑蘭讀洛麗塔》運用了第一人稱敘述作者在伊朗任教和生活期間的各種經歷，它既是一部回憶錄，又有歷史和政治分析，還包括了

文學批評。在她居住在伊朗的最後兩年裡，作者每星期二跟七個女人秘密集會，討論西方文學。這些討論，加上由讀書討論班而發展出來的人際糾葛，構成了本書的中心內容。在如火如荼的伊朗革命年代裡，穆斯林的革命學生紛紛加入政治鬥爭，讀書活動只能成為一種地下的異類。這樣的讀書小組更令中國讀者想起文革期間的文學沙龍，在一種壓抑的環境裡，文學閱讀往往成為新思想的星星之火。

參加讀書小組的七位女子的家庭背景各不相同，有的來自虔誠的伊斯蘭家庭，有的來自保皇派，卻為了一個閱讀文學的共同目標，揭掉了面紗，穿著鮮豔的服裝，走到一起來了。作者描繪了這個讀書小組的不同成員，把她們的個人經歷同時代政治背景熔合到了一起，著重探討了她們的文學閱讀活動如何構成了對現存制度的一種挑戰和反抗。菲茨傑拉德、詹姆斯、奧斯丁，西方文學的觀念給了她們很大的衝擊，引起了矛盾的態度。等到她們討論納波科夫的《洛麗塔》的時候，這樣的矛盾達到了高潮。這部在西方也曾遭禁的小說最初讓她們感到羞怯，但最終使她們投入了熱烈的討論：不但分析作品本身的意味，還聯繫到自身的情況，反觀自身的生活狀態。

儘管作者詳盡地描述了伊朗如何轉變為一個反西方的、反知識份子的，甚至反女性的，充滿虛偽和恐懼的國度，本書最出色的地方卻在於它包含了不同的經驗和視角。作為一個接受了西方教育的女性，娜費茜從內心不滿伊斯蘭共和國的國家意識形態。不過，如果它僅僅是一部譴責性作品，它的力量會大大降低。書中也客觀地反映了讀書小組成員，以及學校的男學生所表達的伊斯蘭思想，包括這種思想所包含的政治與宗教熱情。作者還描繪了不同伊朗人在政治觀念上的分野，而不是機械地把他們鐵板一塊地劃歸激進的反西方群體。事實上，許多人面臨著思想上的困惑，有動搖，有彷徨，一方面期望有獨立的思想，一方面又需要社會主流的肯定。

娜費茜對抗議活動、對轟炸和屠殺知識份子的描述增加了讀者對伊朗歷史背景的瞭解。然而，她也看到，很多伊朗人不僅害怕後院裡開火

的槍聲，也同樣害怕後院裡的衛星電視接受器被沒收。因此，本書的重點當然不是對政治事件的複述，而是探討伊斯蘭共和國的意識形態如何滲透到普通伊朗人的心目中，左右著他們的生活態度。這種意識形態一方面迫使伊朗人接受某種信仰，一方面使他們的夢想和熱情獲得某種釋放。就這樣，虛構和現實，現在和過去，東方與西方，基督教和伊斯蘭教，種種貌似對立的因素交織在一起，形成了有趣的對話和碰撞。

2004

異性、異邦與異己

麥德琳・都碧《異域的身體：法國東方主義裡的性別、語言和文化》書影
Dobie, Madeleine: Foreign Bodies: *Gender, Language, And Culture In French Orientalism*

　　麥德琳・都碧的《異域的身體：法國東方主義裡的性別、語言和文化》批判性地運用了愛德華・薩依德影響巨大的《東方主義》的理論，闡述了法國文學藝術實踐（主要是十八和十九世紀）中對東方女性形象的描繪。儘管許多研究都側重於西方對東方傳統的表現及其文化政治含義，把西方文化中東方女性的形象作為一個範疇來審視並不多見。東方女性作為一個「他者」，或「她者」，並不僅僅是種族意義上的，也是性別意義上的，因此具有了雙重的複雜性。但它卻將不同國族、不同文化和不同宗教包含在「東方女性」這個簡單的籠統的概念之中。

本書的另一個特色是探討了法國歷史上的東方政策與文學表達的關係，把現實政治的內容納入文學批評的範圍裡來查看。比如福樓拜、戈蒂埃和奈瓦爾，以往都被視為「異議」型的作家，不過都碧的研究揭示了他們對殖民擴張政策的支援。都碧所稱的法國東方主義的「中間立場」質疑了以往的學者所持有的簡單化結論，同時也拓展了對「反話語融入主流話語」的分析。

　　「異域的身體」也指涉了「異己」的生物屬性，諸如病毒和細菌，它甚至存在於自身之中。它無疑帶有負面的暗示，尤其是面對異質性事物時的某種恐懼、疾病感和焦慮，它似乎是對自身的某種威脅。這也是為什麼在法國文學作品中大量東方女性以非穩定性的，同時也是隱性的面貌出現。都碧引用了福樓拜1862年的話，大意是從來沒有任何人能瞭解東方女性，因為我們無法造訪她們。這也是為什麼東方女性像某種鬼魅一樣始終存在於神秘想像之中。在這方面，伊斯蘭婦女的面紗更增添了東方女性的虛幻感。

　　都碧分析解讀了許多經典文本，像孟德斯鳩的《論法的精神》、《波斯人信箚》，奈瓦爾的《東方之旅》等文本的社會歷史語境，戈蒂埃小說中的「拜足教」，伏爾泰、盧梭等人作品中的錯置現象。儘管都碧的解讀方式在很大程度上是「解構主義的」，她卻並不承認這一點。她採取了某種「雙重閱讀」，同時發掘了地緣政治的權力和對這種權力的抵制。都碧拒絕了「非此即彼」的黑白兩分法。她的研究首先並非僅僅是政治批評，但也絕不只是文本細讀。她對文化和歷史的交錯分析從不同層面上揭示了各種解讀的多維性。

　　東方女性的形象似乎常常呈現出一種亙古不變的模式。都碧對社會歷史語境的關注卻挖掘了不同時期法國殖民政策對文學表達的不同影響。因此那種模式並不是一成不變的，而是在不同的情形下不斷遭到修正和改編。都碧審慎地考察了「東方」的所指，並且注意到阿爾及利亞在十九世紀法國遊記中的缺漏。而阿爾及利亞是十九世紀中後期法國殖民政策和商業目標的重點。從這一現象，都碧把文化上的東方主義話語同政治上的殖

民主義話語區分開來。雖然文化上的東方主義話語同殖民主義政策及其歷史語境密切相關並且具有互動關係，但卻不能與之等同。

　　副標題中的「語言」一詞表明了對語言的注重是本書的另一特色。都碧試圖揭示的是東方女性作為語言變數的被遮蔽的形象，因為語言並不是一種通透的媒介，可以絕對直接地表達經驗、現實、身份或意識形態。因此，都碧分析了法國殖民者在語言上反映出來的所謂「文明化使命」，同時也發現了強加到另一種文化上去的習語中所蘊含著的無法駕馭的自然力量。

　　作者敏銳把握了世紀之交的全球文化政治氛圍，特別是東西文化的衝突，包括伊斯蘭文明與基督教文明的衝突。在結論中，都碧有意識地把以往的文化模式同當今的地緣政治關係加以並置，讓讀者感受到東方主義話語的持久性和廣泛性。她從1999年重新製作的好萊塢大片《木乃伊》中看到了美國對伊斯蘭恐怖主義的恐懼。2000年的《木乃伊歸來》表明了西方世界對異己力量的恐懼在不斷加深和重複。同樣，對「東方獨裁者」的漫畫式表現，也必須從表現模式的內部，以一種歷史決定的方式，來加以適時的修正。可以說都碧的這部著作也是這種修正東方主義話語的一次成功努力，通過對過去的重構增強了對當前問題的清醒認識。

2004

駭客文化

道格拉斯・湯瑪斯《駭客文化》書影
Douglas Thomas: *Hacker Culture*

　　無論是作為一種觀念還是作為一種實踐，駭客都已經成為我們這個時代網路文化中一個普遍而重要的問題。這種文化力量變成了某種生活方式或生活態度。人們可以駭客式地攻擊你的「濕件」（存儲在人腦中的資訊），攻擊社會場景或城市，等等。在一個網路社會裡，駭客成為形而上意義上的「行動」的代名詞，與經典的「存在」相對立。南加州大學通訊學教授道格拉斯・湯瑪斯的《駭客文化》探討了作為實踐的駭客與作為觀念的駭客的區別。在繁複的電腦密碼與抽象的文化方式之間，有政府立法、軟體工業的經濟利益、新技術開發等種種問題。本書的重點就在於資訊技術的發展如何成為社會規範的力量。

　　首先，湯瑪斯提供了一個全景式的對駭客問題的理論觀照，不但包括駭客的歷史發展進程，還闡述了駭客哲學的基本要義。然後，作者對駭客文化（從電話盜用到科幻電影中駭客浪潮）進行了較為詳盡的分析。最後，作者運用傅柯的理論，考量了駭客、電腦工業和法律之間的錯綜關係，探討了駭客罪犯的社會構成性。書中的主要論述集中在考察模糊曖昧的政策是如何在和新技術打交道的過程中形成一系列新的社會實踐的。駭客可能是攻擊電腦系統來獲利的人，也可能是使整個系統更加安全的網路監測人，可能是說明電腦工業發展至今的頭髮灰白的程式寫手，也可能是所知不多但卻能輕易製造互聯網劫難的毛頭小孩。作者描述了駭客是如何一方面被視為軟體工業的的敵人，一方面又被聘為公司的網路安全專家和系統負責人的。湯瑪斯並沒於把駭客描繪成渴望成名的自戀者。他們往往是網路安全問題的教育家和測試者，有時擔負起了消費者報告的職責。本書的論點是，駭客的定義正是出在這樣的張力和矛盾之中，既是資訊私有化的對手，又是他們所反對的東西的產物。

　　湯瑪斯追溯了駭客形成的歷史，以及他們是如何被社會遺棄為邪惡分子的。因此，本書同時也全面考察了整個社會如何看待電腦使用，描述了數碼電子技術的簡要發展史。這個歷史中較有意思的部分包括了駭客和微軟之間錯綜複雜的關係。比爾蓋茨與駭客之間的敵意已經存在了近三十年，因為駭客堅持視窗的作業系統是劣質產品，造價過高，並且通過給與有限的選擇來強迫人們去使用它的系統。駭客們還指責微軟為了方便而犧牲安全，因此不斷推出各種程式來迫使微軟改進它的軟體。書中甚至還提到了美國的駭客如何與中國的駭客聯手反抗跨國資本集團並維護人權。

　　作者也考察了作為大眾文化的駭客形象，包括他們表達的對技術問題的擔憂和當代社會生活的隱私問題。駭客最初指的是大學裡的勤勉的科學家，他們認為電腦軟體應當為所有人所開放使用。他們的觀念獲得了後來的駭客的繼承。湯瑪斯令人信服地說明了美國八十和九十年代的白人富家少年駭客們如何通過反叛他們的家庭規則來證明自己的獨立和挑戰社會體系。

湯瑪斯通過考察它的信仰體系和與主流文化的關係評估了作為亞文化的駭客文化的構建。駭客日益增長的對技術的政治態度，以及他們對電腦工業的政策和商業行為的挑戰。他還討論了駭客是如何瓦解現存的文化模式和身份的固定文化規範的。作者把文化研究同科技史的研究結合在一起，捕捉到了駭客在當代文化中的位置。

2004

旅遊工業的文化含義

西蒙・科爾曼、麥克・科朗 編《旅遊業：地方與表演之間》書影
Coleman, Simon (EDT), Crang, Mike (EDT): *Tourism: Between Place and Performance*

　　旅遊業是近年來社會科學中頗為時髦的一個話題。西蒙・科爾曼和
麥克・科朗編著的文集《旅遊業：地方與表演之間》旨在重估作為旅遊工
業中蘊含的種種文化特性。

　　本書的第一部分題為「自然之地」，是有關風景建構的。克勞迪
亞・貝爾和約翰・萊奧認為加速運動的技術，包括飛機和攝像機，改變了
旅遊的基本特性：自然遭到了重新包裝。靜止的景色曾經是某種壯美的體

驗，現在逐步讓位給以運動為特徵的經驗，比如蹦極。在其他的論述中，許多具體的問題被提出來，比如馬克‧紐曼探討了在美國人的想像中克羅拉多大峽谷風景的起源。從十九世紀晚期，畫家和作家們就開始創造大峽谷的奇異景色，並且將之理想化，通過大峽谷的形象建立起那個時代的國族身份。弗雷澤‧麥克唐納則從新馬克思主義的角度，探究了旅遊業如何將蘇格蘭高地重建成一個風景化的文明遺產。他最有趣的觀點是有關垃圾的：甚至廢棄物在風景中的處置也成為蘇格蘭高地人民抵制商業化，維護他們土地和生活的手段之一。

在隨後的章節中，城市話題佔據了中心地位。寶拉‧菲莉浦奇探討了義大利東北部小城巴薩諾的現代富裕居民如何把地方色彩和地方歷史用一個蘊含著身體感性的慶典時空表演出來。小城的居民們以此來認同小城的燦爛歷史，確認他們的身份。基斯‧利德勒則研究了另一個位於阿爾卑斯山的義大利城鎮費拉格斯托特有的節日，它一方面是是旅遊商品的產物，另一方面卻也成為當地人保持文化身份的一種途徑，不僅是為遊客們而存在，而且也為抵制日益迫近的全球化與泛歐化而存在。

接著，佩妮‧特拉弗露探討了各種旅遊手冊如何將歷史化的古希臘雅典灌輸給遊客的，在這樣的情形下，古典的已逝之物返回了現實，而當下的生活卻退隱為遊客注視下的遙遠景觀。相比之下，約翰‧依德的觀點更接近菲莉浦奇和利德勒，強調了當地人的積極介入，觀察了遊客和導遊如何重塑一個並非旅遊熱點的倫敦街區：斯派托菲爾茲。那些期望從中發現狄更斯筆下的「真實」歷史世界的遊客們遭遇到的往往是一個具有流動性和爭訟性的領域，其中多樣的甚至衝突的種族、意識形態和政治等因素顛覆了遊客的那些規範化或純粹化的預期。

在最後的部分裡，讀者回到了理論的領域。大衛‧切尼的論述嘗試用「遊客瞥視」來替代「遊客凝視」的概念。「凝視」的概念似乎過於沉思，過於壓迫感。而「瞥視」則表達了一種短暫的、遊移不定的流動感。他同時認為，地方特色表演的「真實性」不應當以絕對肯定或絕對否定的單向態度來看待，而必須置於某種闡釋和商討的語境中去探討。大衛‧克

勞奇的壓軸文章則從理論的角度來闡釋，旅遊業和遊客並不如許多學者所想的那樣，完全受控和受操縱。他認為旅遊的體驗是一種整體的體驗，是用所有的感官來綜合感受的過程。往往是一些計畫之外的體驗或經歷，比如某種強烈的氣味，或某個新的相識，都會給與旅遊經驗一種特殊的回憶。

儘管是一本文集，本書仍然呈現了一些共同的主題和觀念。比如，名勝古蹟不再被看作是靜止不變的，而本身就是動態的，處於創造過程中的。同樣，遊客也並不是文化工業的愚蠢傀儡，而是充滿了未可預知的因素和主動參與的經驗。這個結論也適用於地方原住民，他們也不再被看作是處於遊客凝視下的被動的犧牲品，而是具有了主動創造性的，甚至是顛覆性的表演者。最終的結論或許是，旅遊業作為一個總體並不像曾經想像的那樣具有組織化和一統化的格局，其中的可變性因素似乎更值得深入探究。

2004

美國的體育運動場和社會競技場

斯坦利·愛岑《公平與犯規：體育的神話與悖論之外》書影
Eitzen, D. Stanley: *Fair and Foul: Beyond the Myths and Paradoxes of Sport*

　　斯坦利·愛岑的《公平與犯規：體育的神話與悖論之外》是一本頗有影響的社會學研究著作。在愛岑筆下，現代體育的悖論存在於這樣的事實中：它既殘酷又娛樂，既自私又無私，既文化又實利，既令人振奮又令人喪氣。作者稱，本書的結構原則是通過審視現代體育的悖論來揭示它的本質。愛岑描繪了美國體育界混雜了有趣和無聊的全面而具體的多重景觀。作者通過許多實例，包括著名和不著名的職業和院校的運動事件，通過對教練和運動員的描述，來說明體育在當今美國日常生活中的意義。

　　橄欖球超級杯是全美民眾的盛大節日，它的轉播也是電視收視率最高的美國電視節目，吸引了將近二百個國家的觀眾。愛岑把超級杯看作是美國體育的精華，它的盛況表達了民眾對現實的逃避和對幻想的追求。同時，超級杯也擔當了促進社會團結的和集體身份的神話。超級杯並不僅僅是喝啤酒和吃薯片的狂歡，神話必須拉回到現實中來看那些無法掩蓋的社會角色，從超級球星到大學體育獎學金等都蘊含了深厚的社會文化意味。

　　媒體的全面控制，大企業的影響，價格的暗箱作業，政治的操控，成為體育工業的負面社會潛流。體育並不是指在運動場上表演的，也是在社會競技場上表演的。愛岑在本書中的中心思想是：體育和其他社會體制一樣，反映了基本的社會價值，包括那些尚未實現的價值。現代體育受到許多因素的制約：商業化、種族主義、官僚主義、性別歧視、拜金主義、愛國主義等。體育一方面依賴於這些神話般的概念，一方面又重新製造了這些概念。

　　本書的每一章節都觸及了一個悖論式的問題，比如種族、性別和階級，探討在這樣的社會文化結構下，職業和業餘體育運動的受益者究竟是誰。從積極的方面來看，二次大戰後的美國球隊的確吸收了大量黑人球員。但是許多球迷，甚至撰寫報導的記者，都沒有看到深層結構下的種族和性別的不公平。比如球隊的領導層，尤其是教練和行政官員，仍然大多由白人把持，在同等情況下白人球員的薪水也相對高出黑人球員，等等。通過認真研究體育，我們可以觀察社會的各種缺陷和問題。比如，愛岑通過實例分析了體育文化中沒有實現的美國「民主」允諾與不平等。在很大程度上，上層階級仍然獨佔著某些體育項目，如滑冰、滑雪、高爾夫和帆船，而下層民眾則受限於諸如籃球、拳擊、橄欖球、田徑這一類運動。

　　愛岑對美國大學體育的討論也十分有說服力，揭露了其中的商業化、腐敗，對學生運動員的濫用，對資源的浪費和貪汙。在許多情況下，體育活動過度影響了校園正常的學習生活。學校的教學和活動日程往往要圍繞著體育賽事的日程來調整，比賽日的觀眾停車也大大影響了校園的秩序。從某種程度上，大學體育作為娛樂工業把學生運動員變成了工廠的勞

工，盈利的目的使剝削成為必須。甚至大學城的一般社群也參與到這項體育經濟的巨大活動中。正是商業化使美國大學體育無法禁絕服用興奮劑、運動場上的暴力、學業上的作弊、等等。甚至運動員的強姦和毆打等違法行為都得到縱容和庇護。

愛岑提供的對美國體育界社會倫理問題的全面觀察和美國大眾文化重要一面的深入瞭解使本書成為近年來被廣泛閱讀的社會著作之一。

2004

好奇心與現代性

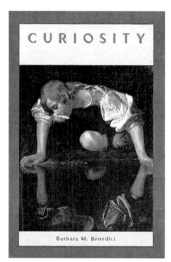

芭芭拉・本尼迪克特《好奇心：早期現代探索的文化史》書影
Benedict, Barbara M.: *Curiosity: A Cultural History of Early Modern Inquiry*

　　芭芭拉・本尼迪克特的《好奇心：早期現代探索的文化史》無疑是一部「新歷史主義」的著作，研究文化產品中社會與性別規範的霸權因素和顛覆這些規範的僭越因素。不過，作者並沒有簡單地構建一個二元對立的文化框架。本書反映了近年來西方學術界對奇觀、異象、趣事等領域裡的知識範型的不斷增長的興趣。本尼迪克特在這本書中考察的主要對象則是文學和文本中好奇的人們（包括作家、科學家、藝術家等）是如何自身製造出好奇心和新奇性的。

　　本尼迪克特運用了傅柯的理論，把好奇心看作是一種僭越現存的願望，有好奇心的人有著顛覆現實規範的傾向。她提出，許多引起好奇的珍奇異寶都超越了一般的分類邏輯之外，因此也可以說是打破了文化界限，用個人癖好來取代公眾價值體系。令人好奇的物品和人物摧毀了範疇和身份的穩定性。因此，好奇心或好奇之物（curiosity）往往篡奪了意義，推翻了傳統，同時一方面是欲望，一方面也是欲望的對象。這也是為什麼保

守勢力曾經把好奇心看成是某種資產階級的，甚至是貪婪的特性。好奇心代表了前期的現代文化如何摸索某種對傳統的顛覆性，已經某種對求知的無限願望。與好奇有關的另一個詞是「野心」，也就是對未知事物的無限嚮往。這的確是「現代」的主要特徵之一。

書中採用的素材包從小說和詩歌到案審記錄和實驗報告等各類文體。本書首先發現在英國王政復辟時期，好奇被看作是一種宏大的幻覺想像，尤其表現在皇家學會的鑒賞家那裡。是皇家學會的鑒賞家加深了好奇與顛覆之間的聯繫，典型地表現了重新塑造人性和現實的欲望。同時，諷刺也成為這個時期文化的特色，以新奇的方式改變了社會價值。像在斯威福特和蒲柏的諷刺作品裡，傳統的人性被對新奇的追求瓦解了。

本書還從消費者和消費管道的角度來看待好奇心。好奇心轉化為時髦的新奇，特別是在都市的文化群裡。那種無限的欲望，以被看作是「現代」的表徵，但同時也表達了現代人的內在空虛和分裂的身份。在這方面，作者還探討了好奇心和女性的關係。本尼迪克特認為女性的好奇心與性的探索有關，用一種「無用」的出格的熱情挑戰了社會的光滑平整。十七世紀的好奇女性往往以巫女或老鴇的形象出現，對現存形成了威脅。作者考察了女性作家的作品和作品中的女性，勾畫了對性的新奇探究從瓦解現實到獲得認可的過程。

作者對好奇心的探究還體現在對私人鑒賞家和公共博物館的研究上。她考察了從物質的收集珍寶到精神的鑒賞珍奇的歷史過程，包括博物館的作用，還有鑒賞家如何從私人的業餘水準發展到專業的批評家。在本尼迪克特的研究框架裡，歷史發展始終是一個重要的視角。在十八世紀晚期，好奇心被描繪為一種叛逆的衝動，對國家和個人造成一種險境。奇觀（從馬戲團到熱氣球）和浪漫主義文學中的個性化的主人公被作者看成是一種想要控制新奇的欲望，但製造出了畸形（馬戲團裡的小丑）和妖魔（像弗蘭肯斯坦）。也就是說，好奇的主人把自身變成了好奇的對象。當然，觀賞畸形和妖魔本身就是僭越性的，瓦解了社會和知識秩序的基礎。

2004

味覺作為藝術感知

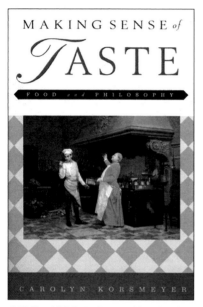

卡洛琳・科斯梅爾《理解味覺：飲食與哲學》書影
Korsmeyer, Carolyn: *Making Sense of Taste: Food and Philosophy*

　　美學家卡洛琳・科斯梅爾的近著《理解味覺：飲食與哲學》從理論的角度探討了人類最基本的身體活動：吃喝。科斯梅爾首先從柏拉圖和亞里斯多德的傳統出發討論並質疑了西方哲學中對於人類感觀的等級觀。那些以距離的和持久的方式產生作用的感覺被認為比那些直接而短暫的感覺具有更高的價值。自古以來，不但滿足口舌的需要對立於並且低於滿足精神的需要，欣賞美味也是低於欣賞藝術的。因此，味覺從來就沒有成為哲學或理論思考的對象。康德等人認為味覺同人自己的存活相關，對味的感知集中在吃者自身而非對象上，因此缺乏外在的觀照，缺乏構成感。對此，科斯梅爾提出了異議。首先，她認為是否是一種具有「意義」的感知

形式不能作為評判美學優劣的標準，如果我們把美學（aesthetics）理解為「感性學」。其次，味覺也具有某種意義體系，只是不同於一般藝術。

科斯梅爾還從科學的角度批判了過去的觀念，認為把味覺看作一種粗陋、有限的知覺是不公正的。她認為味覺不能單項孤立地看待，而是需要與其他不同的感覺綜合起來考察。在品酒行業裡有一種稱作「酒輪」的方式，區分了酒的十二種普遍特質，這十二種又可以分成二十七種，然後是八十七種更細的種類。柯斯梅爾以此證明味覺在廣度上絕不是貧乏的，在結構上也不是欠發達的。

柯斯梅爾還對那些不能簡單歸結的複雜滋味和味覺感受具有特別的興趣，比如噁心，它可能引起一系列情感反應。她注意到某些食品，比如某種糟肉或藍乳酪，需要微微的腐爛。（對中國的讀者來說，臭豆腐和腐乳類的食品當然更加典型。）柯斯梅爾把對這種對怪味的興趣和美學上的「壯美」或「崇高」（sublime）聯繫在一起，怪味與美味的對立似乎可以等同於「壯美」與「優美」的對立。在書中柯斯梅爾還分析了文學藝術作品對不同味覺和食品的表現，比如梅爾維爾的小說《白鯨》裡吃的兩難，吳爾夫的小說《到燈塔去》裡的社群意義，以及蘇丁的油畫《牛屍》對於噁心的思考。

對柯斯梅爾來說，飲食與藝術一樣，不僅是享受，也是有意義的。食品和藝術一樣表達了很豐富的象徵意義。食品可以是表達危險和憎惡的有力媒介。食品的象徵價值尤其體現在節日和儀式上，包括生日、婚禮和宗教禮儀。在這些情境下，飲食的象徵含義是不言而喻的。即使在許多日常食品那裡，意義也不是可有可無的，比如巧克力吻、法式新月麵包和金魚餅乾。很多食品的確具有表達的意味。比如雞湯就是安慰性的表達，通過它內在的營養價值意指了某種關懷。味覺的經驗是一種認知的經驗，包含著理解的過程。即使是味覺享受，也不應被局限在私人的口舌領域內。柯斯梅爾試圖將它擴展為一種可分享的意義系統，解讀它所具有的社會的、文化的和歷史的種種複雜含義。

2004

酒館：歐洲公共空間的現代起源

安・特勒斯蒂《酒神與市民秩序：早期現代德國的飲酒文化》書影
Tlusty, B. Ann: *Bacchus and Civic Order: The Culture of Drink in Early Modern Germany*

　　《酒神與市民秩序：早期現代德國的飲酒文化》結合了文化研究和社會歷史研究，探討了公共空間的現代起源。作者安・特勒斯蒂認為，造訪酒館絕不僅僅是一種享受，而是交匯著複雜多樣的社會政治功能。不僅如此，酒館文化是城市文化的一個縮影，反映了社會發展過程中的各種利益集團之間的互動和妥協作用。

　　在這本研究著作中作者主要考察了十六和十七世紀的奧格斯堡，一個在藝術和商業上都很重要的德國小城。這個大約三萬人口的小城擁有大約一百個酒館，從高檔的是大理石大堂到低檔的昏暗小間不等。到十七世紀中期的時候，啤酒館的數量劇增，而葡萄酒館的數量卻下跌了，這是平民階層擴大，精英階層減縮的結果。有意思的是，在奧格斯堡的酒館裡，社會階層之間和性別之間的等級差異不是減弱了，反倒是加強了。當時有

三種不同的飲酒場所，高級飲酒屋是專門為商業巨頭而設，拒絕一般平民進入；公共酒館對所有的有身份的公民開放；零售酒鋪只出售啤酒和葡萄酒，但沒有座位。很明顯，這三種場所中，只有公共酒館有騷亂的可能，需要加以管制。小酒館的生活方式為我們瞭解當時的城市的功能和權力提供了極佳的實例。儘管小酒館可能會成為社會不穩定的源頭，當局自然會有維持穩定秩序的願望，但從來沒有加以禁止。

作者的材料來自市政委員會的會議記錄、法令、法庭檔、甚至遊記等。在當時的市民生活中，酒館的重要性極為顯著和關鍵，它幾乎成為市民們社交的中心場所。酒館的功能並不僅僅在於提供住宿或豪飲，它實際上也起了傳播宗教改革思想的公共場所。除了一些具體用途，比如平民在這裡舉行婚禮，商人和藝人在這裡商討簽約之外，酒館還成為公共資訊的交流場所，具有各種政治文化的資訊傳播功能。不少酒館老闆甚至成為政府形象的代理人，張貼公告或高聲宣佈官方文告。當然，絕不僅僅只有官方的文化內容才得以在酒館裡傳播，在酒館裡也經常流傳非官方的出版物，反映社會平民的社會憤懣。儘管如此，這些酒館也從來沒有成為社會暴亂的發源地。有關法令不但對諸如營業時間、價格、招牌等有所規定，也對顧客的行為（比如賭博、吵鬧和言論）做了充分的規定。

值得注意的還有，對於醉酒的觀察因人因時而異。最初，微醺狀態並不被視為越軌之舉。只有當完全失去對身體的控制，或者作出當局有所不恭的言行的時候，醉酒才被視作是危害社會的。儘管來自教會的力量企圖改變現狀，但是由於酒業的稅收為政府提供了豐厚的經濟來源，酒館從來沒有遭到官方的禁止或嚴厲的整飭。本書的主要論點之一是，政府對於飲酒的管理規則也反映了整個城市管理的一般規則。可以看出，對城市的適度的軟性管理，甚至運用一種商議型和妥協型的規則，對發展現代公共空間（儘管有這樣那樣的潛在危險）起了相當的推動作用。因此，特勒斯蒂認為，早期現代社會的形成在於政府當局和公民之間的一種互相妥協的過程。

2004

納粹電影中的明星與婦女

安潔・阿夏德《希特勒的女英雄：納粹電影中的明星與婦女》書影
Antje Ascheid: *Hitler's Heroines: Stardom and Womanhood in Nazi Cinema*

　　對納粹電影的傳統研究往往關注其意識形態的表面現象，諸如軍國
主義、反猶主義、種族主義，等等。近年的研究才開始注意更深刻和複
雜的方面。安潔・阿夏德（Antje Ascheid）的新著《希特勒的女英雄：納
粹電影中的明星與婦女》用獨特的角度分析了納粹電影中明星化的女性形
象，闡述了意識形態宣傳與商業娛樂之間的不可分割的關係。阿夏德質疑
了傳統的觀念，認為納粹電影僅僅是說教。毋庸置疑的是，一種宣傳的藝
術作品同樣也是在很大程度上必須依靠它的娛樂性來達到效果，但同時又
由於娛樂的需要而喪失了它宣傳的純粹性。

阿夏德主要的研究對像是納粹影壇上最著名的三位女影星：薩拉・麗安得爾（Zarah Leander）、麗蓮・哈威（Lilian Harvey）和克莉絲蒂娜・索德鮑姆（Kristina Soederbaum），以及她們所扮演的角色。她的主要論點是，納粹電影中的婦女形象具有某種曖昧或兩難的色彩，這同時反映了國家社會主義意識形態中政治正確和娛樂觀眾之間的矛盾。阿夏德把注意力放在這些女影星身上，因為她們所代表的婦女形象組成了納粹德國主流文化的重要方面。

　　作者在克莉絲蒂娜・索德鮑姆的個人經歷中那裡看到了一個成功的國家社會主義者的典型：她有著一頭金髮，一雙藍眼睛，還有溫文爾雅的姿態，似乎是完美的雅利安婦女的形象。但不幸的是，由於她的角色總是悲劇性的，表達了女性的痛苦與無助，經常以主人公的死亡為結局，索德鮑姆並非給與觀眾一個理想化的完美女性，反倒成為法西斯仇恨女性的悲劇性體現。同樣，這些角色吸引女性觀眾的是高亢劇烈的感情波動，甚至歇斯底里。這同樣違背了納粹意識形態當局對英雄女性的要求。類似的矛盾狀態也出現在另外兩位影星薩拉麗安得爾和麗蓮哈威身上。麗安得爾和索德鮑姆一樣，通常扮演的是戲劇性很強的苦難角色，為了尋求女性的完美，經歷了巨大的磨難，諸如孤獨、囚禁和死亡。而哈威則顯示出喜劇的一面，每每以輕佻、調皮的假小子形象出現，但卻最終往往浪子回頭，回歸到傳統的愛情團圓結局上去。她們的影星形象試圖結合政治正確和世俗魅力。索德鮑姆優雅的外表掩蓋了內在的反叛色彩和情緒，麗安得爾則把她成熟的甚至複雜的外在形象和內在的烈女品質結合起來。而哈威卻奇怪地把第三帝國的華麗美學和美帝國主義的好萊塢商業美學嫁接到了一起，顯示給觀眾一種中性化的形象模式。

　　阿夏德的解構主義式的閱讀策略告訴我們，納粹電影無法簡單地、成功地把理想的「超女人」形象傳遞給觀眾，因為那些內在的矛盾因素無時不在消解電影原有的意識形態構架。這些女影星扮演的角色在很大程度上反映了納粹關於婦女形象的理論的內在矛盾。換句話說，大眾文化中的娛樂因素起了某種潛在的顛覆作用。但阿夏德通過對影片的分析，闡述了

納粹主義在藝術上的意識形態無能，因為在這些婦女形象中，現代的因素
和傳統的因素、進步的因素和反動的因素都是雜糅在一起的。阿夏德甚至
認為這些婦女形象在整個的納粹文化體系中扮演了不諧和的角色，動搖了
納粹文化的根基。

2004

拓荒者・祭司・煉金術士
——讀艾略特《四個四重奏》

艾略特（T. S.Eliot）著、裘小龍譯《四個四重奏》書影

　　艾略特的成名史在中國似乎重演了一次。隨著《普魯弗洛克的情歌》、《荒原》等前期詩作的迻譯介紹，T. S. 艾略特的大名對於讀者來說一夜之間就不是陌生的了。但是，這位雄踞二十世紀世界詩壇的詩人的晚期作品——尤其是代表他創作巔峰的長詩《四個四重奏》——卻因其文字晦澀和難以把握的思辨性而未能得到足夠的重視。令人興奮的是，灘江出版社出版了艾略特的詩集《四個四重奏》（裘小龍譯），它包羅了艾略特各個時期的所有重要詩作（詩劇除外），向我們展示了這位複雜的詩人和他的作品的「天路歷程」。

1

在法蘭西斯・科波拉執導的著名影片《現代啟示錄》中，馬龍・白蘭度扮演的科爾茨上校坐在柬埔寨叢林中的陰森房屋內喃喃地讀著：「我們是空心人／我們是稻草人……」，聲音淒涼，這便是艾略特的詩〈空心人〉的開頭幾句。

似乎再也沒有另一個詩人能比艾略特更深地揭示出現代西方社會中的精神貧乏與墮落了。從早期的詩作開始，艾略特就帶著憂鬱並且茫然的調子唱著這個「像一個病人上了乙醚」的社會（〈傑・阿爾弗萊德・普魯弗洛克的情歌〉），在倫敦，或者在新英格蘭，有的只是「發芽的潮濕的靈魂」、「扭曲的臉」和「空洞的微笑」（〈窗前晨星〉）。「性惡」的信條也許是潛在的原罪觀念的合乎邏輯的體現。在早期艾略特筆下，人庸俗得可笑，骯髒得可笑，英雄性或者個性哪怕在想像中也無法存在。普魯弗洛克成不了哈姆雷特（〈傑・阿爾弗萊德・普魯弗洛克的情歌〉），現代情人也完全喪失了羅密歐式的熱情和勇氣（〈一位夫人的畫像〉），性成為猥褻和淫亂的代名詞。在〈荒原〉中，艾略特就是這樣把性的欺騙和淫穢永恆化，普遍化的。他熟練地運用典故，以暗示出人的外表的虛飾與內心的墮落。艾略特在註腳中說，所有的女人只是一個女人。顯然，埃及豔后、「莉兒」、還有特瑞西斯和波特夫人都是這「一個女人」的具體化。

不管艾略特在詩藝上如何創新，他的前期詩作從本質上來看仍富於強烈的現實主義態度。〈普魯弗洛克的情歌〉、〈序曲〉和〈筆直的斯威尼〉等完全不是觀念的產物，而是變態、蒼白生活的深刻描繪。艾略特的象徵主義只是在〈小老頭〉和〈荒原〉中才逐漸發展起來。到了〈空心人〉，艾略特的詩的頭腦中已經沒有現實的形象，只有具象化的觀念了。當然，對於一個卓越的詩人來說，能夠錘煉成詩的是生活中本有的事物還是從生活中抽象得來的觀念這是無關緊要的。「空心人」作為資本主義社會中人的心靈空虛的象徵也已經成為現代經典。艾略特在他的論文〈傳統

與個人才能〉中把詩人的精神喻為催化劑，對他來說重要的不是詩人的情感或者經驗，而是作品本身的強度。艾略特使自己的詩產生一種魔力，具有「從一朵花中見到天堂」那樣的效果，這便是象徵的功用。

艾略特正是這樣希望自己發明一種超凡脫俗的煉金術的。他不滿浪漫派和維多利亞詩歌的那種病態的熱情和矯飾的優雅，他企圖避卻情感的強烈，避卻個性的鮮明。但這只是一廂情願。他吟詩的聲音仍然是他自己的（掩飾不了），他對社會、對生命的透徹思考也無法由別人代替。儘管他的語調始終保持著冷峻（無論是在描寫感情還是在呼喚上帝時），但這種冷峻本身就是個性鮮明的。並且，在他寂靜的詩行背後誰都能發現這位詩人想竭力避免的情緒特徵：「世界就是這樣告終／不是嘭的一響，而是噓的一聲」這樣的詩句難道沒有包含一種對世界的絕望情緒而固守著「客觀」的態度嗎？

2

艾略特以一種跳躍於具象與抽象世界中的玄遠的（而不是雄辯的）風格成為一代詩壇盟主。從這以後，英美詩歌中的觀念主義愈趨明顯（哈特·克雷恩恣意縱橫的智慧和泰德·休斯的動物象徵主義無不帶有艾略特的色彩）。如果說艾略特的前期詩作是對一個令人沮喪的現實社會的直接批判的話，那麼他的後期詩作對於現實的距離感則是期望從更深更廣闊的意義上去參與和揭示現實和歷史的本質。

《四個四重奏》在很大程度上是對貝多芬晚期四重奏純淨幽深魅力的追蹤。（尤其同作品第132號A小調四重奏關係極大，貝多芬在這部也是五樂章的作品曲首題辭道：「一個病員對上帝的感恩聖歌」。）和梵樂希一樣，艾略特把節奏看作是觀念和意象的源泉。如果我們仔細讀，可以發現《四個四重奏》中精妙的對位法和對主題的發展深化。艾略特承認，詩的意義存在於不同讀者的不同理解中，而音樂性的抽象形式恰恰增添了作品的複雜和多義性。

多義性造成了艾略特詩作的晦澀難解，也顯示了它們的博大精深。有時候，我們能從艾略特的一句詩中感到無數種意蘊，無數歷史的音響在奔湧。

《四個四重奏》的第一首〈燃燒的諾頓〉的核心是「時間」。作為第一樂章的「主部主題」，「那本來可能發生的和已經發生的／指向一個終結，終結永遠是現在」兩句被呈示和再現，構成了整首詩的基調。現實包容了歷史，思想包容了歷史，人只能處於運動的「靜止」點上對過去和將來作出理解。這首詩所表達的內容和這首詩本身的存在都是如此。這也是音樂的本質：每個音符都五光十色地反射著前前後後的一切音符。

法國結構主義者李維史陀曾把音樂和神話相提並論，認為它們都顯示了人類心理的「無意識結構」。而艾略特的大量使用典故也正令人想起李維史陀對神話模式的發現。我們知道，艾略特對他同時代的種種神話理論是熟諳的：不但〈荒原〉註腳中提到的《金枝》對他頗有啟示，榮格的「集體無意識」學說對他也不無影響。按照艾略特自己的說法，「遠古和現在是同時存在的。」正是由此出發，艾略特才始終不輟，讓意識深層中的赫拉克利特、維吉爾、耶穌和但丁的聲音時隱時現地出現在他的詩篇中。

這裡蘊涵著一種深刻的矛盾。人註定要在黑暗的無意識中生存，被醜惡的本性所腐爛；但也只有在這無意識的黑暗中，人才能聽見上帝的「道」，堅定對得救的希望。因此艾略特唱道：「為了另一次結合，一種更深的溝通／通過那幽黑的寒冷和空洞的荒涼」（〈四個四重奏・東庫克〉）。他深信，人的心靈和整個世界只有通過「受難」才能得到「復活」。〈東庫克〉整首詩經過對這個主題的反覆吟詠和種種展開之後就結束於這樣一句和開頭形成逆行式對照的箴言中：「在我的結束是我的開始。」

3

艾略特是一位藝術上的拓荒者。但是，他把社會這片「荒原」的未來寄託於信仰，寄託於上帝的拯救。在〈灰星期三〉中，他扮演了一個奉香祝聖的祭司，用謙卑的、莊嚴的語調祈求人類靈魂的「超度」。

艾略特演得並不那麼安分。他畢竟是一個有創造性的藝術家，他表現的也畢竟是人的內心感受。因此，在禱詞夾雜其間的這首長詩中，我們看到的是一個冥思著、幻想著而求索不倦的艾略特，「用一片燦爛的／雲彩似的淚水使歲月復甦／用一種新的詩句使那古老的節奏復甦，拯救／時間，拯救／更離的夢裡未曾讀到的景象。」

對拯救的渴望構成了艾略特詩作的總的主題。而出現在〈荒原〉、〈東庫克〉、〈小吉丁〉等詩中的「火」的形象則是一個元象徵：它既是赫拉克利特哲學中的世界本原，又是現代世界在戰爭中的毀滅者；既是對罪惡的懲罰，又是對罪惡的淨化。因此，艾略特的詩把人的精神昇華到這樣一種境界：否定一個舊的世界才能拯救出一個新的世界。

不管他心目中的神聖的新世界是一個怎樣的烏托邦，艾略特的充滿力量的詩篇畢竟揭示了西方的社會衰敗和精神枯萎，並且用獨創的藝術形式表明了一種理想和秩序，在這裡一切人類的異化和罪惡都將趨於消滅。

1987

迷宮與溝壑：卡爾維諾小說中的
後現代主體

　　一個幽靈，一個後現代的幽靈主體，在卡爾維諾小說中遊蕩。儘管「後現代」這個概念眾說紛紜，不過把卡爾維諾的寫作界定為「後現代」，大概不會有太多的爭議。那麼，什麼是卡爾維諾的後現代？至少，後現代主義的這一面向對卡爾維諾而言至為關鍵：如果說現代主義強調的是與傳統的斷裂，那麼後現代主義則重新眷顧並回應了傳統。比如，三部曲《我們的祖先》中的每一部都可以在他編纂的《義大利童話》裡找到源頭，也可以說是對那些原型故事的變奏。而《看不見的城市》當然是對《馬可・波羅遊記》的重新書寫，一方面超離了《馬可・波羅遊記》對實際地理空間的指涉，另一方面也融入了作者對當代城市及都會生活的冥思，充滿了想像和夢幻。儘管威尼斯是卡爾維諾筆下的城市所不斷涉及的隱在對象，《看不見的城市》不再倚賴現實城市的客觀面貌。對一個個城市的敘述更像是在空中飄浮遊移的符號碎片，敘事主體的聲音變得飄忽迷濛。小說所敘述的對象雖不失現代城市的影子（比如城市周圍有暴增的垃圾、城市由直立和平臥的水管所構成），卻又無法落實為確定的社會現實。與馬可・波羅對東方城市文明繁榮美好的描寫不同，卡爾維諾小說裡所描寫的城市充滿了病態、荒誕和混亂，暗示著現代城市文明正在走向衰亡的境遇。

　　從重寫經典的角度來看，小說《命運交叉的城堡》的書寫也是同文藝復興時期的義大利作家薄伽丘的《十日談》的一次對話──不僅故事的時間和空間背景遙相呼應，在形式上，《命運交叉的城堡》也採用了《十日談》（當然還有《坎特伯雷故事集》、《一千零一夜》等）的嵌套式結

構，只不過薄伽丘的全知敘事轉換成了更加複雜的線索，納入了與塔羅牌圖畫相關的敘事行為的描述。這些牌又跟傳統文學中的人物形象（比如麥克白夫人、李爾王、哈姆雷特、奧菲利婭、浮士德、羅蘭⋯⋯）相關聯，使得當下的敘事在時空向度上具有了多重的指向。換言之，在此，卡爾維諾的敘事主體絕不是一個全新的、全然擺脫了過去束縛的現代主體，而是不斷牽扯、糾纏甚至依賴於他者的後現代主體。在紙牌的擺放間，我丟失了主體，主體被混雜到他者迷宮般的符號網絡中。

這樣的敘事策略體現出卡爾維諾提出的「晶體」寫作，亦即在貌似單一的敘事內折射出各異的敘事光譜，這個光譜所鋪展的已經不是一個孤立的畫面，而是將不同色域拼貼在一起，或者說，是把敘事的碎片組合成一個多面的立體。因此，卡爾維諾的敘事主體也不是單向、全知的現代主體，而是碎裂、多重、互為扞格、互相映射但又無法同一的後現代主體。《分成兩半的子爵》當然透過被炸彈炸成兩半的梅達爾多直接展示了「整一」個體的分裂面貌，一半是邪惡，一半是善良。不過，這並不是一次均衡的分割：善良所遭遇的困惑往往顯示了善舉的霸道、壓迫（甚至被說成「好人比壞人更糟」，「加重了別人的不幸」）以及純粹道德的脆弱虛幻、違反人性，而強大的邪惡反倒對於人性有更深入的認知。《不存在的騎士》則塑造了一個空缺的主體：阿季盧爾夫只有一具鎧甲，卻沒有肉身，甚至在沒有口舌的境遇下依舊認真地用刀叉擺弄面前的菜餚，在缺席的狀態下執行著主體的功能。

小說《如果在冬夜，一個旅人》的主人公不再是具有某種自主性的人物個體，而是依賴於本篇文本的讀者，但卻因為本篇文本的殘缺，與女主人公（女讀者）不期而遇，並且糾結到其他的文本中去。也可以說，小說的男女主人公只在文本的網絡裡產生意義，是被殘缺的文本牽引的人物。男讀者和女讀者在第二人稱「你」和第三人稱「他」或「她」之間遊移不定，而在第一個故事〈如果在冬夜，一個旅人〉裡，「我」一開始就告訴讀者：「小說的主人公名字是『我』，不過除此之外你還一無所知。」這個「我」究竟是誰，小說並未作出明確說明，或者說，這個敘事

主體可以是隨意的任何人。而用「你」來指稱小說中的人物（男／女讀者），引發了卡爾維諾小說真正讀者的參與感，甚至不同讀者會以不同方式與作為小說人物的男女讀者產生認同。另一方面，敘事進程中的人稱變幻又顯示出主體在符號連環中的缺失、遞進和無常。實際上，既然人稱是可以更換的，主體的位置也就不再是固定不變的了。

　　在《看不見的城市》裡，馬可・波羅既是小說中的人物，又是主要的敘事者。不過，這個敘事者也常常陷於可疑的境地，比如第二章裡有這樣的敘述：「馬可・波羅想像著自己回答（或者忽必烈想像著他的回答）」；還有，「馬可・波羅能夠解釋或者自己想像解釋或者被想像成解釋或者終於能夠解釋」；或者，如忽必烈對馬可・波羅所說的：「你的那城市現在不存在，或許從來就不曾存在過，將來也不會存在，你為什麼拿這些寬心的童話來哄人消遣呢」。這樣，單一的、絕對的敘事主體變異為多重的、不可靠的、甚至虛幻的敘事主體。而在《命運交叉的城堡》、《命運交叉的飯館》裡，眾人因為穿越了樹林而失去了言說的能力，敘事者經由讀解眾每人的塔羅牌圖片來講述他們的故事，故事內容變成了由塔羅牌排列的網狀結構隨機決定的，也就是說，敘事主體並無原初的絕對性和正當性。塔羅牌的形象雖然明確，意義卻並不是確定的，紙牌組合排列的各種可能也使得敘事主體的權威染上了某種武斷的色彩。在另一種情形下，敘事主體的權威愈加曝露，敘事的可靠性就越弱。《不存在的騎士》的第一人稱敘事者對主觀敘事的極端化就經由透露創作過程中的行為瓦解了敘事主體的正當性，揭示了敘事本身的虛構性：「由於我把鯨畫得比船大，船將處於劣勢。接著我畫出許多指向四面八方的箭頭，它們互相交錯，意在說明在這裡鯨與船進行生死搏鬥」。

　　在《如果在冬夜，一個旅人》中，男女讀者這兩個人物的閱讀欲望，以及我們（現實讀者）的閱讀欲望，是由作者不詳、裝訂出錯、沒有下文的殘書激發起來的。一個尋找小說全本的過程卻使男讀者發現，「其實最吸引他的倒並不一定是小說情節的連續發展，小說那誘人而沒有結尾的開端倒更能激發人的潛力」。《如果在冬夜，一個旅人》的故事是由一

系列的出錯所連續推進，起始是男讀者買了一本題為《如果在冬夜，一個旅人》的小說，卻發現因為裝訂錯誤，小說的三十二頁之後又跳回之前的頁碼而無法卒讀，並在要求書店更換書籍的時候被告知這本小說根本不是卡爾維諾的《如果在冬夜，一個旅人》，而是波蘭作家的《馬爾堡市郊外》，但之後又發現根本也不是波蘭小說，而是一本辛梅里亞語小說……。《如果在冬夜，一個旅人》整部小說就在這樣的敘述溝壑中蜿蜒前行，在十個小說殘本間不斷跳躍，從一個缺憾拐向另一個缺憾，而缺憾本身當然就是閱讀的欲望亟需填補的空白。正如同，在小說的一開始，敘事者「我」帶著一個「不同尋常」的行李箱，至於這只箱子裡裝的是什麼，「我」所設想的碰上另一個攜帶箱子的人並交換箱子是基於怎樣的秘密約定，卡爾維諾都蓄意留下了未知的、引發想像的空白。可以說，作為缺失的欲望對象，成為卡爾維諾敘事藝術的隱秘動力。不確定性，作為空缺、裂隙的不確定性，大概是卡爾維諾小說後現代敘事最主要的面貌。在《看不見的城市》中，有個城市與名字相分離的皮拉城，無論是想像還是現實都無法規範它。名與實之間的溝壑，也正是卡爾維諾敘事主體的所（不）在之處。

卡爾維諾的人物總是迷失在他的小說敘事中，或者也可以說，他的小說總是營造出一座巨大的迷宮，使得原本可能是理性的主體失去了目標。《看不見的城市》裡的許多城市都呈現出迷宮的樣貌，如「細小的城市之五」的奧塔維亞便是蛛網之城，「城市與貿易之五」提到的斯麥拉爾迪那則是交織著網狀的運河渠道和阡陌街巷，而在「城市與天空之三」所描繪的泰克拉，映入眼簾的是腳手架、鋼筋骨架、繩子吊著的或架子撐著的木浮橋、梯子和桁架，使得旅行者無所適從。《命運交叉的城堡》裡的「我」雖然講述了其他人的故事，卻把自己的故事混雜並丟失在交錯擺放的紙牌陣中，「交叉」的意象本身就是迷宮的主要特徵。《如果在冬夜，一個旅人》中第七個故事〈一條條相互交叉的線〉中，主人公則用鏡片組成的萬花筒原理建立了一個商業帝國，他唯一考慮的就是如何安放那些鏡片，以配置最佳的萬花筒，一個光影組成的視像迷宮。而《如果在冬夜，

一個旅人》整部小說更是一個文本的迷宮，無法釐清完整的線索。正是在這樣的迷宮敘事中，卡爾維諾營造了慣於迷失也往往缺失的後現代主體。

滿篇盡見門修斯

「門修斯」大抵已經成為中國翻譯工業的代名詞，該詞源出胡宗澤和趙力濤所譯安東尼・吉登斯（Anthony Giddens）的《民族・國家與暴力》（三聯書店，1998年5月版）一書對Mencius（孟子）的譯名，一語既出，舉國譁然。然筆者本著深愛中華語言的熱忱，依舊不懈購買中國出版的西方學術與文學的中文譯本，當然也就經歷了從譁然到啞然，從默然到勃然的情感歷程。

比如近年來在中國翻譯出版界爆紅的斯洛文尼亞哲學家紀傑克，已經有了近十本譯著在中國出版。然而奇怪的是，慣於拿來主義的中國學界卻甚少引用紀傑克的文章和理論。這一度使我疑慮重重，甚至懷疑紀傑克理論對於中國狀況的可行性。隨後我便漸漸發現了一個關鍵：大多數譯本根本無法卒讀（為了不打擊一大片，我必須剔除季廣茂的譯本）。首先是術語混亂：不但不同譯本所譯的術語不同，連同一個譯本，假如有不同的譯者合作翻譯，譯名前後不一的情況也比比皆是；更離譜的是錯譯連篇，到了不對照原文完全無法理解的程度。

我拿來舉例的是手頭這本《敏感的主體》（應奇、陳麗微、孟軍、李勇譯，鳳凰出版傳媒集團、江蘇人民出版社2006年1月版）。這本書的譯者一共有四位，因此對於紀傑克的pervert一詞在同一本書裡就有了「性變態者」（336頁）、「倒錯」（188頁）兩種完全不同的譯法；drive／Trieb一詞譯成或是「內驅力」（350頁）或是「本能」（342頁）；hysteric則有時譯成「歇斯底里」（188頁），有時譯成「癔病」（285頁）。

　　如果說這只是混亂不是犯錯，如果說把「as such」譯成「這樣的」（335頁）還只是字詞理解造成的出錯，如果說像「意識形態只是非意識形態的表像、真實扭曲／取代形式」（212頁）或許改成「意識形態只是非意識形態的外觀，是它形式的扭曲或錯置」更確切，那麼對於基本術語的亂譯就是對原著產生根本傷害的錯誤了。儘管我們不能要求譯者對所譯的所有內容都深入知曉，但至少對其基本思想應當有基本的瞭解。因此，將objet petit a（小它物或小對形或小對體）譯成「原始對象」（188頁）我認為是一種極大的不負責任。所幸我們的譯者們往往有一個很不錯的習慣，就是在吃不準的情況下附上原文。這也是為什麼我哪怕不去對照原文也能發現許多錯誤。比如當譯者為所譯的「事物」一詞附上括弧裡的「the Thing」時（350頁），我們就可以知道這個詞指的絕不是「事物」，而是「原物」或「大寫物」（專業的譯者甚至應當為這樣的術語作詳細的注解）。同樣，當譯者為所譯的「不祥」附上括弧裡的「unheimlich」時（339頁），我們就可以知道這個詞指的絕不是「不祥」，而是「怪異」或「無家可歸」。

　　但不能原諒的是嚴重漏譯所造成的意義截然相反。這是我到了譯文實在不能理解的時候把原文拿出來對照才發現而恍然大悟的。比如，我實在不懂怎麼會「在拉岡看來，精神分析的『反戀母情結』的激進化是一種我們無論如何都該避免的陷阱模式：一種完全符合現存權力安排的錯誤的顛覆性模式」（287頁）。而原文說的卻其實是「這種精神分析的『反戀母情結』的激進化……」，指的是拉岡所批評的德勒茲的精神分析。緊接著的下一句也完全令人迷失：「換言之，拉岡認為這些哲學家的『激進』（他們不怕質疑前提條件）是一種違反的激進模式」（287頁）。剛剛還在反對，怎麼一下子又在讚揚呢？查原文，卻應當是「是一種虛假的違反的激進模式」。「虛假」一詞不知為何被省略了（奇怪的是，在同一頁上方的另一處「性變態者的違反」也是省略了「虛假」的誤譯；更不要說把transgression譯成「違反」是否準確了，因為trans-首先包含的是「越過」的含義）。往前翻一頁，又是一句不知所云的：「只要他對痛苦的來源有

一種強烈的吸引力，我們就認為他是癔病的」（285頁），而原文要表達的應是「只要痛苦的來源對他有一種強烈的吸引力，我們就認為他是癔病的」。這似乎只是中文的表達問題？

類似的情形在江蘇人民出版社「紀傑克文集」叢書的另外幾本中也時有發現，比如《快感大轉移》（胡大平、余甯平、蔣桂琴譯，江蘇人民出版社2004年5月版）中把socializing（社交）譯成「社會化」（70頁），就是沒有顧及語境的誤譯。把pervert（變態）譯成「顛倒」（106頁），也讓人無法理解它為什麼它是「歇斯底里－變態－精神錯亂」三元組的一份。順便一說，hysteric在拉岡理論中的反抗性地位也是與中文「歇斯底里」含有的絕對貶義有極大的差異（譯成「癔症」或許是個不錯的選擇）。

我很早就有過寫這樣一篇短文一吐不快的願望，但都因為覺得這樣不厭其煩地數落實在有點無聊而克制下去了。直到昨天買了一本題為《阿多諾：一部政治傳記》（洛倫茨・耶格爾著，陳曉春譯，上海人民出版社2007年3月版）的書，我終於忍無可忍，怒不可遏了。因為這本書居然白紙黑字寫道：「策蘭是贊同對猶太人進行種族屠殺的詩人」（248頁）！我手頭沒有德文原著，但查英文譯本（耶魯大學出版社，2004年版），用的是「confronted the question of……」（直面……的問題／186頁），其中絕無「贊同」之意。無論如何，策蘭這個在納粹時期飽受猶太人身份苦痛，雙親死於納粹集中營的詩人怎麼可能「贊同對猶太人進行種族屠殺」？如此離譜的錯誤，我以為是因專業懈怠而造成的不可饒恕的道德過失。這個譯本的低級錯誤還發生在譯者在對西方文化史上的許多重要名字一無所知的情況下，將齊克果（或克爾凱郭爾，基爾凱郭爾）譯成了「基爾克加特」（24頁等），荀白克（或勳伯格）譯成「舍恩伯格」（48-49頁等），紀德譯成了「吉德」（131頁），普魯斯特只留下了原文「prousitische」未譯（226頁，還印錯了，估計原文應是proustische），而荷馬居然譯成了「休謨」（170頁）！

應該說，我舉例的這兩三部書只是當前中國學術著作翻譯的小小縮

影，我所讀到的值得一提的絕不止這區區幾本。我也深深同情包括紀傑克在內的原著者，他們在毫不知情也難以掌控的情形下遭到了扭曲和誤導。儘管我絕對無意說，中國的學術翻譯出版事業應當停止，我必須高聲呼籲它應當在有責任感的基礎上有質的長進，但不是在犧牲讀者基本權益的情形下如此粗製濫造誤導讀者的「大躍進」。

2007

作為外國文學的中國當代文學

　　中國文學成為「外國文學」有兩層意思。在美國，看到西方學生讀中國文學的譯本，不免想起少年時代（現在或許還是！）對翻譯的外國文學的迷戀。讀翻譯的中國文學，也就是把中國文學當做外國文學來讀；但美國學生是否有同樣的熱情，卻是值得懷疑的。其次，譯成英語的中國文學，對我們來說也成了一種外國文學，一種非漢語的文學。

　　這種非驢非馬，亦驢亦馬的文學，尤其是當代中國文學的英譯本，現在依靠越來越多的翻譯家和讀者的興趣，正處在逐漸興盛的階段。這種興盛同中國當代文學自身的發展是同步的。十幾年前的美國，除了古典文學和少量現代作家（如老舍）的作品，當代文學的英譯本是極為罕見的。後來，一些同中國社會政治相關的作品被翻譯介紹，當時西方讀者的興趣仍限於通過中國文學中的資訊來窺測中國的政治走向。這種情形隨著中國文學自身的改變而逐漸改變。

　　目前，當代中國文學甚至開始被主流的出版機構所接受。比如Viking公司繼數年前出版了王安憶的《小鮑莊》（1989）後，近年來又相繼推出了莫言的兩部長篇《紅高粱家族》（1993）和《天堂蒜台之歌》（1995）的英譯本。譯者是美國最重要的中國當代文學翻譯家葛浩文（Howard Goldblatt）教授。《紅高粱家族》出版後，《紐約時報書評》立刻給予了十分積極的評價，認為小說通過一種融合了「恐怖和幽默」的力量生動地把讀者帶入戰爭的殘忍真實中，而莫言筆下的「高密東北鄉已穩固地鑲嵌於世界文學的版圖中」，大約可以同福克納的約克納帕塔法、馬奎斯的馬孔多、喬依斯的都柏林等相提並論（而福克納和馬奎斯正是莫言曾經效法

的西方大師）。同時，書評家仍然沒有忘記提醒讀者對「中國窮鄉僻壤的陌生文化」的關注。

在這裡，當然，某些非文學自身的因素也是促進中國當代文學為美國讀者所矚目的動力。《紅高粱家族》的成功同張藝謀的國際獲獎影片《紅高粱》不無關係。這種兒子走紅父親沾光的情形有時將父親的尷尬身影置於兒子的標竿下。杜邁可（Michael S. Duke）譯的蘇童小說集《大紅燈籠高高掛》自然也由於商業的需求而採用了改編後的電影名（而非原作的《妻妾成群》）。書評家認為，欣賞過那部電影的觀眾可能會在小說失去電影中的清晰度和戲劇性，因為蘇童在小說中對記憶和想像的表達似乎使人捉摸不定。但從另一方面說，如果說電影在表達心理的深度上尚有缺憾，原作提供的美學體驗可能反而更能滿足西方讀者。從以上兩個例子都可以看出，美國讀者仍然處在這種窺視異域情調的欲望和開始關注異國文學中對人性的複雜表達的矛盾中。

如果不是直接或間接地借電影的光，中國當代文學進入商業出版市場的機會或許要少得多。事實是，不少英譯本仍然是由大學出版社或一些小型出版社所出版。其中最引人注目的要算是西北大學出版社出版的殘雪的兩本英譯小說集《天堂裡的對話》（1989，收入短篇小說十數篇）和《蒼老的浮雲》（1991，收入中篇小說兩篇）。兩位譯者，即長島的西方文學教授詹森（Ronald R. Janssen，他本人的漢語極為有限）與大陸學人張健的合作獲得了不小的成功，儘管也有對殘雪作品本身的不理解而驚訝的讀者。詹森在《天堂裡的對話》的後記中指出，殘雪是對只期待讀到中國文學中社會批判內容的讀者的挑戰，因為殘雪作品中對精神複雜性的探究顛覆了傳統的敘事話語。同詹森的觀點一致，《紐約時報書評》和《時代文學副刊》的評論把殘雪同「本世紀關於頹敗的大師（如卡夫卡）」相提並論，因為殘雪作品中奇異的意象和隱喻觸及了「病入膏肓的世界」，而她的「諷刺性寓言」則不但通過夢境和幻覺揭示了對一個「經濟貧瘠和政治壓抑」的社會的真實，而且更普遍地展示了一種「由對往昔的懷舊和對自然事物的追尋而產生的絕望的迷戀」。

其餘由大學出版社出版的當代中國文學有夏威夷大學的《現代中國小說》叢書，包括劉索拉的《渾沌加哩格楞》和馮驥才的《三寸金蓮》等的英譯本。同時，當代中國文學的選集也在近年出版的眾多英譯本中占不少的比重。如王德威主編的《狂奔：中國新銳作家》（1994）由哥倫比亞大學出版社出版，收入了莫言、也斯、余華、西西等十幾位當代作家的小說或散文。類似的還有戴靜編的《春筍》（Random House，1989）和杜邁可編的《現代中國小說世界》（Sharpe，1991）等。葛浩文為Grove出版社編的大陸1990年代的英譯小說集取名《毛主席不會樂意》（1995），帶有波普藝術的色彩。葛浩文在序言中指出，從「傷痕文學」到「反思文學」、「改革文學」及「尋根文學」，毛如果讀了或許都會有「正合朕意」的感覺，而余華、殘雪、格非等人作品中的戲謔性或焦慮感，多層意義或無實用價值，卻是毛所無法容忍的。

當代中國詩歌在美國的命運一直不如歐洲，儘管美國近年來仍然不乏當代中國詩歌的選集出版。奚密譯編的《中國現代詩歌》（耶魯大學出版社，1994）頗受好評，收五四至今的漢語新詩，年代並非限於當代。此外，Edward Morin編的《紅杜鵑》（夏威夷大學出版社，1990）和Tony Barnstone編的《走出呼嘯的風暴》（新英格蘭大學出版社，1993），卻都因編者對當代中國詩歌現狀的陌生而未能如意。

個人的英譯詩集更屈指可數，同中國詩歌的實際成就相差過遠。就連北島的英譯詩集《八月的夢遊者》（New Directions，1990）出版後也遭到了哈佛大學漢學教授宇文所安（Stephen Owen）的婉轉批評，認為政治意味和西方詩歌的決定性影響有損於純粹和成熟的本土詩學的建立。宇文所安教授的批評引發了奚密等人參與的商榷和論爭。在這之前，耶魯大學的中國歷史教授史景遷（Jonathan Spence）在評論中則對北島詩中由於壓制而產生的「無望的寂靜和冷漠」表示讚賞。可以看出，政治和美學在中國當代詩歌中產生的衝突和矛盾加劇了美國讀者同中國當代詩的距離。多多在英國出版的英譯詩集題為《從死亡的方向看》（1989），封面是多多頭像和八九學運時天安門廣場的背景，被論者認為是西方將中國政治和

美學商業化的一個例證（「從死亡的方向看」一詩也不過是多多1980年代前期的作品）。而譯者也承認這是謀求出版的唯一選擇。我們最終仍然涉及了「外國文學」的問題，本土的讀者和異國的閱讀「外國文學」的讀者可能會有一致的視角嗎？或者今天的本土視角反倒是我們對「外國文學」的吸收或假定了異己的讀者而設立的？我們註定要在西方文化的準則和西方對東方文化的期待之間進退兩難嗎？

1995

釀文學　PG0675

 迷宮・雜耍・亂彈
——楊小濱文學短論與文化隨筆

作　　者	楊小濱
攝　　影	楊小濱
責任編輯	鄭伊庭
圖文排版	邱瀞誼
封面設計	王嵩賀

出版策劃	釀出版
製作發行	秀威資訊科技股份有限公司
	114 台北市內湖區瑞光路76巷65號1樓
	電話：+886-2-2796-3638　傳真：+886-2-2796-1377
	服務信箱：service@showwe.com.tw
	http://www.showwe.com.tw
郵政劃撥	19563868　戶名：秀威資訊科技股份有限公司
展售門市	國家書店【松江門市】
	104 台北市中山區松江路209號1樓
	電話：+886-2-2518-0207　傳真：+886-2-2518-0778
網路訂購	秀威網路書店：http://www.bodbooks.com.tw
	國家網路書店：http://www.govbooks.com.tw
法律顧問	毛國樑　律師
總 經 銷	聯合發行股份有限公司
	231新北市新店區寶橋路235巷6弄6號4F
	電話：+886-2-2917-8022　傳真：+886-2-2915-6275

出版日期	2012年4月　BOD一版
定　　價	360元

國家圖書館出版品預行編目

迷宮.雜耍.亂彈：楊小濱文學短論與文化隨筆 / 楊小濱著. --
一版. -- 臺北市：釀出版, 2012.04
　　面；　公分. --（語言文學類；PG0675）
BOD版
ISBN　978-986-6095-81-8（平裝）

1. 文化評論　2. 文集

541.2607　　　　　　　　　　　　　　　100027712

讀 者 回 函 卡

感謝您購買本書,為提升服務品質,請填妥以下資料,將讀者回函卡直接寄回或傳真本公司,收到您的寶貴意見後,我們會收藏記錄及檢討,謝謝!
如您需要了解本公司最新出版書目、購書優惠或企劃活動,歡迎您上網查詢或下載相關資料:http:// www.showwe.com.tw

您購買的書名:＿＿＿＿＿＿＿＿＿＿＿＿＿＿＿＿＿＿＿＿＿＿＿＿＿

出生日期:＿＿＿＿＿年＿＿＿＿＿月＿＿＿＿＿日

學歷:□高中 (含) 以下　　□大專　　□研究所 (含) 以上

職業:□製造業　□金融業　□資訊業　□軍警　□傳播業　□自由業
　　　□服務業　□公務員　□教職　　□學生　□家管　　□其它＿＿＿

購書地點:□網路書店　□實體書店　□書展　□郵購　□贈閱　□其他

您從何得知本書的消息?

　　□網路書店　□實體書店　□網路搜尋　□電子報　□書訊　□雜誌

　　□傳播媒體　□親友推薦　□網站推薦　□部落格　□其他＿＿＿＿＿

您對本書的評價:(請填代號　1.非常滿意　2.滿意　3.尚可　4.再改進)

　　封面設計＿＿＿　版面編排＿＿＿　內容＿＿＿　文／譯筆＿＿＿　價格＿＿＿

讀完書後您覺得:

　　□很有收穫　□有收穫　□收穫不多　□沒收穫

對我們的建議:＿＿＿＿＿＿＿＿＿＿＿＿＿＿＿＿＿＿＿＿＿＿＿＿＿

＿＿＿＿＿＿＿＿＿＿＿＿＿＿＿＿＿＿＿＿＿＿＿＿＿＿＿＿＿＿＿＿＿

＿＿＿＿＿＿＿＿＿＿＿＿＿＿＿＿＿＿＿＿＿＿＿＿＿＿＿＿＿＿＿＿＿

＿＿＿＿＿＿＿＿＿＿＿＿＿＿＿＿＿＿＿＿＿＿＿＿＿＿＿＿＿＿＿＿＿

11466
台北市內湖區瑞光路 76 巷 65 號 1 樓

秀威資訊科技股份有限公司　　　收

BOD 數位出版事業部

....

（請沿線對折寄回，謝謝！）

姓　　名：＿＿＿＿＿＿＿＿　年齡：＿＿＿＿　性別：□女　□男

郵遞區號：□□□□□

地　　址：＿＿＿＿＿＿＿＿＿＿＿＿＿＿＿＿＿＿

聯絡電話：(日)＿＿＿＿＿＿＿＿　(夜)＿＿＿＿＿＿＿＿

E-mail：＿＿＿＿＿＿＿＿＿＿＿＿＿＿＿＿